# 从英国媒体看国家软实力的兴衰

张　聪　著

知识产权出版社
全国百佳图书出版单位

**图书在版编目（CIP）数据**

从英国媒体看国家软实力的兴衰/张聪著．—北京：知识产权出版社，2013.11

ISBN 978-7-5130-2463-1

Ⅰ.①从…　Ⅱ.①张…　Ⅲ.①传播媒介—新闻事业史—研究—英国

Ⅳ.①G219.561.9

中国版本图书馆 CIP 数据核字（2013）第 283126 号

**内容提要**

本书以英国和世界的历史发展为主线，以传媒与国家发展的关系为重点，从英国媒体的角度研究国家“软实力”的兴衰和话语权的转移。分别论述了1688年光荣革命之前传播与英国民族国家的形成，近代国家形成后到19世纪初的传播革命与英国话语霸权的崛起，在英国最辉煌的19世纪中世界级媒体的出现与英国话语霸权的确立，20世纪上半期的世界传媒竞争与英国话语霸权的转移，及20世纪下半期至今英国的传媒帝国与国家“软实力”的变化。

**责任编辑**：于晓菲　　**责任出版**：刘译文

# 从英国媒体看国家软实力的兴衰

CONG YINGGUO MEITI KAN GUOJIA RUAN SHILI DE XINGSHUAI

张　聪　著

**出版发行**：知识产权出版社 有限责任公司　　**网　　址**：http://www.ipph.cn

**电　　话**：010-82004826　　http://www.laichushu.com

**社　　址**：北京市海淀区马甸南村1号　　**邮　　编**：100088

**责编电话**：010-82000860 转 8363　　**责编邮箱**：yuxiaofei@cnipr.com

**发行电话**：010-82000860 转 8101/8029　　**发行传真**：010-82000893/82003279

**印　　刷**：知识产权出版社电子制印中心　　**经　　销**：各大网上书店、新华书店及相关专业书店

**开　　本**：720mm×960mm　1/16　　**印　　张**：15.25

**版　　次**：2014年5月第1版　　**印　　次**：2014年5月第1次印刷

**字　　数**：239千字　　**定　　价**：48.00元

ISBN 978-7-5130-2463-1

# 序　言

自从20世纪90年代“软实力”的概念提出来之后，经过反复的推介进而成了我国学术界一个重要的研究课题，甚至成了政府不断使用的一个词汇，这恐怕是“软实力”这一概念的提出者、美国哈佛大学教授约瑟夫·奈伊自己都没有想到的。不过，奈伊本人对于这一概念，特别是对中国的“软实力”也是非常看重的，2005年底他曾经在《华尔街日报》上发表文章，题目就叫“中国软实力的崛起”；2011年，他在哈佛参与创立“中国软实力论坛”；2012年，他又受邀在北大就中国“软实力的崛起”发表演讲。从不看好中国的“软实力”到惊呼中国“软实力的崛起”，研究中美之间的“软实力”对比和竞争，约瑟夫·奈伊的转变是迅速的。与此同时，“中美争夺世界认同”，这篇美国皮尤研究中心专家布鲁斯·斯托克斯底发表的最新文章，也成了国际学术界一个研究的重要领域。

“软实力”的概念来自国际关系研究中的“霸权理论”及“文化回归理论”，也可以称之为“文化—霸权理论”。在约瑟夫·奈伊看来，一个国家不仅需要直接通过军事力量对他国维持和行使权力，而且还可以通过传播和文化，或者说通过信息和文化的“霸权”影响世界。文化—霸权是一种“软权力”。他在1990年出版的《注定领导世界：美国权力性质的变迁》一书中，通过历史考察认为，与18世纪的法国和19世纪的英国不同，在20世纪美国试图称霸世界的国力资源中，信息力和文化力是重要权力资源。① 约瑟夫·奈伊把权力明确地分成了“硬实力”和“软实力”两部分，是对传统国际关系

① Joseph Nye. Bound to Lead: The Changing Nature of American Power [M]. New York: Basic Books, 1990, p. 34.

理论的继承和完善，而且适应了国际关系变化的新形势，所以这个理论一提出，很快就风行一时，其热度一直持续到了今天，而且从学术范围进入了政治领域。

无疑，国家的实力包括“硬实力”和“软实力”，根据奈伊的说法，“软实力”的内涵包括文化吸引力、意识形态或政治价值观念的吸引力、塑造国际规则的能力和决定国际议题的能力。[①] 在四种结构中，国内学者更倾向于体现在“文化软实力”。其实，文化好似硬币，一面是价值，一面是传播，少了任何一面都无法流行。所以，我们认为“软实力”的重点就是思想力和传播力，无论是文化吸引力、意识形态吸引力，还是国际议程的设置及国际制度的创建，离开了传播就无法实现，可以说，传媒的发展是“软实力”的重要体现。

与“软实力”相类似的表达术语是“话语权”。“话语”（Discourse）并不完全等同于或被简单地理解为一种“声音”（Voice），话语权也不仅仅是指说话权，“话语是制造和再造意义的社会化过程”。这样，话语权的本质就不仅仅是“权利”（Right），而是“权力”（Power）了。话语权体现在知识体系的构造和社会结构的创建方面，体现在舆论引导、规则制定、文化吸引的能力方面。话语权的最早提出者福柯认为“话语”有不同的陈述主格，只有把“我说”变成了“他说”，才完成了权力的获得，所以我们可以把话语权定义为“话语权是由于掌握了话语的创建和维护而获得的一种他人陈述的特殊权力”。[②] 话语权不仅有不同的陈述主格，还有不同的陈述主体和主要内容，我们可以说，以主权国家为基本单位，以国际事务为基本内容所体现出来的是国家话语权，“国际话语权指以国家为出发点，在知情、表达和参与权利的基础上，就国际社会发展和全球性事务创建和维护特定话语，从而获得的特殊权力和影响力”。同样，话语权也有权力结构，有人认为体现在制度、文化、学术和媒体话语权四个部分。显然，媒体话语权是前三者的基础。

正如所有“权力”的产生和发展一样，“软实力”和“国际话语权”也是在不断发展变化中。《大国的兴衰》的作者保罗·肯尼迪曾经指出，大国在国

---

① 张小明. 约瑟夫·奈的“软权力”思想分析［J］. 美国研究，2005（1）.

② 刘笑盈. 关于构建中国话语体系的思考. 对外传播，2013（6）.

际事务中的相对地位总是在不断变化，主要原因有二：一是各国国力的增长速度不同，二是技术突破和组织形式的变革。而大国的衰落也有规律，主要是经济增长力和军事扩张力之间的相互依存关系。① 一旦二者之间的平衡被打破，大国的衰落就随之开始。约瑟夫·奈伊认为，大国获得霸权不仅要靠经济、军事等硬实力，还需要文化、意识形态等软实力，大国要维持霸权，也要考虑“硬实力”与“软实力”之间的平衡，“软实力”的竞争与硬实力的较量同样重要。进而我们认为，在软实力的各种要素增长中，也有一种平衡关系，就是思想力和传播力的平衡，是价值观提炼和传播过程的统一，而媒体在其中的作用至关重要。

假设我们如认同“大国的兴衰”一样，也承认存在着国际关系中“软实力”的兴衰和“话语权”的转移，那么，这种变化过程是如何发生的？假设我们认同“软实力”存在的四种基础和表现：文化吸引力、政治与意识形态吸引力、国际规则的塑造力和国际议题设置，我们认同“话语权”也存在制度、文化、学术和媒体话语权四种结构，进而我们认同媒体在其中至关重要，那么在历史发展的过程中，如何看待媒体在“软实力”发展和话语权转移中的地位和作用？假设我们也认为中国在和平崛起的过程中也包括“软实力”的崛起和话语权的获得，那么，我们的学术研究为此做好准备了吗？

正是基于以上的考虑，我们计划了国家“软实力”的兴衰和国际话语权的转移这样的庞大题目。而张聪的这本专著，正是这一庞大计划中重要组成部分，正是对这一过程的深入研究。

我认为，这本专著有以下几个特点：

首先是本书的结构合理，逻辑清晰。本书在厘清了基本概念的基础上，以历史发展为主线，以传媒与国家发展为重点，分别论述了 1688 年光荣革命之前传播与英国民族国家的形成，近代国家形成后到 19 世纪初的传播革命与英国话语霸权的崛起，在英国最辉煌的 19 世纪中世界级媒体的出现与英国话语霸权的确立，20 世纪上半叶的世界传媒竞争与英国话语霸权的转移，以及 20 世纪下半叶至今英国的传媒帝国与“软实力”的变化。从章节的设计，我们

---

① 保罗·肯尼迪. 大国的兴衰［M］. 北京：国际文化出版公司，2008：35-36.

已经初步看到了传媒与英国国家发展的关系。

其次是本书的研究方法得当。在运用历史比较、文献分析、个案研究及政治学、新闻学、经济学等方法的同时，本书主要探索了将宏大叙事与微观研究紧密结合起来的研究方法。不同于一般的传媒史，本书的主要特点是把媒介现象放在历史发展视野中进行研究，在对英国的软实力发展与硬实力发展进行比较的同时，关注英国媒体的成长过程。

再次是本书的资料丰富，学术性强。本书的全文注释达到了500多处，而且有许多第一手的资料和外文注释，体现了作者在学术研究上的严谨态度，作者在资料掌握和使用方面的学术训练和研究基础，同时提高了本书的学术性。

最后，本书的观点具有一定价值，对我国的“软实力”与“话语权”研究有一定的推动作用。英国是一个老牌的帝国，尽管今天英国的实力已经大大下降，但是英国的媒体依然在国际上占据重要地位，在一定程度上弥补了英国“硬实力”的不足，从英国媒体的角度研究英国“软实力”的兴衰和话语权的转移，有一定的现实意义和理论意义。本书所提出的国家发展是经济、军事等硬实力与“软实力”的平衡，“软实力”是思想力（传播内容）与传播力（渠道）的平衡，媒体是思想力和传播力的载体和表现形式，在国家兴起的过程中，传媒的作用就是扩大认同，从国家认同、国际认同到世界认同，一旦这种认同不能跟上国家兴起与扩张的步骤，国家的衰落就开始了等观点，对于我们认识国家、认识媒体、认识国际传播，都是很有帮助的。

当然，本书还是存在一些问题的，比如本书的部分章节中的微观逻辑结构还比较粗糙，又如本书的描述性的内容过多，而理论性还需要加强，在书中，对媒体发展与英国社会环境之间的关系，媒体崛起与英国国际影响力的关系等，都描述得不是很透彻。但是，瑕不掩瑜，本书还是值得一读。

中国传媒大学教授　刘笑盈<br>2013年9月于北京定福庄

# 引　言

英国是一个什么样的国家？

它的人口只有6000多万，不足中国的一个省。

它的面积只有24万平方公里，还没有云南省大。

1840年的鸦片战争是近代中国衰落的开始，却是大英帝国繁盛的顶点。

那时的英帝国统治了世界四分之一的人口，领土约3367万平方公里，占到了世界陆地总面积的四分之一。

这是一个什么概念？

如果说世界历史上还有一个国家和英帝国相提并论，那就只有13世纪的蒙古了，蒙古人在一个世纪的时间里横扫亚非欧三大洲，一直打到了多瑙河，盛极一时。

但是它还远远不能和英帝国相比，为什么？

蒙古只存在了一个多世纪就退出了历史舞台，回到草原放羊去了。

英帝国存在了300多年，现在仍然有53个国家留在英联邦，仍然有一个共同的君主——英女王。

这是一个了不起的成就，为什么英帝国的影响力能延续这么久？

文化。

文化是怎么形成的？

文化是无形的东西，文化是一种认同。文化是经过民族的发展演变而逐渐形成的，文化能够通过有形的东西来实现。文化甚至能形成一种国家实力，我们通常称之为软实力。

软实力又是什么？

政治制度、语言、科技、教育、传媒……这些都可以称得上是软实力。硬实力则是军事、经济。

英国的软实力是什么样的？

英国的软实力存在于很多方面，我们可以随便举出很多例子和数据。比如说英国的一个小王子的诞生牵动全球人的心，比如说一个《世界新闻报》的窃听丑闻摧毁一个传媒帝国。再往久了说，那就是工业革命、科技创新、君主立宪、英语成为全球通用语言等。

这些软实力是怎么产生的？是靠影响力。影响力是怎么来的？是依靠传播得来的。传播依靠什么？是靠媒体。媒体是什么样的？媒体是图书、报纸、杂志、广播、电视、网络……

所以，一部英国的媒体史，也是一部英国文化的传播史，也是一部反映英国软实力的兴衰图。

前几年，中央电视台的一部纪录片《大国崛起》红极一时，掀起了一阵探讨大国崛起的学术热潮。

20世纪耶鲁大学教授保罗·肯尼迪写过一部著名的书——《大国的兴衰》，书中以1500年以来的世界政治史为背景，着重讨论了经济与军事的关系以及他们对国家兴衰的影响。

大国的兴衰是怎么产生的？又是怎么接替的？

从这部纪录片，或者从这本书里都能找到一些答案。

那么软实力的兴衰呢？很少有人提及。为什么？因为很难评估。软实力太空，太泛，太难以把握，它就像权力，你看不到它，它却处处存在。

英国确是一个极好的例子。它凭借军事和经济的力量称霸全球，也因为两次世界大战逐渐衰落。软实力曾经也随着帝国的形成而逐渐强大。在军事和经济等硬实力衰落后，英国软实力却没有衰落得那么明显。

那么软实力和硬实力是什么关系呢？

保罗·肯尼迪说，“在一个国家的经济力量升降曲线与军事影响升降曲线之间，有一个引人注目的‘时间滞差’”。对于英国，软实力的发展先是滞后于硬实力，然后是超越了硬实力，这之间也存在一个“时间滞差”。

这和媒体又有什么关系呢？

英国在16世纪有了各种政治报纸和小册子，有了发达的传播系统，宣传自由民主思想，这种传播直接促进了英国的议会改革和政治变革。后来，17世纪、18世纪出现的商业报纸，独立报纸更是促进了英国商业的发展，人民思想的解放。再到20世纪，《泰晤士报》对政府绥靖政策的宣传，BBC对抗战将士的鼓舞作用，都是不可忽视的改变历史的力量。而对于英国病和英国的保守文化，也离不开媒体的渲染和张扬。直至今日，英国媒体仍然能将威廉王子大婚和凯特王妃怀孕生子的全过程变成世界新闻的头条，英国的传媒产业依然支撑着这个“帝国”，让其能继续影响世界。

不仅仅是在英国，在全球的各国，媒体对于一个国家历史进程的影响都是巨大的。

在中国，孙中山多次提及报刊政治宣传对辛亥革命的贡献，“中国推倒满清，固赖军人之力，而人心一致，则由于各报鼓吹之功”。他将报刊舆论与军队力量相提并论。

在美国，近代历史上发生许多大事都与媒体息息相关。比如尼克松的水门事件，比如克林顿的绯闻。

媒体的力量如此之大，我们是不是可以通过媒体来研究大国兴衰的历史规律呢？

也许，可能。

笔者希望通过英国媒体看国家软实力的兴衰的目的所在。

# 目　录

# 第一章 脱离中世纪

## 第一节 失落的卡克斯顿

1999年元旦，英国广播公司举行的“BBC听众评选千年英国名人”活动揭晓，莎士比亚以微弱优势胜出丘吉尔荣获桂冠，而威廉·卡克斯顿（William Caxton）击败达尔文、牛顿、克伦威尔，荣膺探花之殊荣。

恐怕对大多数国人来讲，这却是一个相当陌生的名字。但实际上，就对英国文学的贡献和英国文化的影响力而言，除莎士比亚之外，大概无出其右者。

威廉·卡克斯顿（William Caxton，1422-1491）是英国的第一个印刷商。1422年卡克斯顿出生在肯特郡维尔德的林区，家中颇有一些地产，因此能够受到良好的教育。1438年，年轻的卡克斯顿前往伦敦，在著名的布商、后来的伦敦市长勒泽手下当学徒。勒泽1441年去世以后，卡克斯顿跨海前往比利时布鲁日创业，这里曾经是欧洲羊毛交易中心，专门经营英国和佛兰芒地区间的纺织品贸易。在布鲁日的20多年中，他的事业获得了巨大的成功，到1463年，他已经做到了低地国一带的英国商会会长，地位非常显赫，有时还代表英王从事外交活动。但是他喜爱阅读，他的兴趣在于文学。从1469年开始，他开始翻译法文《特洛伊史回顾》。他的翻译受到了朋友们的喜爱，他们纷纷索要译本。这样，卡克斯顿除了找抄写员之外，还亲自笔录了一些译作给朋友。但他很快就感到自己“管秃手拙，双目无神”，无法再抄下去了。此时，德国的谷登堡于1450年发明的活字印刷术已从美因茨沿莱茵河顺流而下传到科隆。

卡克斯顿得知这一消息后，于1471年前往科隆。在科隆，卡克斯顿交了昂贵的学费，刻苦学习印刷术，并开办了印刷所。他所印的第一部书就是他翻译的《特洛伊史回顾》。莎士比亚的《特洛伊勒斯与克里希达》就是来源于这本书。

1476年，威廉·卡克斯顿应英格兰国王爱德华四世之诏，返回英伦，在威斯敏斯特教堂建立了自己的印刷所，印刷术开始传入英国。威廉·卡克斯顿出版了约100本书，其中有24本是他自己的译作，出版的书籍内容涉及教育、宗教、寓言、骑士文学、传奇故事、历史和诗歌等。他的这些翻译作品将北欧文化中心勃艮第的文学品位移植于英伦三岛，拉近了英国与欧陆文化的距离，为16世纪英国文艺复兴的兴起奠定了坚实基础。威廉·卡克斯顿也成为英国出版第一人。

1476，英国始有印刷出版，开始了迈向现代文明进程。而此时，正值中国的明朝成化年间，从北宋开始的活字印刷已经过了400多年。

英国的文明历程由此开始，似乎晚了一点。在当时的世界版图上，它只是偏安欧洲一隅的一个小岛国。有谁会想到这样的一个小岛国未来会成为世界的霸主。

卡克斯顿如果穿越到现代，也会被他给英国和世界带来的影响所震惊。

卡克斯顿终究没有失落在历史的长河之中，英国也随着印刷媒介的发展而渐渐成长起来。

## 第二节　英语的滥觞

在卡克斯顿出版的书里，有一本很有名的著作，那就是“英语之父”乔叟用伦敦方言写作的《坎特伯雷故事集》。

乔叟所在的14世纪，正是英语形成的时代。现在无人能够评估英语对于世界历史发展的影响力，但是毋庸置疑，英语的逐渐形成在当时的英国意义巨大。在今天，英国仍然能够通过英语的普及和传播在世界上拥有广泛的话语权。

英语为什么这么晚才形成？这还要谈谈英国的古代历史。

罗马人对英国的统治从公元43年起延续了300多年。在罗马人于408年最后撤走之前，英格兰岛开始遭到来自北欧的盎格鲁—撒克逊人和朱特人的侵扰，经历了一段日趋混乱的时期。“England”这个词正是从“Angles”而来的。在此后的两个世纪中，侵扰逐步变成了定居，并建立了许多小王国。后来来自斯堪的纳维亚的北欧海盗入侵英国并定居下来。1066年，诺曼底的威廉公爵在黑斯廷斯战役中击败了英国人，来自法国的诺曼人和其他人来此定居。在随后的3个世纪中，法语成为英国贵族的语言，英国的法律和社会结构也深受法国的影响。现在的英国包括大不列颠（英格兰、威尔士和苏格兰）和北爱尔兰，但是我们这里阐述的英国早期历史，主要是指英格兰部分。苏格兰、威尔士和北爱尔兰在这一时期基本还是独立的王国。

在经历了罗马人、克尔特人、盎格鲁—萨克逊人、维京人、法国人等的统治之后，英国慢慢形成了一个统一的国家，建立了封建制度。

所以说，英国一开始就是一个移民国家，是许许多多外来民族的融合体，具有多元文化的基础和极其开放的个性特征。这和后来美国崛起的条件中也有着非常多的相似之处，只不过时间长了很多。

诺曼王朝（House of Normandy）统治英格兰后，中央集权逐步加强，王权日益巩固，但同时也加深了国王同封建贵族的矛盾。1215年，由于教皇、英王约翰及封建贵族对皇室权力出现不同的意见，代表英国宪法政治源头的《大宪章》（拉丁文 Magna Carta，英文 Great Charter）签订了，这是英国历史上的一个重要文件，它用来限制英国国王的绝对权力。《大宪章》要求皇室放弃部分权力，尊重司法过程，接受王权受法律的限制。《大宪章》在某种程度上奠定了近代的公民意识和公民法权观念的基础，也是英国宪政体制的起源。13世纪中叶，由于国王和贵族的冲突不断，英国的议会制度产生了。经过不断的斗争和完善，从1343年起，英国议会分为上下两院，上院由教俗贵族组成，下院由骑士、市民组成。《大宪章》和议会制度为后来的英国开创了“自由”的先例，英国的自由传统由此而起源。

13世纪后，随着英法两国之间冲突的加剧，英法两国之间爆发了百年战争。那些被法国国王剥夺了地产的贵族和骑士越来越意识到他们不能再与法国人为伍，更不能再沦为法王的附庸，英国人开始意识到自己所具有的共同的特征。“英格兰应当是英格兰人的”之类的口号，迅速传遍英格兰。在中世纪时的英国人的民族意识还非常淡薄，尽管英格兰人、法兰西人和德意志人使用不同的方言，居住在不同的地区，但他们都有着共同的精神信仰——基督教，而且他们都使用拉丁文阅读圣经，使用拉丁文作礼拜。14 世纪的英法百年战争期间，英国的民众普遍认为，法语是“敌人的语言”。英法百年战争使英法这两个国家都意识到了自己的民族身份，从而缔造了英国民众的民族意识，促成了英国民族国家的建立。英国在百年战争之后，统治阶级在大陆扩张无望，便彻底放弃了经略领地的打算。

所以，当时像乔叟这样的作家，用英语进行文学创作，不仅起着启发英国人民族意识的作用，还促使着中古英语向早期现代英语过渡①，在当时以拉丁语和法语占文学创作领域统治地位的 14 世纪开风气之先河。

有的学者认为“英语取代法语成为民族语言，并将地方方言逐渐规范为标准英语的过程是一个长达数世纪的变化的过程……但是，不管怎么说，到乔叟的时代这种变化已达到登峰造极地步，英国民族的自信心伴随着其民族语言的成熟，在乔叟身上找到了完美的表达”。②

1362 年，英国王室颁布法令，规定英语为法庭用语；③ 1376 年，英国出现了最早的一份用英文签订的契约，1377 年出现了最早的用英文写的遗嘱。④在 14 世纪的英格兰，作为民间语言保存下来的英语，以伦敦方言为基础，逐渐发展成为一种民族语言，各地英语已经开始了各自的标准化进程。

15 世纪 80 年代，英国议会开始利用印刷机复制各种会议文件。第一份法案印刷品出现在 1484 年 1 月 23 日至 2 月 22 日的理查三世时期，虽然当时的印刷语言仍然为法律法语，但是在提交法案、辩论等环节上议会已经开始使用英语。都铎王朝建立后，统治者似乎更倾向于使用英语发布法案。1490 年，亨利七世将英语作为了法律用语，并且还专门创设了皇家印刷商的官方职位，

① 闫照祥. 英国史［M］. 北京：人民出版社，2003：113.

② 钱乘旦，许洁明. 英国通史［M］. 上海：社会科学院出版社，2002：103.

③ 蒋孟引. 英国史［M］. 北京：中国社会科学出版社，1998：201.

④ ［美］菲利普·李·拉尔夫，罗伯特·E·勒纳. 世界文明史（上）［M］. 北京：商务印书馆，1998：688.

用于更好地利用印刷媒介颁布法令。亨利八世时期的议会公共法案已经能够定期印制。从1512年开始，印刷法案已经被贴在柱子和布告板上。而到1529年，完整的法案版本便已不再被大声朗读，表明印刷媒介已经足以满足传播的需要。[①] 印刷技术促进了法律文件和官方文书在民间的大范围传播，各种英文法令可以借助印刷品进行普及，从而促进了各地书面英语的统一、定型。

印刷媒介给英语带来了两个明显的变化，一是使英语具备了更大的稳定性；二是使更多的人能够读到表达方式非常丰富的英语。[②] 英国作家乔叟、戏剧家莎士比亚等的作品，使得当时不完善的英语有了自己的标准语形式。

从15世纪开始到17世纪，书籍印行的数量先是以百计，后来就是以千计，而且一版书的内容基本是相同的。在1500～1640年，英国印行的书籍已经超过两万种。因此，我们有理由认为，印刷术在语言的格式化和固定化中发挥了必不可少的作用。[③]

与此同时，一场语言革命正经过印刷媒介的传播在欧洲大地上展开。

在意大利，但丁、彼得拉克、薄伽丘、马基雅维利、博雅多等著名作家的作品使用的都是托斯卡纳方言，通过这些书籍的传播，现代的意大利语逐渐形成。

在西班牙，由于西班牙戏剧和塞万提斯小说采用的都是卡斯提方言，于是通过戏剧和小说的广泛传播，这种方言变成了西班牙的标准语。

葡萄牙由于出现传播广泛的卡蒙斯的叙事诗，于是他的作品语言成为葡萄牙的标准语。

德国在席卷全国的宗教改革运动中，路德用低地德语翻译的《圣经》，以及他创作的一些赞美诗广泛传播，使得德语获得了以这些作品为依据的标准语。

法国文艺复兴运动中拉伯雷、蒙田等作家的作品采用的都是北方法兰西

---

① 张炜．印刷媒介与15、16世纪英国社会变迁［D］．北京：中国社会科学院，2009.

② 张炜，郭方．语言、印刷媒介与近代早期英国民族国家的形成［J］．杭州师范大学学报（社会科学版），2009（9），5.

③ ［法］费夫贺，马尔坦．印刷术的诞生［M］．李鸿志，译．桂林：广西师范大学出版社，2006：319.

语，于是这种语言替代了南方法兰西语成为法兰西民族的标准语。

由此，在16世纪文艺复兴时期，欧洲形成了意大利、西班牙、葡萄牙、德国、法国和英国六个主要的统一君主制民族国家，并形成了各自的民族语言和文字。

如果你会英语，也会点法语，或者是德语，你就会发现，英语里的有些发音和法语相似，有些单词和德语的单词很像。为什么会这样？

当时印刷媒介的传播，经典的图书总会被翻译，很多经典著作经过各国出版商翻译时，总会有一些不能替代的词语，所以欧洲各国的语言里就形成“你中有我，我中有你”的局面。

民族国家一旦产生，就不可避免地要走上独立发展的道路。15世纪，英国已经产生了圈地运动和资本主义生产方式，城市经济的发展产生了市民阶层，牛津大学和剑桥大学的兴起开始挑战基督教的权威，产生了迥异于早期基督教文化的世俗文化，印刷媒介的传播内容也从宗教作品扩大到自然科学、哲学、文学和艺术领域，长期被社会上层垄断的思想和知识在民间开始迅速而广泛地传播，而拉丁文作为主流语言的地位也被动摇。

而英国的自由传统和宪政体制的萌芽，从16世纪已经开始酝酿，发酵。

## 第三节　宗教改革的旗手

16世纪，欧洲已经迈入了伟大的宗教改革时代，而英国的宗教改革有着和其他国家明显的不同，它竟然是因为一场离婚案。

英王亨利八世是英国历史上著名的君主，不仅是因为他推动了英国的宗教改革，还因为他娶过6位王后。亨利八世想要和没有男性子嗣的王后凯瑟琳离婚，教皇拒绝准许，于是亨利八世就任命克兰麦为英国大主教，让他宣布废除了这桩婚姻。教皇将英亨利八世逐出罗马会。

作为回击，亨利八世于1534年使国会通过了《国王至上法》，确立自己为英国教会的领袖。英格兰圣公会（即英国国教）逐渐形成。在1533年，教皇将亨利八世逐出了罗马天主教会，亨利八世也不承认教皇对爱尔兰的宗主权。

而印刷媒介在宗教改革中起到的作用是怎样的呢？

还要从亨利八世和他的都铎王朝说起。

亨利八世很早就认识到印刷媒介的宣传和启迪的功用。在 1513 年，英格兰和法国开战，亨利八世利用印刷媒介进行了一系列的舆论宣传。当时，作为法国和英格兰的共同的同盟者，苏格兰国王詹姆斯四世在战争中选择了支持法国，同英格兰作战。亨利八世出版了《苏格兰国王给英格兰国王的书信集》，意在证明英格兰和法国作战的合理性。在佛罗登战役中，詹姆斯四世阵亡，亨利八世在圣保罗大教堂为其举行葬礼，又为詹姆斯四世印刷了拉丁文的墓志铭，以此显示他的宽宏大量。[①] 在亨利八世的指令下，印刷商又印制了《百年战争编年史》、《论武艺》、《特洛伊纪事》等书籍，这些书籍都是为亨利八世针对法国的战争造势，希望激发出英国人捍卫战争荣誉的情绪。亨利八世利用《述七圣礼斥马丁·路德》一书，对路德的《教会的巴比伦之囚》一书进行反击，他写道："凡不服从世界上基督徒的最高领袖者，当然罪不容诛"，"所有教会，不但应服从基督，而且应服从基督的代理人罗马教皇"。[②] 这获得了教皇利奥十世授予的"基督卫士"的称号。欧洲大陆印制了该书的多个版本，这为亨利在欧洲赢得了前所未有的声望。

开始宗教改革后，他充分利用各种印刷书籍为其造势。他的重臣，英国历史上最重要的政治家之一托马斯·克伦威尔利用印刷媒介进行了一系列务虚宣传。为了证明亨利八世离婚的合理性及自身统治的合法性，克伦威尔亲自监督了《真理之镜》(1532 年) 等一系列讨论离婚问题书籍的出版工作。从 1536 年起，克伦威尔委派伯塞莱特连续印制了十部《论文》，为将英国变成国教会的国家而造势。在紧接着的 1537 年又出版了著名的《主教纪事》。[③] 在克伦威尔执掌权柄不到 10 年的时间里，他将这种新兴媒介的宣传功用发挥到了相当高的程度。

---

① Pamela Neville-Sinfton. Press, Politics and Religion [M]. Lotte Hellinga and J. B. Trapp ed., The Cambridge History of the Book in Britain, Volume III, 1400-1557: 579.

② 杨真. 基督教史纲 (上) [M]. 北京: 三联书店, 1979: 338.

③ David Loades. Books and the English Reformation prior to 1558 [M]. Jean-Francois Gilmont ed., The Reformation and the Books, Aldershot: Ashgate Publishing Limited, 1998: 287.

约翰·福克斯曾将托马斯·克伦威尔形容为一位“勇敢战士和救世主的领航人”，他尝试运用各种方式和途径“打击无信义的宗教并推进真理”。[①] 埃尔顿则指出：“当新秩序受到攻击时，克伦威尔令其成员（利用纸张）摧毁对方，他非常集中、谨慎而含有目的地使用了印刷媒介以支持其政治行为。”这是“欧洲范围内由政府发起的首次这类运动”。[②]

这恐怕也算得上最早期的政府宣传了，但是宣传确实起了效果。这种自上而下式的政治传播有效地推行宗教和政治改革，英国的宗教改革对抗罗马教廷，解散修道院，削弱和镇压地方割据势力，极大地强化了英国的王权，促进英国摆脱罗马教廷的控制，率先从基督教的精神统治中解脱出来。

关于英国的宗教改革，还有一个人不能不提，那就是牛津大学神学教授约翰·威克利夫。

他被誉为英国宗教改革的开端者，首先用英语翻译圣经。他继承了马尔·西奥尼的建立独立民族教会的政治主张，并根据英国教会的特点，提出了较为完整的建立独立民族教会的理论。他称一些修道院是“贼窝，蛇窟，魔鬼之屋”，他说“教士们只是用虚假的赎罪券和特赦来欺骗民众，其目的只是为了掠夺人们的金钱……买这些赎罪券的人实在是愚蠢之极”。他提倡用英语作礼拜，反对拉丁文在宗教界的统治地位。他翻译的英文版《圣经》在民众中广为传播。

英文《圣经》的广泛传播在宗教改革中发挥了巨大作用，先有威廉·廷代尔出版的《新约全书》和《旧约全书》首五卷译本（1525~1526），继之有科弗代尔的《圣经》全译本印行，科弗代尔的这个版本，是历史上首部完整的印刷版英语《圣经》，通常也被看作是英语《圣经》的头版。1611 年，钦定本英文《圣经》问世。[③] 这是斯图亚特王朝的开创者詹姆士一世经过 7 年的努力，由他授权的、由 47 名大臣组成的委员会完成的。这部钦定本《圣经》

---

① Arthur J. Slavin. The Gutenberg Galaxy and the Tudor Revolution [M]. Gerald P. Tyson and Sylvia S. Wagonheim ed., Printing and Culture in the Renaissance, p. 90.

② G. R. Elton, Policy and Police: The Enforcement of The Reformation in the Age of Thomas Cromwell [M]. CUP Archive, 1985: 206.

③ [法] 费夫贺，马尔坦. 印刷术的诞生 [M]. 李鸿志，译. 桂林：广西师范大学出版社，2006: 329.

英译本仍旧是得到最广泛使用的《圣经》版本之一。

从这一时期《圣经》的翻译出版史来看，正是借助印刷媒介的力量，英语《圣经》销量巨大，新教徒的印刷商们在英国商业经济发展下，通过廉价的普及版书籍，迅速地创造出为数众多的新读者，通过印制诸种《圣经》版本而对宗教改革产生巨大影响。历史学家劳伦斯·斯通曾指出："基督教是关于《圣经》这本书的宗教，一旦这本书不再是一个只能够由教士阅读的被严守的秘密，它就给建设一个有知识的社会带来了力量。"①

有学者进而总结道：宗教改革本身就是文字与书本的女儿。② 宗教改革看起来很美，其实充满了血雨腥风。英国宗教改革时期，英国内部宗教派别林立：圣公会教，天主教、清教徒、再洗礼派、索西奴斯教徒、阿明尼教徒、笛卡尔主义者等。由于教会统治的失控，英国出现了宗教多元化现象，而天主教对清教的敌对和迫害极为严重。

但是清教为什么消失反而壮大成长起来了呢？

因为印刷媒介，因为他们先进的思想。

由于教会和议会对清教改革的阻挠，清教徒开始了另一种抗争方式，即通过印刷品来争取全国人民的注意和支持。整个16世纪80年代，天主教的小册子作者和他的新教徒对手以及清教徒们都纷纷利用了廉价出版物的潜在威力，展开斗争。③

清教是法国加尔文教在英国的支派，主张清除英国国教中的天主教残余，用新的、俭省的、与国王没有关系的教会来代替国教会，要求取消烦琐的宗教仪式，反对教会勒索。其教义实质上是罩着一层宗教幕纱的资产阶级世界观，后成为资产阶级革命的思想武器。清教评论家普林尼和医生巴斯特威克、贝尔顿都曾因为编写并出版宣传清教的小册子而被绑枷示众，当众鞭打、割掉耳朵，然后投入监狱终生监禁。④ 许多清教徒，为逃避迫害，被迫流亡国外。

① ［英］凯文·威廉姆斯. 一天给我一桩谋杀案——英国大众传播史［M］. 上海：人民出版社，2008：22.

② ［法］弗雷德里克·巴比耶. 书籍的历史［M］. 广西：桂林师范大学出版社，2005：185.

③ Joad Raymond, Pamphlets and Pamphleteering in Early Modern England［M］, Cambridge, UK; New York: Cambridge University Press, 2003, p. 37.

④ 孙义飞. "发现"另一个17世纪——17世纪西方文明再审视［D］. 长春：东北师范大学，2008.

“从1603年到1640年迁到海外去的清教徒大约6万人”。①

1620年9月23日，一批清教徒在牧师布莱斯特率领下乘“五月花”号前往北美洲，并将这片新土地命名为“新英格兰”，这就是后来称霸全球的美利坚合众国的源头。

先进的思想永远不会被消除，反而会随着先进的技术迅速传播。每一方都公然地抨击对方的小册子，使争论达到白热化，小册子的数量在这种回应与反回应的斗争中迅速增加。“在清教徒斗争期间，有些城市有6个以上的印刷工场不分昼夜地开工。每隔几小时，信差们就取走油墨未干的书籍，把它们送到安全的批发点——这些是最初的地下印刷品。”②

政府、反对派都开始利用小册子这种新型的媒介来传播自己的思想，呼吁正在萌芽状态的公共舆论来获得公众的支持，让赢得公众支持的一方获得辩论的胜利，这在英国历史上是前所未有的，如西伯特所言，“英国的出版业正在发挥着教会和议会所无法起到的作用”。③

整个16世纪80年代，抨击文章中过度的修辞、绚丽的形式和夸张的比喻成为非常平常的事情。从1580～1640年，小册子适应了这段时期政治和宗教斗争的需要，摒弃了以往的西塞罗似的修辞手法而发展成一种简单的形式以适应争论和报道的需要。④ 清教徒在写作中对语言的选择为他赢得了更多的平民阶层的公众，对宣传清教思想对抗政府的压制起到了有力的作用。清教小册子的廉价、易懂、出版周期短等特点使社会民众在选择读物时更愿意接受它们，因此清教的思想得以在16世纪末期的英国广泛传播。随着16世纪下半期英国工业资本主义的成长，清教徒的势力便日益扩展，并成为17世纪革命的动力之一。他们在社会、政治和思想领域中全面抨击君主专制，倡导自由、人权、人民主权。

---

① 蒋孟引．英国史［M］．北京：中国社会科学出版社，1998：337-338.

② ［美］雅克·巴尔赞．从黎明到衰落——西方文化生活五百年［M］．林华，译．北京：世界知识出版社，2002：4.

③ Fredrick Seaton Siebert, Freedom of the Press in England, 1476-1776, University of Illinois Press, 1965, p. 97.

④ Joad Raymond, Pamphlets and Pamphleteering in Early Modern England, Cambridge, UK; New York: Cambridge University Press, 2003, p. 44.

政府也开始通过出版物来争取民众的支持。这种较量，促使民众开始理性地判断自己的政治倾向，也开始理性地批判反对阵营的声音，这种在一定利益连接的基础上，通过媒介来传达的理性的批判精神是公众和公共舆论形成的关键性因素。因此可以说这一时期的印刷媒介从客观上推动了公众和公共舆论的形成。

公共舆论和公众已经形成，英语已经普及，宗教改革解放了思想，形成了民族国家，英国已经具备了现代社会形成的一些基础条件，现在万事俱备，只欠东风。

## 第四节　意大利的风

这个东风来得太巧，那就是来自意大利的文艺复兴之风。

在1500年之前，威尼斯是欧洲印刷业的中心，文艺复兴也从意大利吹开了涟漪。无论是文学、美学还是政治领域，在文艺复兴的倡导者的鼓动和宣传下，人们对基督教义宣传的天国世界的憧憬逐渐消失，他们开始关注现世的生活和人的力量。大量涌现的文学作品、编年史、歌谣、小册子、戏剧都充满了对神职人员的揭露、嘲笑和抨击，人们开始接受自己的世界，而不是盲从于通过神职人员勾画的天堂。教皇的权威一旦被打破，人们的质疑一旦被挑起，思想就不是强制力所能控制的。①

英国的文艺复兴成就卓著。16世纪欧洲最畅销的图书不是法国拉伯雷的《巨人传》，也不是西班牙塞万提斯的《堂·吉诃德》，而是英国人伊拉斯谟的《愚人颂》。

伊拉斯谟是人文主义大师，他撰写了大量文选、序言和小册子，对时事进行评论。有人因此称其为“社论作家”和“欧洲的第一位记者”。1503年，伊拉斯谟出版了《基督教骑士手册》，率先掀起了西欧的人文主义改革浪潮。其后的《基督教君主的教育》（1511年）和《愚人颂》（1514年）很快成了

① 王青云．16世纪中期至17世纪中期英国的“非法印书”及其影响［D］．武汉：武汉大学，2006.

16 世纪欧洲最畅销的图书。仅在 1509 至 1536 年，《愚人颂》仅拉丁文本就刊印 42 版，计 12 个译本，几乎涵盖所有欧洲文字。至 1632 年时，剑桥大学学生已做到人手一册。

伊拉斯谟通晓希腊文，他重新编辑了希腊文版的《圣经》。他主张《圣经》是唯一信仰权威，要把学习古典文化同发扬基督教传统结合起来，以理性重整人类道德。伊拉斯谟强调“圣经至上”，“圣经是唯一标准，唯一权威”，其口号是：“回到《圣经》去！”他毕生都恪守这一原则。他在诠释《圣经》时，用人文主义观点重新发掘其中的人性，使其成为关于人的生命和生活的著作，每个普通人都可以通过直接阅读《圣经》走近上帝，成为神学家。在这种思想指导下，伊拉斯谟热心于校正、注释、编纂和出版希腊文版的《新约全书》，并于 1516 年 3 月印刷出版。这个举动隐含着他对罗马教廷把持教义、控制思想的不满。《新约全书》原文是希腊文，而在罗马教会中流传的是拉丁文版，所以重新校勘出版希腊文版《新约全书》，本身就具有某种象征意义。而他在书中所附拉丁文评注中指出，罗马教廷唯一认可的《圣经》拉丁文版其实也是二手的，拉丁文版《圣经》还存在同原文不一致的错误。伊拉斯谟版《圣经》引起基督教界普遍震动，普通人的思想、观念为之一变，罗马教廷的一统天下开始动摇。路德 1522 年的德文版《圣经》，廷代尔的英文版《圣经》，埃蒂安纳的法文版《圣经》，都以伊拉斯谟这个版本为基础。①

伊拉斯谟只是一个开始。后来的威廉·格罗辛、托马斯·林纳克和约翰·科内特、托马斯·莫尔等英国人文主义者都对后世产生了巨大影响。

约翰·科内特重新对《圣经》进行了注释，创办了一所具有人文主义纲领的新学校，为英国培养了大批人文主义学者。托马斯·莫尔写成了其不朽于世的著作《乌托邦》，他在书中赞美了乌托邦社会中纯洁的风俗和高尚的情境，批判了现实中欧洲基督教社会的道德沦丧。斯宾塞的赞美诗《仙后》（Faerie Queen）歌颂了伊丽莎白一世光辉的一生，同时也把英国的诗歌文学推向了另一个空前的高潮。

印刷商和书商在一定程度上扮演了传播“新知识”的关键角色，印刷书

---

① 孙宝国. 18 世纪以前欧洲文字传媒与社会发展研究［D］. 长春：东北师范大学，2005.

籍渐渐取代了手抄本，这是一个巨大的历史进步。

作为英国人文主义的核心地区，牛津和剑桥大学成为印刷媒介的主要传播地区。16 世纪中叶以前英国各地都有印刷商，伦敦的印刷中心地位并未形成。伦敦以外，一些著名的修道院以及牛津、剑桥大学等都有着深厚的文化积淀和悠久的制书历史。牛津的西奥多里克·鲁德，是继卡克斯顿后英国的第二个印刷商。他于 1476 或 1477 年开始印刷，并很快与大学的文具商托马斯·亨特合作，现存由他印刷的将近 20 本书中，大多是关于早期基督教会领袖的著作和经典著作。1534 年，亨利八世授予剑桥大学出版和销售“任何形式的图书”的权利，剑桥出版社因此自称是“世界上最古老的出版社”。在牛津和剑桥出售和收藏书籍的规模在 1500 年后的五十年里得到了长足的发展。书籍的增长里的一大部分是教育用书，大学及其教师和学生则是书籍的主要购买者和收藏者。这一时期人文主义者的私人收藏印刷书已经将注意力转向了语言和古典文学作家作品。与此同时，各级各类教育机构的授课方式和授课内容发生了显著变化，而印刷文本的大量出现恰恰为这种结构的变化提供了便利条件，教育变革在印刷媒介的推动下才得以不断深化和发展。①

就英格兰来说，光是英文印制物，在 1640 年之前就有 26000 种，其中约有 10000 种为 16 世纪的产物。② 人文主义在英国的传播，大大加速了英国民众的思想解放，人文主义者的人文主义思想，特别是其中的爱国主义成分，都为英国近代民族国家的建立奠定了重要的思想基础。

## 第五节　巨人莎士比亚

“书籍是全世界的营养品，生活里没有书籍，就好像大地没有阳光；智慧里没有书籍，就好像鸟儿没有翅膀。”

巨人莎士比亚的这句名言反映了当时书籍传播的力量。因为书籍和教育，

---

① 张炜．印刷媒介与 15、16 世纪英国社会变迁［D］．北京：中国社会科学院，2009.

② 张炜．印刷媒介与 15、16 世纪英国社会变迁［D］．北京：中国社会科学院，2009.

成就了一代文学大师。世界上恐怕再难以找到像莎士比亚这样有影响力的剧作家、文学家。

在他的故居，已竖起了近200多个国家的国旗，每一面都代表一个国家翻译了他的作品。对莎士比亚的研究也成了一门学问，叫作“莎学”。

1564年4月23日，莎士比亚生于英国中部瓦维克郡埃文河畔斯特拉特福的一位富裕的市民家庭。意大利著名数学家、物理学家、天文学家和哲学家、近代实验科学的先驱者伽利略也在这一年出生。他父亲是个商人。4岁时，他的父亲被选为“市政厅首脑”，成了这个拥有两千多居民，20家旅馆和酒店的小镇镇长。他从小就对戏剧表演非常熟悉。经常有一些旅行剧团到斯特拉福德小镇表演。1582年他与一个农民之女安·哈瑟维结婚，1585年育有一子哈姆内特·莎士比亚（Hamnet，根据 Thomas Kyd 的悲剧男主角 Hamlet 而取名）。1586或1587年莎士比亚来到伦敦，当时戏剧正迅速地流行起来。他先在剧院当马夫、杂役，后入剧团，做过演员、导演、编剧，并最终成为剧院股东；1588年前后开始写作，先是改编前人的剧本，不久即开始独立创作。到1590年底，莎士比亚已经成为伦敦一家顶级剧团——詹姆斯·伯比奇经营的“内务大臣供奉剧团”——的演员和剧作家。后来，莎士比亚向人证实了自己是一个脚踏实地、品行端正之人，他成为剧团的股东，很快赢得了同仁们的尊敬和爱戴。

莎士比亚的戏剧大都取材于旧有剧本、小说、编年史或民间传说，但在改写中注入了自己的思想，给旧题材赋予新颖、丰富、深刻的内容。如著名的悲剧《哈姆雷特》、《奥赛罗》、《李尔王》、《麦克白》，喜剧《仲夏夜之梦》、《威尼斯商人》、《第十二夜》、《皆大欢喜》，历史剧《亨利四世》、《亨利五世》、《查理二世》，正剧、悲喜剧《罗密欧与朱丽叶》，还写过154首十四行诗，两首长诗。现在仍是世界电影、电视剧、戏剧和各类表演的灵感和素材。

在艺术表现上，他继承古希腊和古罗马、中世纪英国和文艺复兴时期欧洲戏剧的三大传统并加以发展，从内容到形式进行了创造性革新。他的戏剧不受三一律束缚，突破悲剧、喜剧界限，努力反映生活的本来面目，深入探索人物内心奥秘，从而能够塑造出众多性格复杂多样、形象真实生动的人物典型，描绘了广阔的、五光十色的社会生活图景，并以其博大、深刻、富于诗意和哲理著称。

他是人文主义文学的集大成者。他的戏剧创作继承前辈人文主义作家的优良传统，敢于挑战封建和宗教经院文学的清规戒律。他的写作是真正的平民创作，而不是迎合贵族老爷们的喜好。莎士比亚的悲剧也多写国王或者贵族，但其作品中这些统治阶级已经不再被高高地捧在神坛上，他写这些国王贵族就是为了解剖他们，从这些人形形色色的不良德行里得出这个阶级已经彻底腐朽衰败的结论，进而在英国社会中提倡人文精神，建立一个理想的开明君主统治各阶级和谐共处的国度。莎士比亚几乎用一生的时间编织着这样一个理想。

莎士比亚的作品也极大地丰富了英语的内涵。莎士比亚用词高达两万个以上。它广泛采用民间语言（如民谣、俚语、古谚语和滑稽幽默的散文等），注意吸收外来词汇，还大量运用比喻、隐喻、双关语，可谓集当时英语之大成。莎剧中许多语句已成为现代英语中的成语、典故和格言。相对而言，他早期的剧作喜欢用华丽铿锵的词句；后来的成熟作品则显得更得心应手，既能用丰富多样的语言贴切而生动地表现不同人物的特色，也能用朴素自然的词句传达扣人心弦的感情和思想。

莎士比亚在世时被尊为诗人和剧作家。莎剧的真正价值，直到 19 世纪初，在柯勒律治和哈兹里特等批评家的阐发下，才开始为人们所认识。17 世纪始，莎士比亚戏剧传入德、法、意、俄、北欧诸国，然后渐及美国乃至世界各地，对各国戏剧发展产生了巨大、深远的影响，并已成为世界文化发展、交流的重要纽带和灵感源泉。20 世纪，他的作品常常被新学术运动改编并重新发现价值。他的作品直至今日依旧广受欢迎，在全球以不同文化和政治形式演出和诠释。

莎士比亚的作品的发行量也是个天文数字。随着书籍的传播，英语和英国的文化为世人所熟知。他通过具有强大艺术力量的形象，从他的那些典型的、同时又具有鲜明个性的主人公的复杂的关系中，从他们的行动和矛盾中去揭示出他们的性格。戏剧中放射出的强烈的人文主义思想光芒，以及卓越而大胆的艺术技巧，其意义早已超出了他的时代和国家的范围。

对文学界造成如此大的影响，难怪他的朋友、著名的戏剧家本·琼森说：“他不只属于一个时代而属于全世纪。”

1616 年 4 月 23 日，莎士比亚逝世。

这一年，还有两位剧作家也与世长辞，那就是中国的莎士比亚——明朝的著名剧作家汤显祖和西班牙的人文主义大师、《堂·吉诃德》的作者塞万提斯。汤显祖流传下来的戏剧主要有《紫钗记》、《牡丹亭》、《邯郸记》、《南柯记》，因为这些戏的内容都和梦有关系，又被称为“临川四梦”。汤显祖的“四梦”在明代末年影响极大，不少戏剧家都学习他的风格，在明末形成了戏剧史上的“临川派”。

1616 年，远在东方的中国也发生了一件大事，爱新觉罗·努尔哈赤建立了清。而此时的英国也正在酝酿着新的革命，在莎翁逝世的 24 年后，英国的资产革命开始了。

## 第六节　圣人女王伊丽莎白

莎翁能取得的辉煌成就离不开一个人，那就是当时的英国女王伊丽莎白一世。

在莎翁的历史剧当中，君主往往是反面角色。伊丽莎白女王当然知道这一点，她并没有下令禁止演出莎士比亚的戏剧。因为莎士比亚从来就没有对女王有任何不敬，相反，他写了很多歌颂女王和她母亲的剧本。

女王的宽容，成就了莎士比亚的艺术高度，也成就了英国整个岛国上的人民的面貌和气质。

伊丽莎白一世是亨利八世和第二个妻子安妮博林的女儿，是都铎王朝的第五位也是最后一位君主，她终身未嫁，因此被称为“童贞女王”。她即位时英格兰内部因宗教处于分裂的混乱状态，但她不但成功地保持了英格兰的统一，而且在经过近半个世纪的统治后，使英格兰成为欧洲最强大、富有的国家之一。英格兰文化也在此期间达到了一个顶峰，涌现出了诸如莎士比亚、培根这样的著名人物。英国在北美的殖民地亦在此期间开始确立。她的统治期在英国历史上被称为“伊丽莎白时期”，亦称为“黄金时代”。

为什么是伊丽莎白？

这要从都铎王朝的建立说起。15 世纪下半叶，英国发生了红白玫瑰之战，英国的封建贵族势力在自相残杀中丧失殆尽。亨利七世建立了都铎王朝，他竭力削弱旧贵族势力，提拔重用中小贵族和市民以排挤大贵族的势力，促使大贵族逐渐放弃割据而听命于中央王权。近代英国能够有能力成为欧洲强国，主要得益于都铎时期各位国王的不断努力。都铎前期，葡萄牙、西班牙等国政府已在积极支持探险家向世界各大洋开辟新航路。从亨利八世开始，英国开始在积极发展海军力量，改变本国海上势力弱小的状况。都铎王朝前期（1485～1558年）的英国政府主要从两方面着手。一方面是扶植本国海上势力，它主要是通过颁布航海法案、缔结商业条约、扶植本国商团、鼓励探险航行等措施来达成目标的。另一方面是削弱他国海上势力。伊丽莎白一世统治时期改变了以前的许多重大政策，在王朝之末开创了一代新风尚，制定执行了改革开放、对外扩张的新政策。特别是1588年与西班牙的海上战争，英国以弱胜强，打败了西班牙的海上“无敌舰队”。在伊利莎白一世统治末期，英国社会在经济、政治、军事、外交、宗教等方面的迅速发展，使这个原本在欧洲世界名不见经传的二流国家变成了海上强国。

到了伊丽莎白时期，英国在政治上拥有了统一的领土和独立的主权，建立了中央集权制的政体，英国彻底摆脱了中世纪的混乱状态，实行有利于工商业发展的政策，使英国实力增强。经济上建立起了统一的民族市场，在从封闭型的自然经济社会向开放型的商品经济社会转型过程中，英国的国家机构与职能开始由中世纪型向近代型转变。在思想文化上建立起了统一的民族意识、民族语言和人文主义思想的传播。经过1588年打败了西班牙“无敌舰队”，使英国加快了海外扩张的步伐，英国第一次成为“大国”，并第一次走出欧洲，成为海上强国。英国已经做好了大国崛起各方面的准备。

伊丽莎白一世时期，英国民众的识字率也有了很大的提高，这也与伊丽莎白统治时发生的“教育革命”（Educational Revolution）有关。

英国很早开始了教育的革新。1592年，女王在爱尔兰创建三一学院。目的是希望青年一代的学生们选择在这里专心学习，而避免受到罗马天主教的影响。直到1793年，三一学院只容许新教徒就读。虽然今天大部分学生都是天主教徒，但在1793年之前，天主教徒如果选择就读三一学院则要被逐出教会。尽管世界上最早的大学并没有诞生在英国，但日后的事实证明了英国的教育自

1168 年牛津大学的创立至今任何时候都是世界一流水平。英国的教育从小学到大学是英国人花费近千年时间精心打造的品牌。伊顿公学、哈罗德公学、牛津大学、剑桥大学等，今天仍是莘莘学子的理想之地。伊丽莎白的教育革命大大提高了社会各个阶层的文化水平，具备了阅读能力。盎格鲁—撒克逊人富于探索和冒险的精神在理想和现实之间架起了沟通的桥梁。在英国历史上随处可见他们敢于接受挑战、最终战胜困境赢得胜利的例子。英国人自豪地说："我们就是世界上最优秀的民族之一，我们所从事的都是开创性的工作。"

17 世纪以前的世界还是分散的、无序的。传统的四大文明古国只有中国还在延续，欧洲还基本处于基督教文化的统治中，法国的封建君主制在不断加强、德国处于四分五裂，当今霸主美国还是英国的一块殖民地。

当 15 世纪末由于世界地理大发现而开始世界现代化进程的时候，英国并不是走在最前列的国家。而当文艺复兴和宗教改革来临时，英国也只是一个追随者。所以，如果按照文化的影响力来看当时的世界各国，英国的影响力非常有限。但是，当时英国已经在思想文化方面产生了一些领先世界的种子，而英国媒体正是将这些先进思想文化的种子传播到世界各地的使者。

在这一时期里，民族语言的形成、民族意识的强化、王权国家的建立和宗教的民族化为英国民族国家的建立并出现在西欧的政治舞台创造了重要条件。如果没有都铎时期在各方面打下的坚实的基础，英国的历史也未必过早地走向世界的巅峰。

到都铎王朝结束时，英国已经完成了民族意识、民族语言的统一，为今后政治体制和思想文化的发展奠定了初步的基础。

英国抓住了这一历史机遇期，初步具备了近代意义上的民族国家形态，英国民族中的民主自由的传统已经开始生根发芽，能够更有力地促进和保证本国资本主义的发展。

一个强大的英国即将启程。

# 第二章　光荣的新闻革命

## 第一节　疯狂的小册子

16 世纪初，英国就出现了各种记事性的小册子的印刷品。到 16 世纪末，手抄小报流行，不定期的带有新闻性的印刷品也时有出现，大多呈书本形式，被称为新闻书，也有单页的新闻传单（newssheet）。与此同时，16 世纪后期，定期的、有固定名称的新闻印刷品开始问世。①

1509 年，一本印刷新闻书报道了英国国王亨利七世 12 岁的女儿玛丽与奥地利 8 岁的王子查尔斯也即神圣罗马帝国王位继承人将要举行的婚礼。

1513 年 9 月，英国书商福克斯印刷出版了有关苏格兰战争的 4 页印刷新闻小册子《真正的危险》，以现场纪实的手法对弗洛登战役进行了报道，并附有一份英格兰英雄谱。②

1588 年，至少有 23 本印刷小册子报道了英国打败西班牙“无敌舰队”这一事件。

1590 至 1610 年间，英国印刷的新闻书有大约 450 种，在书名中常常有 true news（真实的新闻）、true relations（真实的报道）等字样。其中比较著名的印刷新闻书有出版商巴特 1605 年在英格兰出版的《约克郡谋杀案》。这一时期的英国印刷新闻书是煽情故事和道德说教的混合体。巴特还开设了一家相

① 郑超然，程曼丽，王泰玄．外国新闻传播史［M］．北京：中国人民大学出版社，2000：12-13．

② 孙宝国．18 世纪以前欧洲文字传媒与社会发展研究［D］．长春：东北师范大学，2005．

当于现代新闻代理机构的商店。当时有些新闻记者就在这家商店收发信件，有新闻意识的顾客也来打听最新的小册子及传单。但是这样的单页印刷品没有固定的出版时间，无法满足渴盼信息的商人和其他各界人士。

与此同时，在欧洲大陆小册子也像雨后春笋般发展起来。

法国在1529年出现与宗教改革有关的印刷新闻传单。意大利在1549年印刷出版名为《特兰特会议新闻书》的小册子，报道天主教会议的新闻，曾译成德文和英文再版，影响广泛。1568年至1604年，不定期的单条印刷新闻传单《德国特别新闻》在德国境内流行。1583年，奥地利人艾青在法兰克福印刷发行不定期的新闻书，名为《博览会编年表》。1588年，艾青将不定期的新闻书改为每年出两期，这是世界上最早的定期印刷出版物。

1622年，一本印刷新闻小册子为国王解散国会的决定辩护，英国国王詹姆斯一世抱怨说，为了获取公众支持，他必须“降贵纡尊”。[①] 1641年，议会下院出版《大抗议书》（The Remonstrance）吸引民众的关注，制造舆论声势。下院没有直接将请愿书上交给国王，而是通过印刷出版的方式，对于这种违反传统的做法，一位反对者作了如下声明：“当我第一次听到抗议书时，我想到的是应当向国王提出异议，指出这是那些恶毒的议员的坏主意，是那些虚伪的法官的阴谋，我做梦也没有想到我们要自下而上地提抗议，把事情告诉人民，而把国王作为第三者来谈论。我既不想从普通百姓那里寻找解决我们的苦衷的药方，又不抱他们能够解救我们的痛苦的愿望。”[②]

17世纪初至18世纪末，印刷新闻传单、新闻书和新闻小册子是欧洲重要的文字新闻传媒，给封建统治者制造了不小的麻烦。虽然印刷新闻传单、新闻书和新闻小册子基本没有固定名称和周期，随意性大，时效性差，但由于可以大批量地复制和发行，所以具有传播上的明显优势。

1640年到1688年，英国国内的政治环境极为动荡。在这样的历史环境下，英国的传媒开始迅速发展，据统计，“从1640到1660年的二十年间”，英国“共出版了25000种以上各种的抨击小册子[③]，也许英国史上从来没有其他

① 孙宝国. 18世纪以前欧洲文字传媒与社会发展研究［D］. 长春：东北师范大学，2005.

② ［英］阿萨·勃里格斯. 英国社会史［M］. 陈叔平，等译. 北京：中国人民大学出版社，1989：171.

③ 张唐彪. 英国资产阶级革命中的“小册子大战”［J］. 邢台学院学报，2007（1）.

一个时期像这二十年间出版了这么多的抨击文章，单单 1642 年就有 2000 本小册子”。①

疯狂的小册子促进了英国人的民族意识、个人意识，触发了资产阶级革命的启动器。

出版自由、报刊的舆论功能等思想都在 17 世纪之前在英国出现并传播，这些思想对后世的影响极大。批量生产的印刷书籍和小册子成为英语形成的载体，是宣传宗教改革思想的锐利武器，报刊和新闻革命促进了英国的资产阶级革命的政治斗争、促进了英国民众的民主意识、自由理念的发展和成熟。

## 第二节　出版自由的曙光

16 世纪是欧洲的世纪，摆脱了中世纪的蒙昧，欧洲开始从世界崛起。这时的英国，只是整个欧洲崛起的一个代表。

有改革就有斗争，欧洲各国开始在思想领域进行控制，这就集中表现在对出版物的审查和控制上，英国在 17 世纪最早出现了出版自由的曙光。由此在思想上做好了领先欧洲的准备。

出版自由从何而来？为什么会首先在英国发生？

这还得从出版审查制度说起。

出版控制自从印刷术进入英国早期就开始了。从 15 世纪的末期，英国政府就开始亲自参与印刷和书籍的交易。1484 年，英国为了扶持本国印刷业的发展，专门给予外国书商和印刷商的一项特权。任何外国的书商和印刷商都可向英国进口已装订或未装订的图书，外国的图书抄写、装饰、装订人员皆可在英国定居，从事印刷业。所以，这就造成了在印刷术传入英国后近半个世纪的时间里外国书商和印刷商垄断英国印刷产业的情况。英国出版印刷业的起步和发展较欧陆国家晚，因此英国曾是欧洲书商的大市场，大陆出版商在英国的活跃对其本土出版业是巨大的冲击。

---

① ［英］安东尼·阿巴拉斯特．西方自由主义的兴衰［M］．曹海军，等译．长春：吉林人民出版社，2004：196.

"在1476到1536年间的英格兰，有多达2/3的印刷商、书商、装订匠是外国人。"① 1500年，伦敦仅有5名印刷商，到1523年已有23位印刷商和书商。②

16世纪20年代开始，英国本土的印刷商日益增多，与外国印刷商之间的竞争趋于激烈。为保护本国商人的利益，同时便于对印刷业的控制，亨利八世通过限制国外印刷商，任命皇室或官方印刷商，授予印刷出版特权和垄断专利等方式将初露端倪的印刷业牢牢控制。1523年，英国国王亨利八世公布了英国第一个禁书法案，不许外国出版商在英国开设新的印刷工场，规定现有外国出版商的学徒人数不得超过两人。1530年，特许希顿售卖神学家廷代尔翻译的《圣经》，这是特许制的开始。③ 1534年法令再次重申取消1484年法令给予外国印刷商的特权，并规定任何在国外装订的书不得在英国出售，任何人不得从外国人手中购买进口书。该法令给外国印刷商以致命打击，从而有效保护了本国印刷商的利益。国王的印刷商不仅每年可以享受王室发放的津贴，同时还享有印刷王室法令的特权。

这也是当时重商主义在出版业的一种体现。国王赋予大出版商特权限制了欧陆思想在英国的自由传播，客观上也保护了本国的出版业。④

1538年，为巩固国教地位，防止极端改革者对政权的危害，亨利八世颁布法令，要求"禁止或避免用英文印刷错误及诽谤性观点（seditious opinions）"。具体规定：任何一本英文书不经国王特许，不得进口，违者监禁、没收书籍并罚款；任何一本书不经枢密院或指定官员的许可不得在王国内印刷，违者由国王监禁并处以罚款。⑤ 这是英国图书审查史上的一个里程碑，标志着英国书报审查制度确立。

1557年，玛丽女王成立皇家特许出版公司。该公司是印刷商的企业组合，经女王特许的印刷商都是公司会员。皇家特许出版公司对其他书商和印刷商拥

---

① ［法］费夫贺，马尔坦．印刷术的诞生［M］．李鸿志，译．桂林：广西师范大学出版社，2006：183.

② F. S. Siebert, The Freedom of the Press in England, 1476－1776, Urbana, University of Illinois Press, 1965, p. 25.

③ 孙宝国．18世纪以前欧洲文字传媒与社会发展研究［D］．长春：东北师范大学，2005.

④ 王青云．16世纪中期至17世纪中期英国的"非法印书"及其影响［D］．武汉：武汉大学，2006.

⑤ David Loades, Politics, Censorship and the English Reformation［M］. Leicester Univ Pr, 1992：101.

有搜查、没收、焚毁、查封、扣押的特权。1570 年，伊丽莎白女王将参议院的司法委员会独立为星室法庭。1586 年，伊丽莎白女王颁布“出版法庭法令”，即著名的“星室法院法令”，该法令一直维持到 1640 年。后来克伦威尔专政、查理二世复辟时期都将此法作为出版管制的基础。到 1615 年伦敦只有 15 家合法印刷工场。①

然而，英国的议会改革迎来了出版自由的曙光。

1640 年，英国长期议会召开，各个政治派别开始利用刚刚出现的新闻书来推进他们的宣传工作，印刷媒介的舆论宣传职能发挥出来，这反过来也推进了新闻书发行的进一步发展。

1640 年下半年政府对出版业的审查开始弱化。尽管教会委员会和议会委员会仍然偶尔会进行审查，但是他们实施控制的努力和主动性越来越弱。尤其是随着国王的地位受到猛烈攻击，皇家特许出版公司的成员渐渐转而效忠于议会。1641 年，星室法庭和高等委员会法庭被废除，1642 年，议会暂时控制审查制度，由于议会忙于权力的交接无暇顾及出版业，所以 1640 ~ 1642 年这两年出版业得到了巨大的发展契机。由于特权、登记、版权保护都不再有效，小印刷所纷纷成立，小册子、新闻纸漫街飞舞，没有特权的印刷商趁机印刷被垄断的印刷品和无以计数的盗版作品，盗版和伪造猖獗，长期受到压制的反叛的作者和印刷商不时发起对国王、议会和革命者的攻击。② 一些未获出版的书籍在 1640 年后大量涌现。例如，伊丽莎白一世和早期斯图亚特王朝时期被视作异端叛国的著作，主要是宗教类、历史类，以及与政府事务有关的书。③

非法出版物的大量涌现也表明了新兴阶层的壮大，产生了对专制王权的反抗和对阶层利益的维护与宣传。这一方面挑战了现有的权力机构，另一方面也调动了公众的参与性，形成了公众舆论。1629 年开始，在圣保罗大教堂的交叉路口处就经常会出现匿名的小册子，反对查理一世作为君主的失职行为。通过这种方式，人们不仅获得了新的思想和观点，而且在朗读的过程中往往还会引起争论，引导培养民众的理性思维和批判意识，对最终打破专制机构以及对

① 孙宝国. 18 世纪以前欧洲文字传媒与社会发展研究 [D]. 长春：东北师范大学，2005.

② 焦绪华. 英国早期报纸诞生的历史背景探析 [J]. 山东理工大学学报（社会科学版），2008 (1).

③ Christopher Hill, Writing and revolution in 17th-century England [M]. Harvester Press, 1985: 42.

民众权利的争取都起到了很大的作用。非法出版物还调整了大出版业主和中小出版商之间的利益分配，导致了书商公会和大出版商的垄断性地位逐渐动摇，这在一定程度上松动并冲击了出版业的垄断经营。①

法国政治家基佐是这样描述革命后英国舆论的空前高涨的：全国人民的热情是漫无边际的，运动是普遍的、前所未有的、无所节制的。小册子、定期和不定期的杂志，在伦敦与约克以及所有大城镇成倍地增长。其中关于政治、宗教、历史问题、新闻、宗教经论无所不谈，此外还有计划、建议，还有骂人的文章，应有尽有，包罗万象。无论什么问题都有人提出来讨论。有许多人自愿在各处叫卖，有的在法庭前，在集日市场里，或在教堂的门口叫卖，人们争先恐后地买来阅读。②

17 世纪英国政治领域的重大变化已经对出版业的发展产生了不可忽视的影响。短暂的言论和出版自由已经在人民中间撒播下了反封建专制的种子，为 17 世纪末废除特许制打下了基础；出版管制的权利已经从国王及其继任者手中转移到了议会手中；星法庭的撤销使普通法院代替了特权法庭成为管制出版业的机构。尽管在克伦威尔统治期间共和国政府对出版业的控制达到了空前的程度，但这些变化都为以后英国检查制度的废除打下了基础。

在这种矛盾的斗争中，出版自由的思想开始萌发并广为传播。

## 第三节　约翰·弥尔顿和他的朋友们

1644 年，约翰·弥尔顿（John Milton，1608～1674）在未获许可也未署名的情况下，出版了著名的《论出版自由》。他主张废除书报检查制度，给书籍以自由，给思想以自由。弥尔顿认为限制言论出版自由即妨碍真理本身，唯有保障言论出版自由，才能使真理战胜谬误。他曾雄辩地发问：“如果在暴君的势力压倒人民的地方可以说是上帝把人民送去受奴役，那么在人民的势力压倒

① 王青云. 16 世纪中期至 17 世纪中期英国的“非法印书”及其影响［D］. 武汉：武汉大学，2006.
② ［法］基佐. 1640 年英国革命史［M］. 上海：上海三联书店，2011：174.

暴君的地方，为什么就不能说上帝使人民获得了自由呢？如果昏君的暴政是从上帝那里来的，那么，我们的自由为什么不能说也是由上帝那里得来的？”①

这是西方新闻自由思想的源头，也是当时一个了不起的成就。

弥尔顿不仅是一个思想家，也是一个文学家，他在英国文学史上的地位仅仅次于莎士比亚。代表作《失乐园》（1667）、《复乐园》（1671）、《力士参孙》（1671）等诗篇也广为传诵。

17 世纪法国的启蒙运动提出的天赋人权和社会契约论，在这时已经被弥尔顿提出。他认为自由、财产和生命安全是人们的自然权利，其中自由是自然权利中最基本的权利。

弥尔顿不是一个人在战斗，他的战友威廉·沃尔温（William Walwyn）是最早指出审查制度的矛盾性和不切实际性的人之一。② 在 1644 年匿名出版的《富有同情心的撒玛利亚人》一书中，他承认从国家利益出发，对印刷进行一定程度的规范是必要的，但是他痛恨将审查制度指向不同观点的讨论。③

亨利·罗宾逊（Henry Robinson）也是一个小册子作者，但是他与当时众多关注宗教、政治的作家不同，他希望建立一个经济联邦，在那里没有宗教纷争，实行私有企业和私人财产原则，而言论自由和个人裁决权是实现这一目标的必要条件。他认为，“没有人能垄断真理，一个人在他的事业中越是自由地展现他的天赋，他就会发现和拥有越多的真理。”④

约翰·利尔本（John Lilburne，1614～1657）是著名的清教活动家，他因传播清教书籍，被当众鞭打并处无期徒刑。他认为出版自由乃是人类理性的发展需要，出版自由是大自然和“上帝”赋予人民大众的、不可剥夺的“天赋权利”。在《英国天赋人权维护书》和《新人民公约》等著作中，他系统阐述了他的“人民主权说”和“出版自由”的思想。他是卓越的宣传家，被称为

---

① ［英］约翰·密尔顿. 为英国人民声辩［M］. 何宁，译. 北京：商务印书馆，1978：75.

② Fred Seaton Siebert. Freedom of the press in England：the rise and decline of government controls，1476–1776［M］. University of Illinois Press，1952：193.

③ 焦绪华. 析英国资产阶级革命期间的出版自由理念［J］. 山东理工大学学报（社会科学版），2007（4）.

④ Fred Seaton Siebert. Freedom of the press in England：the rise and decline of government controls，1476–1776［M］. University of Illinois Press，1952：194.

“生而自由的约翰”。利尔本所代表的平等派在1648、1649年两次向议会请愿，在后一次请愿中甚至向议会提出废除所有与出版自由相悖的法令。[①]

来自不同阶层的思想家政治家分别从政治、经济、宗教等多种角度提出了出版自由的主张，丰富了当时的出版自由理念。约翰·弥尔顿和他的朋友们以“自由、民主、平等”和“天赋人权”为口号进行的呐喊，成为后来欧美各国资产阶级反封建斗争的锐利武器，而他们“为新闻自由而进行的最为持久、最早、最猛烈的斗争”。[②]

最终，他们的努力使英国成为欧洲最先摆脱审查制度的国家，摆脱了思想束缚的媒介促进了英国资产阶级革命的爆发，并为英国成为世界强国奠定了基础。出版自由思想在英国的确立也代表了英国的软实力得到了极大的提升，使英国成为现代出版自由理念的发源地。

出版自由的思想推动了英国资产阶级革命的发展，是构成英国软实力的重要组成部分。

再来看看我们前面提出的问题，为什么是英国先出现出版自由？

这还得益于英国当时的政治体制和环境。出版实践和政治活动、革命形势联系紧密，相互促进，出版实践和出版理念也形成互动，彼此推进。1641年，当英国国会废除“星法庭”和教会高级委任法庭时，出版自由作为一个概念和一个事实存活了下来。此后的18个月中，出版业没有任何成文的限制措施和政策。成百上千的书籍和小册子如雨后春笋般涌现，民众政治意识日益明显，有关宗教信仰自由思想的争论未经许可就出版了。英国也因为出版自由的确立走上了历史发展的快车道。

列宁说：“出版自由这个口号从中世纪到19世纪，在全世界成了伟大的口号。”出版自由思想至今仍具有先进意义。《论出版自由》仍被视为现代资产阶级新闻理论的基石。在当今社会，世界上仍然有很多国家的民众在为出版自由、言论自由而努力和奋斗。

---

① 陈金锋．近代早期英国书报审查制度［D］．长春：东北师范大学，2008．

② ［英］约翰·基恩．媒体与民主［M］．郤继红，刘士军，译．北京：社会科学文献出版社，2003：7—8．

# 第四节 来自荷兰的问候

1620年12月，来自荷兰阿姆斯特丹的印刷商乔治·赛威勒，在荷兰出版了第一份英文科兰特（新闻书），从荷兰运抵英国销售。1618～1648年，欧洲大陆上正在进行的三十年战争刺激了英国公众对时局的关注。当时的捷克摆脱了哈布斯堡王朝的统治，推举普法尔茨选帝侯腓特烈五世担任捷克国王。腓特烈五世的妻子伊利莎白是深受英国人喜爱的英国公主。英王詹姆士一世对自己女婿腓特烈的名誉也格外关心。英国新教徒自愿赴前线为信仰而战，留在国内的民众则期盼获知战事的最新进展。这份科兰特符合英国人的兴趣，专门报道战争新闻，很快非常畅销。由英国本土的印刷商也很快开始行动，开始发行报道国外新闻的新闻书。

1621年9月24日，英国出版商鲍尔尼和艾克尔在国王特许下，创办英国首家定期英文报刊《每周新闻》，全称《来自意大利、德国、匈牙利、波希米亚宫廷、法国和低地各国的新闻周刊》。署名缩写为N·B①。英语news作为"新闻"之意，首次用于刊名，从此流行开来。该刊刊头印有"允许出版"字样，外观模仿荷兰新闻书，本册式，每期20页，出版了数年。《每周新闻》在英国创刊，视为英国报业的开端，标志着连续出版的新闻报纸在英国出现。

由于当时查理一世禁止报道国内新闻，《每周新闻》以及随后发行的新闻书都只报道国外新闻，这种情况一直到1640年革命爆发后才得以改观。

当然，与同一时期荷兰街头定期出版的《新闻报》相比，英国本土的小册子真是相形见绌。

当时的欧洲到底是一个什么情况？

15世纪，葡萄牙和西班牙在相互竞争中瓜分世界，依靠新航线和殖民掠夺建立起势力遍布全球的殖民帝国，并在16世纪上半叶达到鼎盛时期，成为

① 一般认为"N·B"是尼古拉斯·鲍尔尼（Nicholas Bourne）名字的缩写，但也有一些西方学者认为也有可能是下面提到英国另一名出版商纳泰尼尔·布特（Nathaniel Butter）名字的缩写。

第一代世界大国。16 世纪，哈布斯堡王朝通过联姻在欧洲的统治达到顶峰，拥有西班牙、奥地利等欧洲大部分国家的领土。

1618～1648 年的欧洲三十年战争推动了欧洲近代民族国家的形成，是欧洲近代史的开始。《威斯特伐利亚和约》的缔结，确立了国际关系中的国家领土、主权与独立等原则，被认为是近代国际关系的开端，也标志着近代意义上的国际社会得以形成，由它决定的国际法也真正产生。

英国在三十年战争爆发之初由于国内矛盾尖锐没有参加战争。三十年战争后期，英国资产阶级革命爆发，因此没能派代表参加威斯特伐利亚的分赃会议。

这场战争，使得战败的西班牙失去了欧洲一等强国的地位，开始衰落。欧洲的形势发生了很大的变化：德国失去了大片领土，社会经济遇到重大的破坏，国家分裂的局面更加严重，皇权更加削弱。1566 年，在荷兰发生了反对西班牙统治的暴力革命，取得了独立，建立起人类历史上第一个资产阶级共和国。荷兰真正成为新兴的海上霸主，拥有一支当时世界上最庞大的商船队，其吨位总数为整个欧洲的四分之三，号称“海上马车夫”。荷兰人创办了世界上最早的联合股份公司——东印度公司，垄断了当时全球贸易的一半；他们建起了世界上第一个股票交易所，资本市场就此诞生；他们率先创办现代银行，发明了沿用至今的信用体系。

在荷兰国力声势日趋强盛的同时，荷兰的文化也大放异彩。在当时的欧洲大陆，荷兰的政治环境十分宽松，学术环境也很自由。许多在其他国家遭禁的书刊在荷兰得以出版，许多在其他国家受到宗教与政治迫害的学者也纷纷避难荷兰。法国哲学家笛卡尔正是受荷兰自由空气吸引而于 1629 年定居荷兰的，并且其大部分著作都完成于荷兰。此外，荷兰这一时期还涌现出一批享有国际声望的文化名人，像国际法奠基者格劳秀斯、哲学家斯宾诺莎、画家伦勃朗等。处在这种时代背景下的荷兰文字传媒，也呈现出欣欣向荣的勃勃生机，而定期报刊首先在荷兰诞生也就不足为奇。1980 年版《不列颠百科全书》写道：“被当作第一批真正的报纸而看待的出版物，出现于 1605 年至 1610 年间。它把博杂的报道内容同有规律地定期出版这二者结合起来。其中最早的一份或许是荷兰的《新闻报》。该报由亚伯拉罕·费尔赫芬于 1605 年在安特卫普出版，尽管目前所见的最早一份《新闻报》的时间是1621年。当时的荷兰报刊不仅畅销国内，而且还被译成外文销往境外。”

荷兰的出版产业力量也达到最强，1540年安特卫普已有66家印刷所，荷兰是1550～1700年欧洲出版最繁荣的国家，印刷所总数从16世纪初的250家发展到17世纪末的2500多家。① 可以说，荷兰的软实力和硬实力当时确实远远超过英国。

三十年战争刺激了阿姆斯特丹新闻业的繁荣，英国也出现许多报道国外新闻的“科兰特”。而英国革命爆发后，英国出现大量报道国内新闻的新闻书。战争新闻是报纸发展的最初动力。

虽然英国当时的传媒业发展落后于荷兰。但是，英国很快追赶了上来。

从16世纪晚期开始，英国在硬实力方面增长显著。1588年，英国击败了强大的西班牙“无敌舰队”，国家实力迅速增强。英国政府积极采取对外发展策略，拓展海外市场。1652年英国提出的针对限制荷兰的《航海条例》促成了战争的爆发。经过三次英荷战争，英国凭借其强大的工业实力和强大的海军，以及得天独厚的地理位置战胜了被称为“海上马车夫”的荷兰。

战胜了荷兰后，英国的经济军事实力迅速增加，经济的迅速繁荣和战争的发展必然造成了信息的需求增加，英国的新闻产业也迅速发展起来。

在早期的新闻书和小册子开始广为传播之后，报纸作为一个新兴的媒介形态开始出现了。新闻书开始每周固定发行，变成了现代意义上的周报。英国的报纸不仅在数量上狂飙突进，而且其形式及内容都有了革命性变化。报纸开始作为一个独立的媒介形态开始影响到社会的方方面面。

## 第五节　报纸，你好！

1641年11月，一个叫塞缪尔·派克的记者经常混入议会，强记下议会发生情况，再回到报社凭借记忆写下当天的会议进展情况，刊登在《国会纪闻》

① 引自《中国大百科全书·新闻出版》，北京：中国大百科全书出版社，1990，第338—340页。

这份周报上。《国会纪闻》是英国首家专门报道国会新闻的周刊，每 7 天或 10 天发行一期，并一直持续到 1655 年。它打破了不许报道国内新闻的禁令，主办人塞缪尔·派克被誉为“英国第一大记者”。

塞缪尔·派克还有一个先天的优势，他是 1641 年任英国下院印刷工场负责人，写稿、印刷、发行，在当时的政治环境下，塞缪尔·派克确实可以算得上是能人。他在发行《国会纪闻》的同时，还出版多种小册子。

这只是当时英国新闻业的一个缩影。由于议会在革命期间成为全国关注的焦点，英国报纸一开始就注重议会报道，这对推动英国的民主制度的发展起到了重要作用。

英国此时还发生了一件轰动世界的大事，那就是资产阶级革命爆发了。

17 世纪中期，英国内部由于议会与国王的矛盾激化成为内战。第一次内战是在 1642~1646 年爆发，由于议会军进行了改组以及“新模范军”的成立，第一次内战以议会军的胜利而结束。1648 年 2 月，南威尔士的王党进行暴动，从而开始了第二次内战。由于各地的社会中下层人民，积极支持议会军，并主动参与同王党的斗争，因而战局很快扭转到有利于议会军方面，第二次内战以议会军的胜利而结束。结果查理一世被送上断头台。

1643 年，英国的王党和议会之间的战事拉开了序幕。新闻印刷品成为政治家们获取舆论支持，提高政治威望，破除政治谣言的有力工具，党派报刊应运而生。英国报纸一开始就成为政党舆论宣传的工具，影响舆论的功能得到了凸显。王党一边以《宫廷信使》为主要舆论武器，在出版的高峰期时常常一版印刷达到 1500 份。议会方面则以托马斯·奥德利（Thomas Audley）编辑的《英国信使》为阵地，但每期出版数并没有超过 500 份。①

1640~1660 年，英国国内政治动荡，内战和复辟不断。一场新闻革命也蓄势待发。

也就是因为这场新闻革命，世界新闻中心从尼德兰的安特卫普转移到了英国的伦敦。

此后，英国的报纸发展在 20 世纪之前一直走在世界的前列，代表着报纸

① 高宇轩. 近代早期英国报纸的发展变迁［J］. 传媒观察，2011（6）.

发展的先进方向。

这 20 年间，英国的出版物无论是从总体数量还是种类上领先于欧洲其他国家。据统计，英国的报刊在 1641 年只有 4 种，1642 年就增加到 167 种，到 1645 年达到革命时期的最高点 722 种。短短 5 年时间增加了近 200 倍。而英国出版的书刊达 25000 多册，在 1642 年一年就出版了 2134 种。①

共和国建立后，报纸产量有所削减，1655 年克伦威尔开始对印刷出版业的管制后，大量报纸遭到封杀，1657 年甚至降至 25 种，到 1660 年查理二世复辟时，报纸的数量基本与 1642 年时持平。

**图 2-1　1640 ~ 1660 年英国报纸出版数量②**

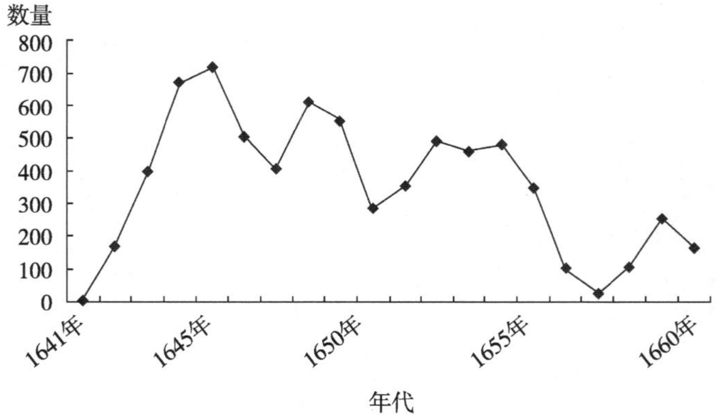


学者弗兰克曾这样描述英国的新闻革命："1644 年，任何一个伦敦人若想读报，会有十几种报刊供其选择。周一，他可以读《每日纪闻》、《可靠消息》、《宫廷新闻周刊》，周二是《王国周报》，周三是《一周叙事》或新改版的《续刊》，周四，他同样要在《不列颠报》和《公民报》间做出选择，周五这天有 3 份报纸，周六它可以读《真实报道》，或者不读报，周日他就可以彻底放松一下了。"③

① David Zaret, Origins of Democratic Culture [M]. Princeton University Press, 2000: 174-175.

② Fred Seaton Siebert. Freedom of the press in England: the rise and decline of government controls, 1476-1776 [M]. University of Illinois Press, 1952: 203.

③ Joseph Frank, The Beginnings of the English Newspaper, 1620-1660, pp. 56-57.

新闻革命促进了报业的专业和成熟，并为英国获得了国际影响。

1659 年 5 月，英国成为共和国后，“护国主”克伦威尔实行专制的新闻政策，《政治信使》和《公众情报员》这两家政治性周报被特许出版。《政治信使》由于在积极鼓吹共和，在国外有二至三名联络员，成为 17 世纪报道国外新闻方面做得最专业的周报，《公众情报员》则用法语讲述伦敦的新闻，无意间成了共和制在欧洲大陆传播的工具。[①]《政治信使》大概发行了 500 期，《公众情报员》发行了 100 期，是共和国时期出版时间最长的两份刊物。

然而，在 1660 年 5 月斯图亚特王朝在英国复辟，它的复辟使君权神授论又回来了。查理二世和詹姆士二世竭力想恢复专制权力。

在 1660 年国王查理二世复辟时期，《牛津公报》成为英国第一种单页纸式、刊载新闻、定期出版的印刷品，并首先使用了 newspaper（报纸）一词。这在英国报刊史上具有里程碑意义，《牛津公报》也被认为是英国首家真正的报纸。从第 24 期起，报纸迁回伦敦，改名《伦敦公报》。1666 年伦敦发生大火，《伦敦公报》不仅刊登有关火灾的大量最新消息和寻人启事等各类公益广告，还为无家可归者提供临时食宿，在英国报业史上首开报刊服务社会的记录。该报出版至今，现每周出版 4 次，是世界上最古老的报纸之一。

## 第六节　光荣革命的凯歌

从 1685 年后，英国没有召开过一次议会。自由与对抗导致了 1688 年的“光荣革命”。以辉格党和托利派为代表的资产阶级和土地贵族联合一致赶走了国王詹姆士二世，威廉三世和玛丽即位后，实际权力掌握在这两个政治派别领导人的手中。以两派为核心的资产阶级和土地贵族，利用自己所控制的议会，逐渐使议会权力超过王权，形成了国王“统而不治”的立宪君主制体制。

从此以后，英国成为一个资产阶级的立宪君主制的国家，由此形成了带有浓烈政治意义的近代民族主义。“光荣革命”使英国建立了君主立宪制，使英

---

① 吴伟．格拉布街——英国新闻业往事［M］．北京：北京大学出版社，2010：51．

国彻底地从一个王朝国家转化为民族国家。它的形成影响波及中东欧与美洲，在德意志、拉美等国家和地区掀起了扫除封建专制与殖民统治的浪潮，构建近代资本主义民族国家的潮流。英国确立了自由民主制度，国家不再属于君主个人，而属于整个“民族”。

有学者指出，英国资产阶级革命是世界近代史上第一个意义重大的事件，不仅把英国的新闻事业推进了一大步，也为别国的新闻事业树立了样板、注入了生机。①

如果说光荣革命是英国人的骄傲，那么产生于其中，推动其发展的新闻革命也是光荣的，值得纪念的。英国在 17 世纪就已经在为民主和自由的理念付出努力，这为英国传媒在今后几百年内领先世界奠定了思想基础，也为欧洲的文艺复兴以及世界的思想解放提供了思想保证。英国媒体为软实力发力奠定了思想和文化的基础，成为构建软实力的重要因素。

那么，英国这一时期的硬实力如何呢？

英国从英法百年战争，到击败西班牙无敌舰队，再到三次英荷战争，逐步建立了一直强大的现代化海军，为打破西班牙、葡萄牙的殖民垄断，建立自己的海上帝国打下了坚实的基础。在经济方面，从 15 世纪中叶开始，资本主义生产方式开始萌芽，英国社会经济也逐渐开始由封建主义的自然经济向资本主义的商品经济过渡。16 世纪的英国社会处于转型时期，英国社会开始进入一个农业和工商业并行发展的阶段。土地兼并加剧，圈地运动愈演愈烈，社会各阶层已经开始分化，人的流动性加强。经济基础的变革必然导致上层建筑随之变革。16 世纪中叶，资本主义已在传统的农业部门和呢布业、造船业、酿酒业、制皂业、制糖业等工业部门中获得不同程度的进展。英国政府一直进行重商主义，从事积极的海外贸易和扩张，为英国带来了丰富的财富。1560～1640 年英国经济增长速度很快。根据经济学家达文南特提供的有关英国国家财富增长的数据，即 1600 年全国财富增长的数据，1600 年全国财富为 1700 万镑，1630 年为 2800 万镑，到 1660 年又翻了一番，为 5600 万镑。② 在这一时期，

① 李彬．全球新闻传播史［M］．北京：清华大学出版社，2005：92.

② E. Lipson. The Economic History of England［M］. Ⅷ. London：Questia library，1931：209.

英国的人口迅速增加，大体上说，从1520年到1650年间，英格兰和威尔士的人口总数由约250万增加到500多万人。[①] 如果说经济和军事是硬实力的两个重要方面，那么制度和法律也构成了软实力的主要内容。

虽然这时的英国还不是欧洲经济实力最强的国家，但是由于资本主义制度和君主立宪制的建立，英国率先脱离了罗马教廷的控制，获得了独立快速发展。与此同时，英国资产阶级向世界证明了其资本主义共和国的强大力量，这种强力迫使英国的海外殖民地服从于英国资产阶级共和国的法律，为英国成为殖民霸主奠定了基础。

在这样的发展过程中，由于媒体的信息传播促进了国内商业经济的繁荣，报刊作为商业广告须臾离不开的最有效载体之一，也促进了包括水陆交通干线、驿站在内的传播渠道的建设和完善，不断为资本主义的发展开辟了道路。而媒体对于欧洲战争和政治的信息传播，使英国人更加了解欧洲，了解世界，从而激发英国人努力加强自身实力和国力，迅速改变着他们的国家的形象。

由文艺复兴、宗教改革、新君主制、殖民扩张等重大事件所造就的民族意识、个人主义和冒险精神，冲击了中世纪封建主义和普世主义，在欧洲获得前所未有的发展。英国从之前的混乱和分裂到中世纪的封建社会的建立再到现代资本主义社会的演变过程，实质上也是传媒从由极少数人独占和垄断到由越来越多的社会阶层分享和共享的过程。从中世纪封建社会早期的教士和修士垄断，再到封建社会晚期的教俗贵族和知识分子分享，最后到现代资本主义社会早期开始进入寻常百姓家由社会大众共享。在话语权的这一转移过程中，媒体和传播扮演着重要角色。

毫无疑问，这一时期英国的硬实力和软实力都是有所提升的，但是我们还不能完全从数据中评估硬实力和软实力哪种发展得更快。

但是，我们也不能过于夸大英国的影响力。

如果从影响力来看，英国的政治、制度和文化虽然已经领先世界，但是并不是当时的主流。英国的资本主义革命只是一个小概率事件，甚至带有偶然性。

---

① E. Barry Coward. The Stuart Age, A History of England, 1603–1714 [M]. London: Longman, 1980: 7.

而且从媒体的角度来看，英国的新闻业是紧随荷兰等国发展起来的，媒体的发达程度也在一定程度上落后于欧洲大陆的国家。英国大学的教科书基本从国外进口，英国当地印刷商只能满足一小部分教育市场的需求。而英国印刷商在技术上严重滞后于欧洲大陆的水平，有时甚至不得不向大陆印刷商求助。

当德·沃德在1506年印刷了一部演说辞呈送给亨利七世时，还要通过法国路易十二的外交使节帮忙，将文本交给巴黎的巴迪乌斯·阿森西乌斯（Badius Ascensius）提升印刷质量，配以一种可令国王赏心悦目的形式再加以重新印刷。[①] 更有甚者，尽管很多书籍是在英国印刷，却常常要宣称是巴黎人的产品。一个英国印刷商感到需要以法国为招牌，表明法国在当时仍然是欧洲思想和文化的中心。

大国的兴衰开始登场。而与此同时，世界话语格局也在逐渐形成。

法国在三十年战争后取得阿尔萨斯和洛林，国王路易十四在法国建立起欧洲大陆最强大的绝对王权，并借此将法国的经济、文化、军事力量都带到了历史上的第一个高峰，成为欧洲霸主。瑞典一跃成为北欧强国。三十年战争中，英国国内发生了资产阶级革命，在欧洲第一次权力变革中未能占据主动位置。但是，欧洲已经开始成为一个整体，在国际话语格局中，英国作为独立的民族国家即将占有重要的一席。

17世纪末，大国的兴衰，权力的更替已经开始，这种趋势将在接下来的历史中愈演愈烈。

---

① 张炜．印刷媒介与15、16世纪英国社会变迁［D］．北京：中国社会科学院，2009.

# 第三章　第四等级的批判

## 第一节　两面派笛福

1704年9月，一艘英国船只在南美海域航行，船上的一个叫塞尔柯克的苏格兰水手同船长发生了冲突。残忍的船长把这个水手遗弃在一个距智利海岸500海里的孤岛上。可怜的水手在岛上茹毛饮血地生活了4年零4个月。当著名的航海家渥地士·罗吉斯发现他的时候，他已经完全变成了一个野人。

塞尔柯克故事就是《鲁滨逊漂流记》的源头，而他的作者笛福，在当时的最主要身份却是一个记者，被誉为“英国报业之父”。

笛福生活的时代是英国取得了英国资产阶级革命胜利，君主立宪制逐渐形成的时期，在经历了新闻革命和报刊业的繁荣之后，英国政府对报刊的管制又开始加强了。

1697年，议会在讨论国王查理二世的王位继承人问题上，形成辉格党与托利党，名称均为对骂的结果，“辉格”为苏格兰语“强盗”；“托利”为爱尔兰语“歹徒”。辉格党一般代表工商业资产阶级和新贵族的利益，托利党代表地主贵族和高级僧侣的利益。在18世纪，英国英国政局仍不稳定。当时在英国政坛上，托利党与辉格党双方轮流执政。为了影响选举，争取公众的支持，两党都以半公开的形式补贴报刊的主办人或编辑，用这种方式使得许多报刊在一定时期倾向于某个党，以这种做法形成一种传统。

为什么说笛福是个两面派？

这还要从他的办刊经历说起。笛福（1660~1731）出身于清教徒家庭，政治上和宗教上都属于新兴资产阶级。在查理二世复辟时期，由于清教徒遭到迫害，笛福未能入学。1685 年，他参加了反对詹姆士二世继承王位的起义，事败后侥幸逃脱；1688 年他又参加威廉三世的队伍，逼詹姆士二世逃离伦敦。在威廉三世统治后期，他支持辉格党，为此他得到许多官职，如主计官奖券评议员。他的长诗《真正的英国人》为威廉三世辩护，获得了国王的青睐，成为国王威廉三世的代理人和心腹顾问。1702 年笛福发表《对待非国教徒的最简便方法》抨击托利党的宗教政策。由于笛福的反讽手法运用十分巧妙，文章貌似主张把异教派斩草除根，初发表时得到托利党欢呼，但他们醒悟过来之后，先把笛福绑在柱子上示众，后又投进监狱。① 但不久托利党觉得笛福大有用场，在 1703 年 11 月，女王在哈利的推荐下赦免了笛福。在狱中，笛福筹划创办一份评论杂志，并在 1704 年 2 月 19 日变成现实，名为《英国每周评论》。每期 8 版，最初为周刊，后改为周二刊，第二年改为周三刊，同时将名字缩略为《评论》。每期都刊有政治、商业和社会问题等方面的文章，常附有副刊，一直出现到 1713 年停刊。在哈利的支持下，笛福取得了对《爱丁堡新闻》和《苏格兰邮递者报》的控制权。从 1704 年到 1714 年间，笛福每年自哈利接受 400 英镑补贴；其他官职、薪给尚未计算在内。但自安妮女王去世以后，笛福又为辉格党宣传，不过仍然为托利党撰稿（其中多以匿名发表），所以两面接受补贴。笛福在参加政治活动期间，不断地改变政治立场，时而依附托利党，时而依附辉格党。对于这种不断改变立场的做法，在《对于公正和荣誉的呼吁》中他流露出了自己的办报原则：我愿意跟从任何领导人，只要他的行为不破坏宪法所规定的自由民主原则。我的宗旨就是遵守法律，不提供任何违背法律的服务。长期的从事政治斗争，他明白这样的一个道理，“不管在哪一党方面讲，不管什么时候，不管是哪个党执政或改组政府，都不过是伪装、装模作样和丑恶的虚伪而已”。他将辛辣而具有说服力的政治批评、国内时事及社会见闻融为一体。反对他的人称他能够“像讲真话那样撒谎”②。

1719 年，笛福在当年创刊的《每日邮报》上连载他的长篇小说《鲁滨逊

---

① 李瞻. 新闻学［M］. 三民书局，1969：99.

② Minto W. Daniel Defoe［M］. London. 1902：143.

漂流记》，获得巨大成功，首开报纸连载小说的先河。① 笛福将过去的散文体叙述加以发展，把个体经验摆到艺术作品中的首位，将小说的主题统一在对人的思索，对生存本质的探索上，将读者带进了一个丰富多彩的文化世界。笛福是把握时代发展的脉搏，写下了充满理性精神、刚毅而又自信的人——真正的资产者。他们富有灵性，又有血有肉，人的能力在极其艰难的条件下得到了充分发挥，经济人的价值观也淋漓尽致地体现出来。他们创造了奇迹，同时也传播了人类的文化。

1710 年《评论》的政治影响力开始下降，逐渐被《考察报》所取代。它的创办者是与笛福齐名的小说家乔纳森·斯威夫特。

斯威夫特（1667 ~ 1745）也是一个两面派。他最初为辉格党人宣传，但自 1710 年，突然转向托利党为哈利效力。斯威夫特出生于爱尔兰，是一个英国牧师的遗腹子，毕业于都柏林大学。1688 年“光荣革命”以后，爱尔兰出现反国教的态势，斯威夫特返回英国本岛。最初，他作为一个很有前途的辉格党人受到萨默斯勋爵、哈利法克斯和桑德兰伯爵的重视。但是，斯威夫特很快发现，辉格党在宗教主张上与其有严重分歧。在 1710 年 11 月，与托利党领袖哈利进行了一次短暂交谈之后，他转而支持托利党。从 1710 年 11 月到 1711 年 6 月，他利用《考察报》和小册子来为托利党造势。1725 年，他完成了寓言小说《格列佛游记》，在伦敦出版后引起轰动。它通过描写假象的大人国、小人国，嘲讽时政，给人以联想和感叹。例如，在书的第二部分中（离开小人国厘厘普特之后，格列佛到达巨人国），博罗白丁拉格的国王谈及英国人时写道：“这是自然界所能忍受的在地面上爬行的最危险的恶劣害虫。”

1708 年，在爱尔兰，斯威夫特结识了当时的国会议员，约瑟夫·艾迪生（Joseph Addison，1672 ~ 1719）。

艾迪生是当时的杰出报人，他还有很多其他的身份，如散文家、诗人、剧作家以及政治家。艾迪生的名字在文学史上常常与他的好朋友理查德·斯蒂尔（Richard Steele）一起被提起，两人最重要的贡献是创办两份著名的杂志《闲谈者》（Tatler）与《旁观者》（Spectator）。《闲谈者》杂志，每期两页，每周

① Hanson L. Government and the Press，1695-1763［M］. London Oxford University Press. 1936：25.

发行三次，以戏剧、轻松论文、文艺作品为主的内容吸引了大批读者。艾迪生写道："这种政治幽默在英国人民中迅速普及开来。在造就这种幽默的一切办法和手段中，最流行和普及的办法，恐怕是用报纸来报道国家大事，再也没有比这一潮流更有效的办法和手段了。"《闲谈者》停办后，斯蒂尔和艾迪生又在同年合办了《旁观者》杂志，虽每天出版，但仍被视为期刊。艾迪生在第10期上写道："据说，苏格拉底将哲学从天堂带至人间，但我却要将哲学从图书室、研究院带到俱乐部与咖啡屋……"[①]《旁观者》杂志仅仅在1711至1712两年间，就发行500期，每次印数达到4万份，是当时英国最受欢迎的刊物。

与斯威夫特相反的是，艾迪生是个彻底的辉格党人。他不仅是辉格党人理论宣传家，而且还充当着辉格党补贴报人的联络人。

他的合作者斯蒂尔（1672～1729）也是两面派。斯蒂尔曾经担任托利党报纸《伦敦官报》的主编，年薪300英镑。1712年以后，斯蒂尔开始支持辉格党并给支持辉格党的报刊撰稿。1713年，他把全部精力投入到《捍卫者》当中，通过办报来支持辉格党，以换取议会席位并得偿所愿。与同时代的大多数政论家一样，他的收入主要来自政党的资助。

沃尔波尔时期，纯文学性的政治报人，逐渐失去权威，其地位由报刊发行人取而代之。乔治三世时期，政治评论几乎完全是由专业的记者来完成。一些文学家发现既要将精力投入到文学创作上来，又要为报刊撰稿，感到有点力不从心。随着识字率的不断提高，越来越多的人开始关注文学作品。他们可以依靠创作文学作品维持生活，而不需要其他额外的补贴，开始真正走向独立。

政论家又是文学家，也是报刊发行人，这符合报纸媒体发展初期的功能——政党的喉舌。17世纪的英国，正因为政党政治的繁荣，经济的发展，很快造成了报刊的分离。

如果说笛福、斯蒂尔、艾迪生的报刊还只是报纸和期刊不分的混沌阶段，那么1731年创刊的《绅士杂志》则正式宣告了杂志的诞生。

1731年2月，埃斯特拉格爵士在伦敦创办了《绅士杂志》，真正意义上的

---

① 郑超然，程曼丽，王泰玄．外国新闻传播史［M］．北京：中国人民大学出版社，2000：66.

杂志开始发展起来。报刊分离也意味着媒体业越来越成熟。报纸和杂志分家了。

《绅士杂志》是英国第一份在刊名中明确使用杂志“magazine”一词的刊物，是英国第一份综合性月刊。它满足当时社会进行绅士教育，宣扬绅士文化的需求。这份刊物源于对家庭生活、社会改良与民众娱乐的关注，包罗万象，上至评论文章、新闻摘要、诗歌、散文，下至出生通告、结婚通告、讣告以及新书目录等不一而足，内容之丰富完全与名字相吻合，绝对称得上是一本真正的杂志。

《绅士杂志》注重议会新闻报道，1738 年国会重申不准报道国会新闻的禁令，但是杂志的主编仍然不顾禁令报道议会新闻。杂志还用专栏对所有报纸进行述评，涵盖面超过 200 种半印张篇幅的报纸。这些做法颇受读者欢迎，对中产阶层具有很强的号召力，杂志销量一度达到 15000 份。在 18 世纪中期报刊的月发行量普遍维持在两三千份的情况下，这在当时绝对是一个了不起的成就。《绅士杂志》一直到 1914 年停刊，是英国报刊史上发行最久和最负盛名的权威月刊。

这一时期的著名杂志还有很多。1693 年，大开本的《淑女通讯》出版，它可以称作最早的面向女性读者的专门刊物。在创刊词中，杂志宣称它的目标是回答所有“关于爱情、婚姻、行为举止、着装和女性性爱的有趣的、令人好奇的和幽默的问题，无论少女，还是妇人，抑或是寡妇”。刊物的内容包括对各种问题的建议，比如如何使你的牙齿变得洁白等。当时英国女性的解放是社会进步的一个明显标志。

约翰·纽伯格是第一个致力于为孩子出版专门书籍的出版商，其目的并不在于教育孩子，而是取悦他们。他于 1751 年出版的《小人国杂志》每月一期，很受欢迎。奥利弗·戈德史密斯也将《英国历史》授权给纽伯格投入儿童市场，致使此书在 1800 年前拥有超过 20 多个版本。纽伯格出版的最著名的儿童书籍要数 1766 年出版的《小古迪的两双鞋》。①

杂志和报纸的这种分离趋势在今后的日子里越来越明显。在 19 世纪，

① John Feather. A History of British Publishing [M]. New York: Routledge, 1991: 75.

日报和周报在当时的整个定期出版物发行量中只占了一个很小的份额。而各种杂志，包括综合杂志和专业杂志在创刊数量和发行范围上都有了巨大发展。杂志的成功得益于印花税的执行——这一税收政策规定按照报刊上发表的文章的类型来征税，评论类的文章是免税的。而这些杂志上最多的正是评论文章。

19 世纪初，辉格党的《爱丁堡评论》（*Edinburgh Review*，1802 年）和托利党的《季度评论》（*Quarterly Review*，1809 年）是著名的政治期刊，它们验证了广大受过良好教育的读者们的适应力和耐久力。因为季刊的文章每篇字数大约都在 1 万字左右甚至更长，然而“早在 1810～1820 年的 10 年中，《爱丁堡评论》的发行量就已经达到了 1.35 万份，而《季度评论》甚至达到了 1.4 万份。这个发行量实在大得令人惊讶，因为这种至少能够流行 3 个月的出版物，它的实际读者因为有着许多文学社团及图书馆的存在而还要多好几倍”。[①] 随着季刊的发展壮大，曾风行一时的不定期的政治小册子就此退出历史舞台。

19 世纪中期还流行针对中产阶级的家庭读物。如《家常话》（Household Words，1850 年），《一年四季》（All the Year Round，1859 年）这类出版物上提供了很多妇女素材的文章，它们的作者队伍包括了从自由投稿人到 19 世纪最伟大的小说家，如狄更斯等的广大知识阶层。

相对更接近于当时报纸的主流作品是一些半政治性的杂志，《笨拙》（Punch，1841 年）和《经济学家》（Economist，1843 年）就是其中的代表，它们后来还曾在反对“谷物法”（Corn Law）的斗争中并肩作战。1842 年率先出现的《伦敦新闻画报》（*Illustrated London News*）凭借其对包括海外要闻在内的时事简明迅速的图片报道，在新闻界建立起了它独一无二的地位。

18 世纪是报刊的补贴制度逐渐衰微，而独立报刊成长的世纪。

补贴制度是什么？为什么会出现？

因为政治斗争，因为民主的氛围和舆论的力量已经开始形成。

英国也有完全受官方控制的报纸《伦敦官报》，当时的政府千方百计希望

---

① ［英］丹尼斯·格里菲斯．不列颠报业百科全书［M］．麦克米兰出版公司，1992：27.

扩大《伦敦官报》的影响力，但是种种努力均以失败告终。因为官方的报纸既不能发表评论，又不能对政府的国务活动进行有时效性的报道。官方报纸就像扶不起的阿斗，在市场化的大潮里再也没能占据主要位置。

为了控制舆论，当时的英国两党派开始对其他有影响力的报刊进行补贴。例如，英国托利党的机关报《每日新闻》开近代党报之先河，此后辉格党也创立自己的机关报《每日公报》。据1723年英国首相沃波尔调查，全国共有75家报纸，而两党就各自拥有34家。①

报刊补贴制度在沃尔波尔时期达到了顶峰。沃尔波尔（1676~1745）是英国历史上著名的首相，他两次主政，共有23年之久，在英国历史上是稀有例子。沃尔波尔其所以能够长期保持权力，与他对报刊业的补贴不无关系。

1731年根据《匠人》的统计，得到辉格党政府补贴的报刊，除《伦敦官报》、《每日新闻》外，还有《伦敦新闻》、《飞邮报》、《自由英国人》、《记录周刊》、《利兹新闻》等。沃尔波尔政府每年用于补贴报刊的费用至少是5万英镑。辉格党的机关报《自由英国人》（与托利党的机关报《匠人》对抗），从1730年到1736年间，至少得到过12500英镑的补贴。②

沃尔波尔政府后期，对报刊补贴的力度减弱。原因主要有两点：其一，早期的报刊发行人或者退休或者逝世，而新一代报刊发行人如塞缪尔·巴克利，阿诺尔和奥斯本开始一种独立发展的道路，与政党领袖保持一定的距离。其二，沃尔波尔政府感到自己的政权已经十分的稳固，以至于有没有报刊的支持都无足轻重。1737年，王后卡罗琳病逝，沃尔波尔在宫廷中支持力量减弱，地方党一再抨击政府的和平外交政策，迫使政府对西班牙作战，所谓“詹金斯割耳之战”爆发。战争中英军失利，地方党加强攻势，终于迫使沃尔波尔辞职。随着沃尔波尔政府倒台，补贴制度随之瓦解。

报业独立的曙光已经来临。

---

① 李瞻．世界新闻史［M］．台北：三民书局，1983：95.

② 雷波．18世纪英国出版管制研究［D］．郑州：河南大学，2010.

## 第二节　独立的报业

什么是独立的报业?

独立的报纸是不依赖于任何政党，独立地发表自己的见解。

独立这一精神内涵，也加快了英国争取世界霸权的步伐。然而，独立的这一过程却是非常不易，充满艰辛。

报纸的形态发生了很大改变，从传统的周刊发展为日报、三周报、周报、月刊、早报、晚报及纪事报等形态。特别是 18 世纪初日报在英国的出现，奠定了整整一个世纪里世界报业发展的大趋势。

1702 年，主编马莱特在创刊号上声明：“本报创办之目的，在迅速、正确而公正地报道国外新闻，不加评论。而且相信读者的智慧，对登载消息的确切含义，一定有正确判断。”① 首先确立了新闻客观性原则。巴克利接手《每日新闻》后，继承报道事实、不加评论的传统。他给文章加注详细的发稿地，认为“当看到一条新闻是从某个国家发来，并得到该国政府允许的时候，公众就更有把握去鉴别该报道是否可靠和公正”。② 《每日新闻》上没有国内新闻，绝大部分的内容是从法国和荷兰的出版物中翻译过来的。它的第一期仅有 10 段话，一共才 104 行。后来《每日新闻》扩充到 4 页，并发行了 6000 多期。③ 1735 年，政府为缩减津贴费，将其与《自由英国人》、《伦敦新闻》合并，易名《每日公报》，后成为保守党的报纸。④

虽然《每日新闻》还是一份政党补贴的报纸，但是已经在新闻理念和经营运作上与现代化的报纸接近。

英国的日报无论是在时间上还是在数量上远远领先于同时期的其他国家。

---

① 郑超然，程曼丽，王泰玄．外国新闻传播史［M］．北京：中国人民大学出版社，2000：63.

② Rosenberg M. The Rise of England’s First Daily Newspaper［J］. Journalism Quarterly，1959（30）：4.

③ ［英］凯文·威廉姆斯．一天给我一桩谋杀案——英国大众传播史［M］．上海：上海人民出版社，2008：35.

④ 孙宝国．18 世纪以前欧洲文字传媒与社会发展研究［D］．长春：东北师范大学，2005.

法国于1777年才出现了第一张日报《巴黎新闻》。俄国在1703年1月才出现了第一份定期出版的官报《新闻报》。在北美新大陆，1704年才出现第一份真正定期出版的报纸《波士顿新闻信》。但深受英国报业影响的美国报业充分显示出了后发优势，在独立战争胜利后的1783年，美国出现了第一张日报，即《宾夕法尼亚晚邮与每日广告报》。

经历了1640～1660年的新闻革命，英国民众养成了定期够买报刊和小册子的习惯，英国民众读报的传统逐渐形成。那时的报刊每份售价为1便士或2便士。由于售价低廉，很多人都买得起。一名木旋工在日记中写道："我家周围这些每周刊登新闻的小册子真是一群贼，它们在不知不觉中偷走了我的钱，我却丝毫未察觉。"[①] 据估计，这一时期每种报刊的平均印刷量约为500份，几乎是科兰特的两倍。有些畅销的报纸甚至能卖出1500份。[②]

市场需求的增加，报业也在市场化的大潮中开始翻滚。英国首先出现了星期日报，打破了星期日安息日不出报纸的传统。1779年，约翰逊夫人创办《英国公报暨星期日箴言报》，成为英国首家星期日报。而1791年创刊的《观察家报》是持续出版至今最老的星期日报。

独立的脚步近了。

早在1640年，广告商就已经在各类时事通讯上刊发广告，到1710年已有十几种伦敦、都柏林、爱丁堡等地的报纸因广告获得了可观的额外收入[③]，但这些收入相当不稳定。究其原因，一方面，18世纪初定期报纸刚刚出现不久，报业本身处于艰难的摸索期，报人对广告的认识非常有限，在刊登广告的操作层面还存在许多不足之处；另一方面，当时报纸的流通范围还相对有限，这大大影响了广告的投放效果，广告商因此不愿意长时间、持续地在报纸上投放大量的广告。另外，1712年的印花税法案开始对刊物上的广告收税，规定每则广告征税1先令，这提高了在报纸刊登广告的成本。正因为如此，广告在很长时间内仍然只是报纸的附属品，报纸上没有预留专门的广告版面，报纸也不可

---

① 吴伟. 格拉布街——英国新闻业往事［M］. 北京：北京大学出版社，2010：49.

② 吴伟. 格拉布街——英国新闻业往事［M］. 北京：北京大学出版社，2010：49.

③ James Raven, "The book Trade", Books and Their Readers in Eighteenth-Century England, ed. Isabel Rivers, p. 16.

能依靠这些不确定的收入维持长期的运作。但随着报纸发行数量的增加、流通范围的不断扩大以及流通手段的不断完善，报纸的商业价值日益明显，扩大了的商业市场非常需要报纸的传播与宣传功能。在这种情况下，18 世纪中期许多伦敦以及地方报纸开始为广告预留充足的版面，广告日益成为一部分报纸的主要经济收益来源，摆脱当权者的控制由此成为可能。

1730 年 2 月由詹诺创办的《广告人日报》被视为英国现代商业日报的开端。商业性广告成为报纸的主要内容，这反映了资本主义商业的兴起，并有力地促进了资本主义商业的发展。该报起初只是刊登广告的商业小报，售价 1 便士，头 4 个月免费分送各咖啡馆。该报后来发展成为消息和广告并重的伦敦第一大报，是 18 世纪初英国政党报刊盛行时期不接受津贴出版的少数日报之一，出版至 1807 年。

到了 18 世纪中期，报刊的销量有了很大的增长，从 1710 年的每周 4500 份上升为 1756 年的 21000 份。由于报纸上广告的数量越来越多，办报逐渐变成了一项有利可图的事业，办报已不再是印刷商的副业，专业办报的书商、出版商逐渐取代了业余办报的印刷商。股东注入的资金及广告收入大大增强了报刊的实力，可观而稳定的广告收益极大地增强了报刊业的独立性。报刊有能力雇佣专业编辑及专业报道者，再也不用靠刊登读者来信充斥版面。

英国在 18 世纪末就出现了独立报刊，这在当时的世界上是领先的，独立报刊的出现也反映了资本主义经济体制的迅速发展，也加大了新闻界作为第四等级对公共舆论产生的影响。

独立报纸迎来了春天。

18 世纪 70 年代，一份销量达 3000 份的日报每年可刊载广告 23000 条，广告年盈利可达 2000 英镑。1710 年，《伦敦官报》增至 8500 份。而 1717 年却降至 2000 份，至 19 世纪，英国独立报纸却始终停留在 2000 份的记录。① 政治津贴制度逐渐式微，官报的黄金时代已经过去了。

在这种情势下，独立报纸在 18 世纪末 19 世纪初登上历史舞台。独立报

---

① J. R. Sutherland, "Circulation of Newspapers and Literary Periodicals, 1700-1730", The Library, 4th Series, XV (1934-1935), p. 110.

纸的出现使报纸逐渐摆脱仅仅作为新闻转发媒介的职能定位，而成为具有独立见解的舆论工具，并逐步成为监督国家政策制定与执行、社会总体发展不可忽视的力量，新闻记者真正变成了议会三个等级之外的第四等级（1787年，埃德蒙伯克首次将格拉布街代表的新闻界称为相对于议会中其他三个等级的第四等级）。

这时，自由尤其是出版自由的理念已深入人心，并逐渐内化为英国国民性格的一部分，这为独立报业的出现奠定了思想基础。1762年，著名报人威尔克斯在《北不列颠人报》创刊词中宣称："新闻自由是一切自由坚强的堡垒……批评政府乃是各位报人的天职。"① 这番言论受到报人的广泛赞同。

18世纪下半叶，《每日广告报》、《大众广告报》、《晨邮报》等已经实现经济独立，并在18世纪末转型为独立报纸。1785年，煤炭商和保险商约翰·沃尔特创办了《泰晤士报》，这份报纸在接受了短期的政府津贴后，也走向了独立发展的道路，并成为影响英国报业最深远的报纸。

《泰晤士报》的创始人沃尔特敢于直言，秉持公正报道的理念，他认为报纸是时代的记录而非党争的阵地。1803年，沃尔特二世接掌《泰晤士报》，继承了父亲公正、详尽、迅速报道新闻的理念，一上任便打出独立于党派之外的旗号，不再接受政府津贴，在经济上完全依靠发行与广告收入来维持报纸的生存。②

在沃尔特二世的指导以及主编托马斯·巴恩斯的主持下，《泰晤士报》很快成为英国首屈一指的权威报纸。

《泰晤士报》注重报道议会消息，还积极对各项政府行为作出评价。比如关于国家保卫法案的通过一事，《泰晤士报》在肯定这一法案的同时，更一针见血地指出了之前糟糕的政府作为在很长时间内消耗了民众的爱国热情。报纸重视刊发国际新闻，在国内外热点地区派记者采访，获得独家新闻。1809年，该报首先获得并公布了德奥缔结的《费里辛克条约》全文。当时英国政府尚未接到报告，经急电与驻法大使联系得以证实。1815年，《泰晤士报》独家报

---

① 李磊. 外国新闻史教程［M］. 北京：中国广播电视出版社，2001：90.

② 黄怡华. 18世纪英国出版业初探［D］. 上海：华东师范大学，2010.

道了拿破仑兵败滑铁卢的消息。①

报纸非常重视社论，积极反映和引导舆论。主编巴恩斯为了了解民意，非常鼓励读者来信来稿，并在报纸上专门开辟“编读往来”栏目，这个栏目不仅刊发读者来信，还登载巴恩斯对各类时事的点评和对读者提问的回答，内容涉及社会的方方面面。在一篇关于霍乱的来信回复中，巴恩斯认为由于阶级的不平等，许多普通民众无法得到有效的治疗，当局应该担负起相应的责任。久而久之，这个栏目成为一个有趣并受到各方重视的栏目。每逢重大事件，民众都习惯于先看看《泰晤士报》怎么说，然后再决定自己的看法。②

独立报纸的出现是18世纪英国出版业的显著成就，以《泰晤士报》为首的一系列报纸成为社会监督的重要力量，普通民众点评时事，参政议政的热情日益高涨。独立报纸的发展确立了新闻的独特价值，并重新界定了报纸的职能，这为英国逐渐成长为一个传媒大国奠定了基础。

## 第三节　从格拉布街到舰队街

当斯蒂尔、艾迪生在为《旁观者》和《闲谈者》奋笔疾书时，他们的同伴们也一起聚集在伦敦格拉布街的各个小阁楼里，为各种报纸写作。

17世纪开始，为生计挣扎的独立作家、新闻记者和出版商开始在格拉布街聚集。因为当时这里房租低廉，位置隐蔽，可以逃避政府的检查，格拉布街逐渐变成了英国出版业的中心。

可能世界上没有哪个国家的传媒产业像英国这样，有着这么显著的集聚特点。英国的报业从17世纪开始就集聚发展，这在世界的新闻媒体发展史上也是少见的。

报业的集聚为什么会在英国产生？

因为工业革命在18世纪中叶即将到来，社会面临着快速的发展和变革，由此带来的新闻产业逐渐发达，以报业为中心的传媒业也面临剧烈的变革。

---

① 黄怡华. 18世纪英国出版业初探［D］. 上海：华东师范大学，2010.

② 黄怡华. 18世纪英国出版业初探［D］. 上海：华东师范大学，2010.

当时的报业规模已经相当可观。

英国报纸的数量和种类在18世纪迅速增加。在1712年，伦敦大约有12种报纸，到18世纪中叶增加到18种，其中有6种日报，6种周报，6种一周刊行三次的报纸。1770年，伦敦有5种日报，8种一周刊行3次的报纸和4种周报。在1783年伦敦每周有9种日报和10种一周刊行两次或三次的报纸。1790年伦敦的报纸增加到23种，其中14种日报、7种一周刊行3次的报纸和2种周报。在1695年以前，英国还没有地方性报纸，但在18世纪伊始，英国的地方性报纸也开始了迅速的发展。[①] 1700年，布里斯托尔出现了英国的第一份地方报纸，到1720年英国已有20多种地方性报纸。到1782年，地方报纸总量达到50种，1808年时地方报纸的数量超过100种。[②] 学者雷文在此基础上，对英国18世纪出版物数量进行了统计，并计算出年平均增长率，其结论为1740到1800年间出版物年增长率大约为2%，1780到1800年间则达到了3.5%。[③] 在1719年，一家报纸就抱怨说："目前，城市和乡村每天都充斥着报纸的洪流。"同时，1733年《英国观察》声称："普遍性的抱怨正在增长，因为这里每天都充斥着报纸和小册子。"

报纸的发行量也有很大提升。在18世纪伊始，伦敦每周报纸的发行量在44000份左右。18世纪中叶以后伦敦报纸的发行量又有了新的增长，《邮政晨报》每天的销售量达到5000份。《The Public Advertiser》每天的销售量在3000～5000份。*Daily Advertiser* 的销售量达到了5000份。[④] 在18世纪前几十年，伦敦以外的地方性报纸的发行量仅在100～200份。但到18世纪中叶很快增长到1000～2000份。在18世纪中叶以后销售量也有了较快的增长。例如，《*The Salisbury Journal*》这份报纸在18世纪30年代的周销售量仅为200份，1740年增加到2000份，到1780年时则达到4000份。[⑤]在1695～1780年，英国报纸从

---

① Hannah Barker. Newspapers, Politics and English Society 1695-1855 [M]. Langman, 2000: 29.

② Michael Harris, Booksellers and Bookselling from the 16th to the 20th Century [M]. p. 293.

③ James Raven, "The Book Trade", Books and Their Renders in Eighteenth - Century England [M]. Leicester UniversityPress, 2001: 2.

④ Hannah Barker. Newspapers, Politics and English Society 1695-1855 [M]. Langman, 2000: 34.

⑤ Hannah Barker. Newspapers, Politics and English Society 1695～1855 [M]. Langman, 2000: 46.

不足100万份增长到1400万份[①]，增加了14倍。

报纸的发行渠道基本建立。17世纪80年代，英国建立了全国邮政系统，读者可以方便快捷地通过邮局订阅书报。18世纪60年代，收费公路在全国建立起来，这使邮政业务变得更迅捷。虽然邮政系统必须支付一定的道路费用，但由于得到国家财政的支持，因此用于定期刊物流通的费用其实非常有限，1785年政府免除了邮政系统的道路通行费，这更让邮政业务如虎添翼。1760年，从各地邮局邮递出的伦敦报纸达100多万份，1782年为300多万份，10年之后这个数字翻了一番，1792年伦敦报纸的年邮递量达到860万份。[②] 值得注意的是，全国性报纸的发行和此时人口的增长密切相关，18世纪上半叶，英国的人口增长并不迅速，从1651年至1751年的100年间，英格兰人口从522万人增加到577万，只增长10.5％，而在1751年至1851年的100年间，从577万增加到1673万，增长190％。增长速度提高18倍。[③] 这和当时英国开始了工业革命有关，也和英国经济实力不断提升有关。如果按照人口和报纸的比例来看报纸的英国报纸的发行情况，此时英国的报业实力已经相当可观。

英国在经历资产阶级革命的喧嚣之后，传媒业获得了大的发展。报纸的种类、数量、发行量急剧增加，报纸的内容也在不断丰富。在形态上，出现了从周报到日报、从政党报刊到独立报刊，从报纸到杂志的进步。全国性报纸和地方报纸都发展迅速，读者也从社会上层向中下层转移。报业的发展是资本主义商业快速发展的表现，同时也是这一时期英国软实力上升的体现。

有竞争就有淘汰，竞争发展到一定阶段就会形成垄断。而此时的媒体可能更大程度上扮演的是一个民众启蒙、发表公共舆论的工具。

格拉布街在18世纪逐渐成为中产阶级获取消息、评论时事的主要渠道，成为英国重要的资产阶级公共领域，极大地动员了公共舆论，在监督政府等方面发挥了重要的作用，成为政坛上的一支不可忽视的力量。

---

① Jeremy Black. Newspaper and Politics in the 18th Century [J]. Hisrory Today. Oct86. Vol. 36. Issue10. 36.

② 黄怡华. 18世纪英国出版业初探 [D]. 上海：华东师范大学，2010.

③ 王章辉. 论英国工业革命对人口再生产方式和分布的影响 [J]. 史学月刊，1992 (2).

格拉布街文人办刊物，写文章，以此开启民智，他们就像一颗颗明星，点亮了 18 世纪英国民众的夜空。18 世纪中后期的格拉布街就曾涌现出《周刊》、《匠人》、《北不列颠人报》等报纸，一度在英国社会掀起了不小的波澜，并以公共舆论的力量影响了英国政局的走向。

集聚的脚步并没有停止。17 世纪、18 世纪，英国新闻出版业主要集中在格拉布街，18 世纪晚期开始，一批新的报刊又开始在舰队街集中发展。如果说舰队街代表着英国新闻业发展的成熟期，那么格拉布街就是英国印刷新闻业的童年。①

为什么会选择舰队街？

因为报纸有钱了。

相比格拉布街，舰队街更靠近市中心，更有利于收集新闻信息。这和爆发户都希望去城里买房置地是一个道理。

舰队街得名于伦敦城外一条臭气四溢的小河——舰队河。1737 年，这条河流开始填塞，改建为一条宽阔的马路。这条大道连接了金融权力中心的“伦敦城”与政府所在地“白厅”。向东步行几分钟，就可以在老贝利刑事法庭记录下新发生的令人毛骨悚然的案件，而向西不远，就到了高等法院的公众旁听席，在这里可以了解上流社会离婚或诽谤案的每一个色情细节。这里和议会、唐宁街、白金汉宫都不远。

当时的舰队街真正是灯火通明，热闹非凡。早晨，报纸零售商、售报人游走于街上，批发报纸，发送到遍布全国的营销网点卖报。白天，编辑在楼上编报，地下室和后街就是印刷工厂，数以千计的记者奔走于议会、唐宁街、白金汉宫和社会各个角落。晚上，各报社灯火通明，印刷机飞转。编辑、记者聚集在酒吧和咖啡馆里交流信息。

18 世纪、19 世纪开始新成立的大报社、大出版公司和报业垄断集团的总办事处，纷纷在这条大道的两旁或其附近出现，到最高峰时共计有 100 多家全国和地区性报纸在这条不过里许的街道上设立报馆。像《泰晤士报》、《每日电讯报》、《独立报》、《卫报》、《星期日泰晤士报》、《观察家报》、《镜报》、

① 吴伟. 格拉布街——英国新闻业往事［M］. 北京：北京大学出版社，2010：2.

《快报》、《星报》、《太阳报》、《每日邮报》等全国性大报和小报均把总部设在这条街上。

由此可以想象昔日舰队街的辉煌。它的盛名可以和唐宁街和白金汉宫相比。

从18世纪以后，舰队街对英国的社会、政治思想以及舆论一直发挥着巨大的影响，新闻界作为“第四等级”的称号也由此真正确立起来。舰队街渐渐成为英国新闻界和报业垄断资本的代名词。19世纪，它还被称为“地球脉搏的示波器”。

然而，舰队街如今已不复存在，也像格拉布街一样衰落了。为什么？

都是科技惹的祸。

当时的格拉布街的衰落是由于专业化的程度日渐提高，编辑们不用在小旅馆中辛苦忙碌，专业而舒适的办公室取而代之，社会规范化程度日益提高，加上发达的排版技术使得报业可以流程化生产。所以，格拉布街自身所具有的鲜明特色似乎也随着社会进步的到来而逐渐地烟消云散。所以报业选择了更有地理优势的舰队街。

同样的事情也发生在舰队街的身上。到了20世纪80年代，它的地理优势因现代科学技术的冲击而丧失殆尽，默多克主导的《泰晤士报》等报社纷纷搬离舰队街，2005年，最后一家英国主要媒体路透社的办公室也搬离了舰队街。

即使这样，今日舰队街依旧是英国媒体的代名词。

## 第四节　全民读报

1730年，法国启蒙思想家孟德斯鸠在他的日记中描述英国人读报习惯时写道：“最使人震惊的并不是报纸的数量和不受约束，而是劳动者也在读报，瓦匠们带着报纸来到他们工作的房顶，在那里读报。”① 18世纪，报纸读者群

---

① Hannah Barker. Newspapers, Politics and English Society 1695 – 1855 [M]. London and New York Langman, 2000: 51.

体的变化主要是从社会上层到中下层的转移。许多观察家认为，他们的时代是一个公众阅读兴趣一场突出而不断增长的时代。①

全世界可能没有哪个国家的人像英国人这样喜欢读报，这是一种传统，也是一种习惯，更是来自历史的沉淀。

18世纪以前，阅读基本是贵族的活动，社会上层和下层差别很大。从1688年光荣革命到18世纪下半叶工业革命前，英国社会经历了巨大的变化，特别是社会结构的分化与重组。英国形成了上中下三层式的社会结构，而且这种社会结构在不断分化与重组。中产阶层不断发展壮大，贵族也在不断演变，下层人民有机会参与政治生活，这种不断变化的三层社会结构在当时的世界上也是独一无二的。

英国的贵族文化在17世纪已经形成了节制的传统，与当时的欧洲大部分国家相比，英国的贵族是世界史上少有的能够在适当的时候作出适当退却的阶级。英国之所以在现代化的社会转型方面取得成功，避免了革命的震荡，赢得了社会的平稳发展，英国贵族的远见、勇气和妥协精神是不可抹杀的。英国贵族在与王权的斗争中展现出来的政治素养和智慧以及所建立的功绩，也是其他国家的贵族难以比拟的。随着社会的发展，起源于盎格鲁—萨克逊时代的英国贵族，其构成也在不断地变化。17～19世纪时，英国出现新贵族阶层，大量的地产使其在政治上拥有特权，英国的绅士文化必然要在教育上表现和反映出来。②

通过1689年的权利法案，贵族掌管了国家，成为议会的主体。光荣革命前，贵族中已经分裂出新贵族。土地收益是维持其生活方式的重要基础。英国的社会结构在保持完整的等级结构和森严的等级秩序的同时，各个等级均呈开放、流动的特性。英国金字塔式的社会结构本身是固定的，但任何一个阶层的人都可凭借自己的努力进入高一级的阶层，社会的垂直流动性相对容易得多。这种社会流动打破了各结构之间的封闭状态，为底层平民改变现状提供了一种路径。18世纪中期的欧洲是皇家专制主义的全盛期。英国的这种社会结构却是一个例外。

全民读报变成了一种可能。

---

① ［美］伊恩·P·瓦特．小说的兴起［M］．高原，等译．北京：三联出版社，2003：33．

② 杨娜．17～19世纪英国贵族社会［D］．济南：山东师范大学，2011．

在伦敦，报纸的购买者主要是社会的中上层阶级，所以主要是一些政治评论、带有新闻内容的报纸。而有些地方性报纸则面向社会下层的人们，例如，在南兰开夏、德比和诺丁汉的制造业区几乎每户人家都读《政治纪闻》。① 社会下层读报者的增多还引起当时一些人的担忧，甚至出版商约翰·塔斯勒也表示出这种情绪："印刷品正变得越来越便宜，以至于每个人都可以负担得起。在乡村所有人都在学习读报，一些人甚至以牺牲身体所需的部分实物为代价去换取有害的思想。"② 一些不识字的英国人还会经常听别人朗读报纸。朗读报纸在当时是一种社会性活动而不是个人性活动。③ 当时有报纸这样写道："在18世纪开始时大部分英国人不会读报，但他们可以聚在一个会读的人旁边，听他朗读《观察者》，在那里叛乱的思想就这样进入他们的大脑中。"④ 当时还存在着合伙买报纸和租报的习惯，这也有助于报纸在下层社会中的传播。在兰开夏的一个小村子，本·布莱雷经常读《北极星》给他的父亲和其他五个合伙订报的人听，他的任务就是大声朗读以使他们能同时听到。在哈里法克斯的本·威尔森也写道："在村里聚在朋友的家中读《北极星》并在那里讨论政治事件是件很平常的事情。"⑤

这种读者群体的变化，在很大程度上促进了报刊的商业化发展，并为19世纪报刊的分层次发展奠定了基础。

而且从读者群体的变化，我们也可以从另一个侧面看出英国软实力的提升，正是因为这种三层式的社会结构形成使英国与工业化的要求相适应。工业革命首先在英国发生而不是在同时期工商业更发达的荷兰，其根源也在于此。

---

① Hannah Barker. Newspapers, Politics and English Society 1695－1855 [M]. London and New York Langman, 2000: 51.

② Hannah Barker. Newspapers, Politics and English Society 1695－1855 [M]. London and New York Langman, 2000: 51.

③ 张奎勤. 18世纪英国报纸业的发展与公共领域的形成 [J]. 内蒙古农业大学学报（社会科学版）. 2005 (3).

④ Hannah Barker. Newspapers, Politics and English Society 1695－1855 [M]. London and New York Langman, 2000: 54.

⑤ Hannah Barker. Newspapers, Politics and English Society 1695－1855 [M]. London and New York Langman, 2000: 57-58.

## 第五节　请你喝杯咖啡

1711 年，约瑟夫·艾迪生在巴顿（Button）咖啡馆开张的同一天推出了他创办的《卫报》周刊，作为咖啡馆报纸公开发行。为了更好地反映民意，他在咖啡馆门口安装了一个张着大嘴的狮子头的信件箱。这个信箱是个收集箱，公众可以把对报上的论点和新闻的不同意见投进去，在下期的报上发表，署名“狮子的怒吼”，人们可以对它们进行公开讨论。如今巴顿咖啡馆已经不复存在，这种民主开放的的办报宗旨却留存了下来。使它的同名日报（1959 年在曼彻斯特创刊）成为今天在英国和欧洲享有盛誉的政治报纸。

三百多年前，你随便走进一家英国的咖啡馆，可以在那里得到最新的新闻，可以和任何一个陌生人聊天，讨论时事，在今天看来，这是不可想象的。这就是由报纸等媒体构建起的咖啡馆里的公共领域。

虽然那时的咖啡并不如今天的好喝，有人把它比喻成墨水、煤灰、泥巴，但是人们喝的是那里的氛围，是那里的文化。

英国的咖啡馆文化在 18 世纪已经形成，并逐步成为人们生活中不可或缺的一部分。法国启蒙运动的先驱孟德斯鸠对于当时伦敦出版物的繁盛曾如此描述：“一个人如果从圣保罗教堂广场散步半个小时，沿舰队街经坦普尔长廊，穿考文特公园附近地区，再走泰晤士河畔，可以看见许许多多出售印刷品的商店。他们可以买到民谣歌本，听到街角处民间歌手所唱的最新的政治歌曲，进入咖啡厅能够细细翻阅报纸。酒店咖啡厅成为他们议论政治的中心，俱乐部成为人们聚集的场所。”① 报刊业的发展，使越来越多的读者关心社会改革，介入政治讨论，据估计，每份印刷品拥有的读者数目约 5 ~ 40 个，文盲也知道最新的政治新闻和辩论。

各阶层的民众在咖啡馆中读报，咖啡馆由此成为人们天然的讨论社会改革和进行政治议论的场所，他们有理性地对社会和政治事务进行批判和讨论，提

---

① 欧阳明. 外国新闻业史稿［M］. 武汉：武汉大学出版社，2006：58.

出自己的意见和看法，在这样的讨论氛围中，咖啡馆逐渐形成了一种特殊的政治文化，形成了公众和公共舆论。随着报纸业的发展，在咖啡馆里读报成为非常普遍的事情。许多咖啡馆不仅为其顾客提供报纸，而且还免费为顾客朗读报纸，为的是让那些不会读报的人也能了解报纸上的内容。这种文化并不仅仅局限于某一单一的社会阶层。身份的差别在这里被暂时搁置，每一个坐在咖啡馆里的人都有权利同其他人谈话，并加入讨论，不管认识那人与否。咖啡馆创造了一个自由讨论新闻、交流信息的氛围，就像社会史学家特里维廉所说的："英国人的言论自由在咖啡馆里最为典型。"事实上报纸已经成为咖啡馆、酒馆等公共场所的必不可少的组成部分，1780 年 *Lloyd's Evening Post* 声称："没有报纸我们的咖啡馆、酒馆和理发店将会失去很多顾客。""当问及店主为什么要提供报纸时，他将会告诉你它吸引着更多的人们到他的店里，在多数情况下，它比这里的酒精更富吸引力，成千上万的人在这种新奇的、虚假的媒介吸引下变成酒鬼。"① 这也可以从当时一个工匠的话中得到证实："告诉你先生，我去公共场所并不是为了喝酒，而是为了新闻。我没有其他途径得到它，我负担不起 5 便士……这就是我的原因，一个唯一去公共场所的原因，在那里我可以听到别人读报纸，并谈论伦敦发生的事情，那是我唯一能够获得新闻的地方。"②

美国学者雅克·巴尔赞认为，在 18 世纪初，近代最早的新闻业崛起于伦敦的咖啡馆。③ 读报、信息交流咖啡馆和近代报业的产生密切关联，今天英国许多著名报刊的前身曾是早年在咖啡馆里流传的小报，报纸最早的读者和最早创办报纸的人都聚集在这里。在 17 世纪末没有发达通讯网络的时代里，编辑、记者和社会评论者的消息常常来源于各方聚会的咖啡桌，他们聚集在咖啡馆中讨论新闻、写搞和投稿，使咖啡馆里的人可以在第一时间阅读刚出来的报纸，因而咖啡馆成为信息交换的中心，包括商业信息，也是文学、新闻和政治讨论

---

① Hannah Bark-er. Newspapers, Politics and English Society 1695-1855 ［M］. Langman，2000：58.

② Hannah Bark-er. Newspapers, Politics and English Society 1695-1855 ［M］. Langman，2000：58.

③ ［美］雅克·巴尔赞. 从黎明到衰落——西方文化生活五百年 ［M］. 林华，译. 北京：世界知识出版社，2002：307.

的中心。[①] 报刊和咖啡馆的关系亲密到以至于伦敦咖啡馆的老板们曾经请求议会授予他们报纸出版的垄断权。

德国当代大学者哈贝马斯最为推崇的报刊是18世纪初3位英国作家办的融新闻、随感、学术、娱乐等内容为一炉的杂志：笛福的《评论》，斯蒂尔、艾迪生的《闲谈者》和《旁观者》，尤其是后二者。[②]《闲谈者》和《旁观者》就是在咖啡馆里编辑的，该报涉及内政外交、道德风尚、文学艺术等，抨击贵族阶级的奢靡生活及决斗、酗酒、赌博等粗野陋习。报上涉及的一些道德问题在一定程度上满足了当时资产阶级上升时期人们要求重建社会秩序、道德规范、精神风尚及社会准绳的要求。哈贝马斯还认为具有政治功能的公共领域首先是在18世纪的英国出现的。他还特别强调媒体尤其报纸在公共领域中的作用。他说，17世纪末，新闻检查制度的废除使得理性批判精神有可能进入报刊，并使报刊变成一种工具，从而把政治决策提交给新的公众论坛。[③]

报纸作为公共领域的载体为社会下层人们的广泛加入也提供了条件，文化上的障碍并没有阻止他们接触报纸的机会，从某种意义上讲这反而更有利于公共领域的形成，几个或更多的人聚在一起读报或听别人读报并进行讨论，这大大增加了公共领域形成的可能性，因为他比单个人读报更易进行思想的交流，而且文化上的限制使社会下层的人们极易受读报人思想的“摆弄”，在其周围形成舆论性群体或组织。公共领域一旦产生就不会消极存在着，它从一开始就试图影响上层政治社会。在整个18世纪，报纸在英国政治生活中扮演了一个越来越重要的角色，并在一定程度上影响着国家政策。实际上报纸已经成为公众参与政治生活并借以对抗国家权力机关的媒介。“整个18世纪的公共领域的发展水平可以用政府和出版界之间的对抗程度来加以衡量。”[④]

咖啡馆里还诞生了世界上首次股票与证券交易，由皇家交易所（the Royal Exchange）（目前为一家私人会所）在乔纳森咖啡馆（Jonathan's Coffeehouse）主办。在英国朗伯德街（Lombard Street）上的商人、船长、地图绘制者以及

---

① 王峰苓. 18世纪英国城市公共性研究［D］. 上海：华东师范大学，2006.

② 展江. 哈贝马斯的“公共领域”理论与传媒［J］. 中国青年政治学院学报，2002，2.

③ ［德］哈贝马斯. 公共领域的结构转型［M］. 曹卫东，等译. 北京：学林出版社，1999：68-69.

④ 刘小红. 重新理解哈贝马斯对大众传媒与公共领域关系的论述［J］. 现代传播，2002（5）：28，29.

股票经纪人联合起来，在劳埃德咖啡馆创立了现代保险产业。拥簇在皇家学会（the Royal Society）周边的咖啡馆甚至刺激了科学的突破性进展，艾萨克·牛顿（Isaac Newton）曾在希腊人咖啡馆（the Grecian Coffeehouse）的桌子上解剖了一只海豚。①

英国的移风易俗和绅士文化也在咖啡馆文化的发展中得以实现。咖啡馆里的思考行动和产生的报刊、出版物，使咖啡馆里产生的讨论和批评传播到范围更广的公众中。17 世纪、18 世纪的英国的咖啡馆形成的这种开放和弹性的交往网络随后在 19 世纪传遍欧洲和美国。18 世纪在英国的许多外国人都惊呼，可以发现所有阶层，甚至是妇女也在街头阅读报纸。普通的英国民众在咖啡馆中阅读日报或周刊、月刊评论当中，提升了思想文化水平，也提升了民族文化的影响力。这种咖啡馆文化代表了英国的软实力，成为风行世界的独特文化现象。

这一时期，在法国流行的是沙龙文化。与英国的咖啡馆是"男人的领地"不同的是，法国的沙龙却是"女人的天下"，时刻显现着女权主义精神。法国沙龙以平等性、开放性、礼仪性成为当时社交的中心，并成为法国形成公共领域的重要平台，但是法国的沙龙在开放性和平等性上略逊于英国的咖啡馆。17 世纪的沙龙只是上流社会的贵族社交的场所，18 世纪后范围虽然宽泛了一些，但是也只属于受过教育的社会精英，不像英国的咖啡馆还可以为不识字的普通民众读报，体现各个阶级的意见。启蒙运动的先驱伏尔泰同时是几个沙龙的座上客。在 18 世纪，法国沙龙从文学性逐渐转向政治性的变化，也对法国大革命的发生发展起到了促进作用。"虽然在任何意义上都不能说沙龙谋划了革命，但它的批判精神和脱离一切责任束缚的自由精神却使它的参与者们能够想见当环境发生改变时，事物可能会产生的相应变化。"② 革命开始后罗兰夫人的沙龙就是这样一个讨论时政、商定国策的政治场所，这当然与罗兰出任共和国内政部长有很大关系。但是从本质上说，沙龙主导的是一种精英文化，因此到雅各宾派统治时期，沙龙就基本都消失了，因为恐怖时期倡导的平民文化是

① 马修格林．伦敦咖啡馆的前世今生［J］．新东方英语，2012（7）．

② Emmet Kennedy，A Culture History of the French Revolution，Yale University Press，1989：22.

不符合沙龙生存的要求的。①

总的来说，18 世纪末，伴随着英国政治、经济领域，尤其是由工业革命所带来的生产力与生产关系的巨变，民众对社会的关注程度日益提高。而随着新闻业影响的日益扩大，民众也逐渐摆脱思想上的束缚，培养了一种更为现实，也更为生活化的阅读趣味。在整个 18 世纪，报纸在英国人的生活中扮演了一个越来越重要的角色，它是社会道德的净化器，也是民众舆论的发声器。报纸作为公共领域传媒手段和载体对上层政治社会起着越来越重要的作用，报纸及其背后所联系的社会力量正在对社会政治产生越来越大的影响。

到了 18 世纪时期，媒体已经开始构筑起英国的软实力，影响着软实力。报刊业的兴起成为了一个新兴的经济体，报刊经济的独立又促使新闻界成为了监督政府、改良社会的"公器"。虽然很难具体概括报刊业的发展对文化软实力的提升起到了多大的作用，但必须承认的是，报刊业的发展有力地促进了英国文化的繁荣，这必将对英国社会经济和文化的发展产生长远、深刻的影响。

① 张媛珺. 18 世纪法国沙龙的兴衰［J］. 黑龙江史志，2009（6）.

# 第四章　启蒙与霸权

## 第一节　出版自由的胜利

如果说在 17 世纪出现的出版自由的理念还是纸上谈兵，那么经过新闻界的不断努力，18 世纪，出版自由的理念在英国正式确立起来了。

1679 至 1685 年间，《出版许可法》在查理二世解散议会后失效了一段时间，但是在 1685 年詹姆斯二世即位后又再次恢复。随着“光荣革命”的成功，英国确立了君主立宪制度。1695 年《权利法案》公布后，几个世纪之中一直处于模糊状态的国王的法律地位有了明确的规定：君主必须受制于法律。《权利法案》确保了议会的言论自由，但是对于新闻出版自由却乏善可陈。1692 年，《出版许可法》到期后又一次被渴望稳定的新政权批准延长，但政府此时已经不能继续漠视公众对消息的需求。1695 年，辉格党占优势的议会试图再次通过《出版许可法》，但是两党在法案的细节上存在分歧，争吵不断，该法案终因错过时机而流产。1662 年颁布的《许可证法案》，即《印刷管理法案》自此终于被废除，英国书刊直接审查制度宣告瓦解，这为新闻出版业的发展提供了相对自由的社会氛围。英国成为欧洲历史上第一个废除出版前检查制度的国家，在实现出版自由的道路上迈出了重要的一步。基于特权的检查制度从此在英国走到了尽头，随着时代的发展，政府最终默认了新闻出版自由。①

值得注意的是，虽然政府废除了《出版许可法》，但是并没有放弃对新闻出

① 吴伟. 格拉布街——英国新闻业往事［M］. 北京：北京大学出版社，2010：67.

版业的控制，只是侧重点发生了很大变化。控制新闻的政策从直接的强行控制，转为间接的征收知识税。1712 年，英国议会通过了一项专门法案——历史上有名的《印花税法案》，大幅度提高对小册子的征税额度。托利党政府通过对每半页印刷纸征收“一个半便士”的税收，以及对每则广告征收“12 便士税金”来增加财政收入，间接地抑制了小册子的发行。《旁观者》这样的刊物被迫将价格加倍，结果导致订阅者减少。同时，报纸的广告量由于征税而极大地减少了。

“知识税”法案还发生两项重大影响：一方面逐步形成了政府对于报刊的秘密补贴制度，这在之前已经提到过。另一方面则是刺激了地方性报刊业的发展。1695 年之前，由于特许出版制度的存在，地方性报刊是不允许存在的，地方的读者为了满足对新闻的需求往往阅读伦敦的报刊。但是，随着 1712 年“知识税”法案实施，伦敦报价猛涨，地方各郡难以承受，纷纷创办各类周刊，摘录伦敦消息，廉价发行，来满足他们对于新闻的需求。从 1714 年至 1725 年地方创办周刊高达 22 种之多。①

在“知识税”实行后，斯威夫特（1617 ~ 1745）曾给史太勒的一封信中说：

你知道么？格拉布街已经死去了……《观察家报》停刊了，《文摘报》与《飞邮报》合并了，《检查报》亦奄奄一息，《旁观者》已涨价一倍，但我不能断定它支持多久……你看到报纸上那块红印了吗？它的价值是半便士。

至 1712 年底，计有《观察报》、《文摘报》、《清教徒报》、《诚实报》、《增刊报》、《邮童报》与《旁观者报》7 个报纸停刊。另外尚有 5 个报纸存在，即《检查报》、《邮报》、《每日新闻》、《晚邮报》与《伦敦官报》。其他月刊或刊期较长的刊物，因在免税之列，未受影响。1712 年法案实施不久，税官们发现，许多报纸开始增张扩版，至少增至 1 印张半（6 版）。原来，精明的出版商抓住法案措辞中的漏洞：在规定大于半印张至 1 印张税率时用的措辞是“for every printed copy”，即每份报刊收税 1 便士，而规定超过 1 印张但不及 6 印张的税率时用的措辞是“oneprinted copy”，这可以理解为每期，或每一印次（per impression 或每 1 印版）中每印张共收税 2 先令，而不是按印出的

① 雷波．18 世纪英国出版管制研究［D］．河南：河南大学，2010．

报刊份数征税。于是许多报纸开始扩大版面，至少增至1印张半。①

虽然法案造成了多家报刊停业，报纸却想方设法逃税。1713年偷税漏税已经成为一种非常普遍的现象，甚至官方报纸《伦敦官报》也增至6印张。由于篇幅增大，编辑们为填满报纸，采用各种手段——大量使用大字号、长标题、长篇社论、宽边宽栏及增加专稿和政论性文章，报纸版面形式也发生了很大变化。杂志周刊篇幅也纷纷扩大版面增至或超过6印张，以此来偷税漏税。这一影响又很快波及日报，当时的日报很难扩大篇幅，但伦敦街头照样可买到没有付税的报纸，报刊发行人声称，税法中半印张收半便士，或1印张收1便士同样也没有规定"for every printed copy"的含义。据凯伊和克兰统计：1711年总共有51种报刊创刊，1713年，有45种，1715年增至65种。除1712年外，新报刊并未呈现减少的趋势。② 虽然以后政府多次调整知识税法案，来控制报纸的发展，但报纸却越发展越好。因为出版限制从强硬的政治手段转化为较为灵活的经济手段，这就给了书商、出版商更多规避控制的机会，甚至为报纸的发展起到了一定的积极作用。报纸为了自身的生存更多地刊登政论文章，监督政府，臧否时政。而且报纸可以连续几周阐述同一个问题，还可以追踪报道。因此，报纸很快取代小册子成为政治评论的主要工具及平台。③

1800年，《晨邮报》在报头上注明"本报1783年售3便士，现售6便士，其中3便士是付皮特首相的税金"，以示对增加印花税的抗议。④

报刊以公共舆论的力量终于开始影响英国政局的走向。1710年，斯威夫特为托利党主编的机关报《考察者》发表了一系列政论性小册子。如他在《盟军的行为》中激烈反对英国因为西班牙王位继承问题而引起的对法战争。他要求与法国讲和，因为战争给人民带来了深重的苦难，却使英军统帅马尔勃雷公爵等辉格党政治集团大发横财。⑤ 他的文章对激发社会舆论反对战争起了十分积极的作用，最终导致马尔勃雷下台。

---

① 雷波. 18世纪英国出版管制研究［D］. 河南：河南大学，2010.

② J. R. Sutherland. Circulation of Newspaper and Literary Periodicals，1700－1730，The Liberty，4th Series，XV（1934-35），p. 110.

③ 吴伟. 格拉布街——英国新闻业往事［M］. 北京：北京大学出版社，2010：140.

④ 郑超然，程曼丽，王泰玄. 外国新闻传播史［M］. 北京：中国人民大学出版社，2000：64.

⑤［英］詹姆士·哈林顿. 大洋国［M］. 何新，译. 北京：商务印书馆，1963，出版说明.

1742 年英国第一任首相沃波尔（Robert Walpole）的下台与公众的不满有很大的关系。威廉·皮特因为能够得到公众的支持，而成为新一届政府的领导者。18 世纪 80 年代的议会改革运动是民众对上层政治作出的又一轮回应，这场运动中报纸的舆论导向作用更加明显，一些激进的改革思想对公共舆论产生了很大的影响。尽管这次议会改革运动最终失败了，但它并没有结束普通民众参与国家政治生活的历程，随后的几十年又让人们见证了废除奴隶贸易的伟大运动，反对奴隶贸易运动得到了中间阶层和社会下层的广泛支持，并最终迫使政府废除奴隶贸易。①

报刊业的发展最终推动了言论自由的确立。1765 年，布莱克斯通出版了集普通法研究之大成的著作《英国法评论》。在这部著作中，作者总结了英国当时对于出版自由的基本理念，出版自由确实是自由国家的基本要求，但这包含在对出版规定事前限制的禁止，而非出版之后免受刑事追究的自由。②

从 1768 年 11 月 21 日到 1772 年 5 月 12 日，英国的一份重要报纸《公共广告人》陆续刊登了一系列署名“朱尼厄斯”的政治评论文章，抨击王室行动与议会决定，谴责政府破坏宪法，立场和言论非常激进。它要求国王改变政策，否则将被送上断头台。在德国学者哈贝马斯看来，《朱尼厄斯书简》堪称“现代舆论的先锋”。当时的国王乔治三世试图利用司法手段来削弱《朱尼厄斯书简》的影响，起诉了报刊的相关作者和发行人员。但是经过陪审团 9 个小时的讨论审议，最终裁决这些人无罪。“朱尼厄斯案”由此成为英国著名的法律案件，在这个案件之前，法官拥有判断一篇文章是否属于煽动性言论的权利，陪审团的职责只限于确定被告人是否印刷过这样的文章，经过朱尼厄斯议案，这项惯例终于被推翻，同时还默许了陪审团的一项权利，即陪审团有权根据内容，而不是仅仅依据印刷事实，确定被控诉的文章是否触犯诽谤法。1792 年，这项原则被写进了法律，结束了政府利用煽动诽谤罪迫害新闻工作者的历史，批评国王无罪的原则确立起来。《朱尼厄斯书简》的影响早已超出了这一具体的政治事件，它被翻译成各国文字，影响远及全世界。朱尼厄斯对民主选

---

① 张奎勤. 18 世纪英国报纸业的发展与公共领域的形成［J］. 内蒙古农业大学学报（社会科学版）. 2005（3）.

② 雷波. 18 世纪英国出版管制研究［D］. 河南：河南大学，2010.

举、言论自由的看法如今已成为人们的共识。

在之后的争取报道议会进程权的斗争中，报刊业还获得了报道议会新闻的权利。报纸利用所独具的舆论动员力量，品评时政，臧否人物，调动公众参与重大政治事件，英国议会改革也由此提上了日程。报刊由此成为民众获取信息的重要渠道，成为展现英国政治文化的平台以及政治评论的论坛，这极大地增强了英国政治的开放性，从而进一步提升了软实力。

## 第二节 死对头法国

很多人提到启蒙运动，都会首先想到法国，因为法国大革命实在太荡气回肠，法国的启蒙运动影响太广。但是，很少有人会想到，启蒙运动发源于英国。

这是怎么回事？

英国素有的反抗专制王权、与王权斗争的传统，具有传统的自由主义思想。在独特的政治传统、理性的宗教改革和清教运动、领先的科学成就及早发的资产阶级革命等众多因素的共同作用下，英国成为整个欧美启蒙运动的发源地。

美国著名的历史学家玛格丽特·杰克布（Margaret Jacob）认为，“启蒙运动在很大程度上，无论是以温和的还是以激进的形式，都是从英国的光荣革命开始的”。

伯恩斯和拉尔夫认为启蒙运动大约于1680年发生于英国，以后很快地传到欧洲大多数国家，并且在美洲也发生了影响。美国的启蒙思想家杰斐逊、汉密尔顿等人都深受英国思想家洛克等人的影响，并将启蒙的理想付诸实践。杰斐逊虽然是一个民主主义者，却将牛顿、洛克的画像挂在墙上以自勉，而且他还曾劝法国人采取英国式的君主立宪制。①

伏尔泰1726年访问英国，成为英国科学、英国哲学、英国宽容精神和英

① 谌章明. 英国启蒙运动的思想特征及其影响［D］. 湖南：湘潭大学，2008.

国常识的热忱宣传者，在启蒙阵地从英国向法国的转移中，他居功甚伟。启蒙运动的早期代表霍布斯和洛克也都有很长一段客居大陆的经历，他们在大陆的学术交流，一定程度上就是在散播启蒙的种子。哲学家休谟在 1734 年东渡法国，进行哲学研究和著作。在法国期间，休谟完成了《人性论》。1763 年，休谟又应驻法公使赫特福德邀请担任使馆秘书，在两年多的时间内与许多著名的法国思想家如卢梭、霍尔巴赫、爱尔维修、狄德罗等人交往密切。休谟在法国的声誉比在英国高得多，他的著作在法国广为流传。亚当·斯密旅法期间，对休谟在法国受欢迎的程度深有感触，只要他拿着休谟出具的介绍信，他就能到处得到热情的招待。

作为欧美启蒙运动的源头，英国启蒙思想家所提出的思想理论涉及各个领域，对近代以来西方社会的政治、经济和思想文化产生了深远的影响。而出版业的繁荣为启蒙运动的发展起到了推波助澜的作用。科学、技术、哲学的各种先进的思想理念和知识通过百科全书、期刊和普通书籍等媒介从英国传播到欧洲乃至世界。

虽然启蒙运动首先诞生在英国，但是法国却把它发扬光大。其中拿破仑和法国大革命扮演了重要的角色。著名学者伯恩斯说："历史很少有别的运动像启蒙运动那样对人的思想和他的行动发生如此深刻的影响。"①

英法之间就像一个解不开的结，从 17 世纪末开始了近一个世纪的争霸战争。特别是 18 世纪与法国的三次商战，英国取得了海上霸权和世界贸易的中心地位。

英法之间的一系列贸易战争以西班牙王位继承战争（1701～1713 年）为开端，这场打着王室旗号的战争，实际是英、法两国对殖民地的争夺战，战争以法国的失败告终，1713 年签订了《乌特勒支和约》，英国取得了对直布罗陀、米诺卡等地的控制权，在北美得到了诺瓦·斯科西亚、纽芬兰和哈得逊沿岸，还获得了与西班牙所属北美洲殖民地通商权和为期三十年每年向该地区贩运 4800 名黑人、向西属印度提供 144000 名男女黑人的专卖权。西班牙王位继承战争是两国争夺海上霸权的第一次大冲突，也是英国给法国殖民势力的第一

① ［美］伯恩斯，拉尔夫. 世界文明史［M］. 商务印书馆，1987：300-301.

次沉重打击。由此英国取得了奴隶贸易的垄断地位。

新的冲突又导致了奥地利王位继承战（1741～1748 年）的爆发，英国真正的目的是和法国争夺殖民地。英国主要把注意力放到了欧洲以外地区，英法两国在欧洲、北美、印度展开激烈争夺，胜负难分。虽然在 1748 年缔结《亚琛和约》而暂时休战，但英法之间的争夺并没有结束，双方在北美和印度争得头破血流，这为后来的七年战争埋下了伏笔。到七年战争爆发前，两国在北美和印度的武装冲突愈演愈烈，并逐步升级，这表明英法的殖民利益冲突已发展到世界范围。最终普奥的领土争端成为七年战争（1756～1763 年）爆发的导火线。对英国来说七年战争的核心是和法国人抢夺海外殖民地。英国海军严密封锁了法国沿海，并利用自己的海上优势，集中力量把法国从北美和印度赶出去。英国东印度公司在印度发起了对法国的猛烈进攻，1757 年普拉西战役后，法国殖民势力被逐出了孟加拉，此役对英国夺取印度起了决定性作用，法国在印度仅剩下五座孤立的城市作为商站，且不得设防，不准建设任何军事设施。1763 年 2 月两国签订了《巴黎和约》。英国人得到了北美的加拿大和密西西比河以东大部分土地，在加勒比海英国得到众多岛屿，在西非则得到塞内加尔，在欧洲收回了梅诺卡。

在战后的 50 多年中，英国从南亚大陆掠取了 10 亿英镑财富，英国经过长期的海盗式贸易战争和殖民战役战胜了西班牙和荷兰，从西班牙手里取得了直布罗陀及美洲奴隶专卖权等贸易特权，成为世界上最大的殖民帝国。

在法国大革命期间，英国组织多次反法联盟反对法国称霸欧陆。从 17 世纪末的奥格斯堡同盟战争（1689～1697 年）开始，到 1815 年第七次反法联盟在滑铁卢大败法国，英国终于击败法国，获得世界霸权。1815 年维也纳会议的召开标志着近代世界体系的形成，也为英国的大国崛起掀开了新的一页。

从 1648 年的《威斯特伐利亚条约》到 1789 年法国大革命的爆发，随着启蒙运动的发展，在 18 世纪，法国仍然是欧洲的政治和文化中心，法语是占主导地位的语言。法国成为欧洲各国风格和物质上被模仿的典范。法国的音乐、绘画、建筑主导了欧洲文化。法国的服装和礼节在欧洲非常流行，高雅而纯洁的法语在各地的宫廷中受到欢迎，法语替代拉丁语成为世界文化和外交活动的语言，正如16世纪时懂拉丁语被认为是有学问一样，18世纪说法语、懂法语成为一个有文化、受过教育的人的标志。而相对来说，英语还很少有人熟知。在18世纪末，英国以外很少有人读英语书。即使是由英国发起的“出版自由”的理念，都由法国人于1791年写进了第一部法国宪法。这是继《人权宣言》之后，法国人作为那个时代文化先锋的体现。整个18世纪，法国的文化中心地位依然吸引着海峡对岸的英国人。这些都是法国在文化软实力上的表现。所以，在当时的欧洲，虽然英国是经济上的强国，但是法国却因为思想和文化取得了国际话语权，拥有强大的文化软实力，对欧洲其他国家的制度、文化产生了深刻影响。画家龚比古兄弟曾说：“那个18世纪文质彬彬的法兰西变成了一个社交的世界，影响了全欧洲，成为一切民族的一所礼仪学校，成为社会风尚的准则。”① 值得一提的是在科技方面，1798年法国人尼古拉斯·罗伯特成功制造出一种由水能驱动的纸张生产机器，1799年获得专利。由此改变整个媒体产业纸张成本太高和纸张不足的情况。伦敦的批发商亨利和西利·富德里尼耶将这种机器引入英格兰，由此改变了整个英国的纸张生产业。

在18世纪末19世纪初，欧洲的话语格局也开始变动。英国逐渐依靠先进的科学、制度、文学追赶了上来，英国的文化软实力还是呈现了一个急速上升的趋势。英国建立起一种适合国家发展的议会民主制度，在政治上为国家松绑；确立了自由放任的经济思想，保证了经济的全范围发展和繁荣；建立起一个殖民地体系，并将这种制度和文化推向世界，保证其世界性的影响力。历史学家钱乘旦指出：“英国最早实现工业化，成为近代大工业的开路先锋，从而把全世界推进到工业时代。英国最早实行政治变革，为西方资本主义的民主制度树立了样板……英国对现代世界的贡献与其稳重的行为方式一样令世人印象深刻，可以说，英国率先敲开了通向现代世界的大门，英国是现代世界的开拓者。”②

① ［德］托尔尼乌斯. 沙龙的兴衰：500年欧洲社会风情追忆［M］. 何兆武，译. 北京：世界知识出版社，2003：174-218.

② 谌章明. 英国启蒙运动的思想特征及其影响［D］. 湘潭大学，2008.

# 第三节 苹果熟了

1666 年的一个秋天，在一个苹果园里，牛顿发现了万有引力，当时他只有 20 来岁，而过了 40 年，到 1703 年他才被选为英国皇家学会的主席且在任 20 多年。在当时的英国科学界甚至是全世界的科学界，英国皇家学会都可以算得上是一个最有权威的科学组织。于 1660 年成立的英国皇家学会，也因为其自办刊物《哲学汇刊》扩大了影响，促进了全世界的学术交流。《哲学汇刊》（Philosophical Transactions）是至今仍在发行的最早的科学连续出版物。当时的中国和英国的学术交流也依赖于《哲学汇刊》，关于中国的地理、天文知识、风土人情、历史文化的论文都曾刊载上这份刊物上，而且经由传教士再传播开来，对英国人了解中国和中国人了解世界产生了一定的影响。

皇家学会的宗旨就是将技术应用于实践，而外国会员在英国皇家学会中占到相当大的比例。在 18 世纪中期，外国会员几乎一度占到皇家学会成员总数的一半。皇家学会的很多成员都认为，皇家学会应该担负起在整个欧洲范围内传播知识的责任，它实际上是以伦敦为中心的全欧洲的学术团体。① 英国皇家学会在 17 世纪是英国科学理论研究和实用技术传播的重要基地，也成为 18 世纪英国启蒙运动思想传播的重要载体。在 300 多年的发展过程中，英国皇家学会在科学上取得了丰硕的成果，它是世界上最古老而又未中断过的唯一科学学会，法拉第、牛顿、达尔文、卢瑟福、霍金等都是其会员。

同一时期，还有一个科学团体非常有名，那就是 1666 年成立的法兰西科学院。但是它走了一条与英国皇家学会不同的路子，受官方约束。法兰西科学院取得的成就也从一个侧面证明了法国是当时欧洲科技的中心。据学者统计，从 1789 年到 1800 年，世界重大科研成果 58 项中，法国就有 23 项，占总数的

---

① ［英］亨利·莱昂斯. 英国皇家学会史［M］. 陈先贵，译. 云南省工程机械学会，年份不详，第 363 页。

40%。同期，英国则为13项，德国为6项。

科技就是生产力，真不错。

英国在科技上的成就，也因为图书和期刊的传播而产生了更大的影响范围。18世纪下半叶，英国还涌现了大批自助式的科学团体，如工艺学会(1754年)以及各郡的农业协会。有一些例子从侧面反映了当时英国的科学成就。法国的启蒙思想家伏尔泰和孟德斯鸠游学英国，都花了大量精力研究牛顿的科学成就。据说牛顿因为苹果落地而发现万有引力的故事就是被伏尔泰宣传出来的。1726年，伏尔泰前往英国，当年写了25篇通讯，其中第15篇通讯中提到这个苹果落地的故事。他在文章中说，这个故事是听牛顿的侄女告诉他的。

牛顿的苹果熟了，是到了采摘的时候了。

由于贸易和殖民地的发展，英国的自由主义思想开始形成，并成为整个18世纪占统治地位的政治思想。而自由主义的代表作就是1705年曼德维尔的《蜜蜂的寓言》和1776年亚当·斯密的《国富论》。

《蜜蜂的寓言》提出自利行为能够推动社会繁荣，即“私人恶德即公众利益”的观点，振聋发聩。虽然这本书充满了伦理学意味，但它最卓越的贡献却是体现在经济学方面。私利即公益这一观点，包含着两者的转化过程，这一过程是无意识的、自发的，据此曼德维尔认识到商业社会存在的自发秩序。他认为，一方面市场交换、竞争的特性决定了经济主体从利己的角度出发，必须考虑到他人的需求以及社会的需求，从而产生利他性；但另一方面，政府也必须适当地发挥作用，法律与政府之于市民社会的政治团体，有如生命精神及生命本身之于生命群体。曼德维尔的理论在18世纪流传甚广，无论赞同或是反对，许多当时知名的作家都在不同程度上受到曼德维尔理论的影响。特别是对亚当·斯密产生了重大的影响，也正是在继承曼德维尔的许多理论的基础上，斯密写成著名的《国富论》。

亚当·斯密在《国富论》中，尖锐抨击了重商主义的保护政策，提出以“自由贸易”来代替以前的商业竞争；宣扬商业不应当“是纠纷和敌视的最丰富的源泉，而应当是各民族、各个人之间的团结和友谊的纽带”。诺思、休谟那里萌芽的经济自由思想在亚当·斯密这里形成一个完整的体系，人们从中世纪“金钱是罪恶”的禁锢中摆脱出来去放手追逐财富。而大卫·李嘉图据此进一步提出国际分工的理论，他认为“使其余一切国家皈依自由贸易的福音，来建立以英国为最大的工业中心，而其余一切国家为依存这个中心的农业地域的世界”。19世纪初，亚当·斯密的理论日益受到重视，“自由贸易”的呼声日趋高涨。自由贸易学说为工业资产阶级废除保护关税制度，扫除工业发展的障碍提供了理论基础。《全球通史》的作者斯塔夫里阿诺斯就认为，“从世界历史的观点看，英国革命的主要意义在于确定并贯彻了自由主义的原则”。英国启蒙运动中形成的经济自由主义思想不仅在此后的一个多世纪主导着西方世界的经济发展，而且在当今社会仍和凯恩斯的国家干涉主义经济思想共同发挥着应有的作用。

在文学领域，18世纪的英国小说成为历史上著名的一个文化现象。小说这种崭新的文学形式开始成为最有力的传播思想的载体之一。笛福的《鲁宾逊漂流记》、斯威夫特的《格列佛游记》等至今仍然是英国小说的代表作。著名小说家菲尔丁最初把商业化的小说称为低劣的“苹果汁”，不过后来他自己也成为最有名的“苹果汁”制造商。他的作品《汤姆·琼斯》是当时最为流行的小说，《约瑟夫·安德鲁斯》在13个月里共销售了6500册，《艾米丽亚》第一版印了5000册，一个星期之内销售一空。理查逊的《帕米拉》在一年之内出了5版，才勉强满足了当时读者的需求，并引发了社会的热议。18世纪中叶，小说迎来了一次发展高峰，许多作品得以在报刊杂志上连载，极大地提高了小说的普及率。18世纪的英国小说不仅反映了当时的社会现象和文化变革，也和今后的现代社会的形成以及英国的命运休戚相关。有学者认为，18世纪英国小说是就“自我”问题展开的反复推敲和切磋，实质上就是构建所谓“现代主体”的过程。18世纪英国小说所表达的精神危机以及应对危机的反复“推敲”值得当今的中国人关注——因为我们也正在面临着“现代化”的后果：正在被新的个体化生存方式激发着，魅惑着，纠缠着，困扰着。①

政治上的“自由”概念，宗教上的“自然神”概念，哲学上的经验主义以及经济上的自由主义思想后来都是由英国传入欧洲大陆的。18世纪中后期，

① 黄梅. 18世纪英国小说和我们［N］. 中华读书报，2003-09-25.

随着工业革命的发展、科学的发达、自由主义思想的流行、英国小说的兴起等都成为英国话语霸权崛起的标志。

伴随而来的，是越来越猛烈的工业革命的浪潮。

英国在18世纪的表现是令世界震惊的，工业革命使其跃升为世界第一号强国。工业革命被看作是人类从农业文明时代步向工业文明时代的重要分界点。工业革命不仅推动了英国经济的迅猛发展，同时也对世界历史的发展产生了深远的影响。生产技术的革命性变革和社会生产力的突飞猛进不仅带来了巨大的经济效益，也带来了社会关系的剧烈变动，英国社会结构开始了一个缓慢的分化与重新整合。这一切都使18世纪成为与众不同的一个时代。

马克思指出："资产阶级在它的不到一百年的阶级统治中所创造的生产力，比过去一切世代创造的全部生产力还要多，还要大。"英国在这一时期的硬实力和软实力提升都相当迅速。

这时的世界是怎样的一个情况呢?

以棉纺织业的技术革新和瓦特蒸汽机的发明和广泛使用为标志，英国工业革命逐渐扩展到西欧和北美，推动了法、美、德等国的技术革新，再到东欧和亚洲，最后俄国和日本也出现了工业革命的高潮，世界进入了机器时代。

英国迅速击败荷兰成为世界经济的中心，也成了科学与哲学的中心。光荣革命后，荷兰执政威廉三世成为英国国王，这也直接导致了荷兰的衰败。当这两个国家处于一个统一政权下的时候，英国在地理位置上的优势显示了出来，由于不与欧洲任何大陆接壤，英国免受了很多欧洲的战事纷扰。荷兰则不一样，它一直在和法国作战，所以荷兰维持了比英国多3倍的军队。

再加上威廉三世实行了对英国有利的政策，荷兰的大商人纷纷投资英国，荷兰人也大量移居英国，让英国人感觉到这个国家成了荷兰人的国家，在这些荷兰资本和人才的驱动下，英国现代资本社会的框架，开始形成股票交易所、英格兰银行相继建立，工业、商业和金融业逐步向英国转移。荷兰的金融地位仍十分强大，它仍是英国的债权国，曾一度掌握了英格兰银行和英属东印度公司股票的1/3，英国国债的40%。

然而，成也金融败也金融，由于过度依赖金融业和服务业，重视商业而忽视工业，所以荷兰在工业革命的浪潮中逐渐落伍。18世纪末期，荷兰只剩下金融业与服务业，其余产业基本被转移，投资人靠贷款和投资收取利息与股息支撑，看起来荷兰的经济繁华和奢靡，其实已经危机重重。当法国革命爆发的时候，荷兰人借出去的钱无法再收回，荷兰在不断的金融动荡和战争中迅速衰败。这时英国取代荷兰成为新的世界经济中心。

在世界经济中心向英国转移的过程中，科学与哲学中心也到了这里，一大批新成果也在这里诞生，为日不落帝国的辉煌打下了基础。

这一时期的国际关系也是错综复杂的，从威斯特伐利亚体系到维也纳体系，这一百多年间，欧洲各国的实力消长。虽然威斯特伐利亚体系确立了现代国际关系的规则，增强了国家之间的联系，但是维也纳体系真正确立了欧洲的世界中心地位。维也纳体系建立后，欧洲各国之间联系加强，与之相伴的则是欧洲在近代的崛起和主导世界历史发展的进程。到 18 世纪末，瑞典、荷兰、西班牙、葡萄牙已经不是大国，活跃在欧洲政治舞台上的是英国、法国、俄国、奥地利和普鲁士。在军事和外交方面，英国不再是偏安欧洲一隅的小国，而是广泛参与欧洲和世界事务，取得了各种战争胜利的大国。在这一次世界性的体系重建的时候，英国已经成为主要角色，欧洲形成了一个多极均势格局，而英国则是保持这个均势格局的盟主。

所以，从上述种种因素来看，英国不仅在当时代表了最先进的生产力，还代表了最先进的文化。在文化上的开放和包容使英国的软实力大大增强，也为英国在 19 世纪最终取得国际话语权奠定了坚实的基础。

## 第四节　阅读是美的

17 世纪，以伦敦为中心的商业贸易体系和金融市场开始形成，17 世纪的书籍市场同样是商业贸易诸多领域中的一部分。从 18 世纪到现在，伦敦一直是英国出版物最大的生产地与销售中心。当时许多原本居住在科文特加登等伦敦中心区域的富人开始迁居到皮卡迪利大街、玛丽勒邦大街和切尔西等伦敦西部地区，这个过程被后来的许多学者称为伦敦城的“西进运动”。伴随着这一运动，许多商店也搬迁到了伦敦西部以吸引顾客。

到18世纪中叶，佩特诺斯特街成为各种出版物在伦敦的销售中心。开设在这条街上的许多书店同时经营批发业务，并与圣保罗教堂大街、舰队街、勒盖德山大街的书店竞争。18世纪末，皮卡迪利大街、蓓尔美尔街和圣詹姆斯街成为书刊零售中心，蓓尔美尔街共有7家书店，皮卡迪利街和圣詹姆斯街分别有5家与3家，其他的书店则分布在约克街和老邦德街。①

在18世纪下半叶，英国已形成了一个比较成熟的图书贸易市场，出现了许多地方书刊流通中心。1766年，利物浦只有11家从事书报生意的公司，1774年发展到14家，1794年增加到34家，到1800年达到98家。约克、坎特伯雷、布里斯托尔、曼彻斯特和什鲁斯伯里等城市成为国内的大型图书贸易中心。他们与伦敦和地方中心城镇的书商联系紧密，通过不断发展的流通系统来订购运送报纸和书籍。②

垄断也较早在书籍出版领域产生了，18世纪早期，英国的一些大的书商组成了一个商业联盟，大约有15至21名成员，每年出版2万本图书，价值大约相当于5000英镑。③ 虽然没有关于这一组织发展的详细资料，但可以确定的是，该联盟保证了17世纪末到18世纪初出版业的蓬勃发展，并为之后的出版业行业规范的确立提供了参考，引导着整个行业的前进。

17世纪、18世纪是英国开展对外贸易，追求财富利润旺盛的时期，对外进出口贸易成为经济生活中的重要组成部分，书籍市场同样涵盖其中。参与国外书籍市场竞争尤其是大陆国家的书籍展销成为英国书商重要的采买方式，最著名的书市有德国法兰克福的莱比锡（Pziger Buchmesse）。时至如今，法兰克福书展和伦敦书展仍然是世界最大的图书贸易展览会。

17世纪书籍市场交易的方式和渠道是多样的，其中还包括了更多文化层面的意义与内涵，通过这些方式有助于培养一个固定的读者群体和具有发展能力的书籍市场的形成。在这样一个市场中，普通民众的文化和见识得到了提高，各种不同身份等级者通过文化的交往增加了彼此的了解和认同，一种有利

① James Raven, Judging New Wealth: Popular Publishing and Responses to Commence in England. 1750-1800, Oxford University Press, 1992, p. 43.

② 李斌. 18世纪英国民众阅读的兴起［J］. 历史教学, 2004 (7), 31.

③ John Feather. A History of British Publishing [M]. New York: Routledge, 1991: 53.

于民族国家发展的“文化内聚力”得到了增强。①

出版业的发达也为启蒙运动的传播提供了有利条件，而由媒体构筑的公共领域也为思想的传播提供了有利渠道。18 世纪，一批书籍流传甚广，政治方面有伯克的《论美洲赋税》、《论对殖民地的怀柔政策》和《致布里斯托尔司法长官们的信》，哲学方面有休谟的《关于自然宗教的对话》、《论道德原理》和《政治论述篇》，经济方面有曼德维尔的《蜜蜂的寓言》、亚当·斯密《国富论》和马尔萨斯的《人口论》，科学方面有牛顿的《自然哲学的自然原理》等。这些著作对当时或之后的英国乃至世界发展产生了深远影响。

随着书籍贸易的发展，图书馆作为一种知识传播、文化传承的载体也在英国逐渐发展起来。

虽然英国很早就在修道院以及剑桥、牛津两所大学建有图书馆，但这些图书馆的藏书主要以宗教性与学术性为主，服务的对象也主要是具有较高知识水平的教士、教师或学生，并不向普通民众开放。由于书籍贸易的繁荣，很多书籍由于价格、内容等原因而滞销。18 世纪处理滞销书籍是一件十分麻烦的事，首先，书籍的价格昂贵，一旦滞销书籍数目过大就会形成资金的短缺与流通不畅。其次，滞销书籍占用了大量的场地，让新的出版物没有储存的空间。更为棘手的是，18 世纪初书籍一旦滞销，根本无法作出妥善处理，因为基本上没有买家会前来购买，更不能指望这些书籍另作他用。但在另一方面，普通民众对书刊阅读的需求日益强烈，许多人却由于经济原因而买不起书，面对这一矛盾，精明的书商看到了商机。最早一批流通图书馆正是由一些成功的书商建立起来的，其中包括诺布尔斯兄弟、威廉·莱恩、里文顿等，这些图书馆迅速发展并不断壮大起来，最终导致了英国图书馆的一场革命。1760 年，伦敦处于运作状态的流通图书馆大约有 20 家，1800 年全国范围内的流通图书馆的数量已达 200 家，这些图书馆为民众以较为便宜的价格借阅图书提供了便捷的途径。② 流通图书馆的借阅费相当公道，通常花 1 便士可以借阅一册图书。虽然借阅费对普通民众来说不算便宜，却要比买书的价格低很多。随着生意的不断扩大，书商纷纷开始为流通图书馆提供或预留特定的书籍，其中主要是通俗小

① 陆瑾．17 世纪英国的史书阅读［D］．湖北：武汉大学，2007.

② 黄怡华．18 世纪英国出版业初探［D］．上海：华东师范大学，2010.

说。18世纪中后期，里文顿、朗曼家族等成功的书商纷纷关闭了零售商店，但仍然保留了流通图书馆，这本身就证明了经营图书馆是一项有利可图的事业。同时，许多小说出版商开始将自己的主要目标人群锁定在图书馆读者身上，许多书商更是资助无甚名气的作家或女性作家进行创作，他们的作品大多不公开售卖，而是直接进入流通图书馆，以便民众借阅。

订阅图书馆是由早期的图书俱乐部脱胎而来的，这种俱乐部一般只有少数人参加，没有固定的馆舍，也没有专职的图书管理员，会员共同出资购入若干书籍，并集中存放在某一会员家中，供会员轮流阅读。18世纪中叶，一些相对固定的俱乐部转化为订阅图书馆，这种图书馆一般采取会员制，会员以中产阶级为主，订阅的书籍也具有较强的针对性，主要是文学、历史和自然史方面的图书与期刊。第一家订阅图书馆于1757年在利物浦成立，一些大的城市如利兹、布里斯托尔、伯明翰、莱斯特、曼彻斯特等也相继建立起订阅图书馆。[①] 到18世纪末，英国全国大约已有100家订阅图书馆。

流通图书馆与订阅图书馆的出现与壮大，无疑成为19世纪英国公共图书馆建立的先声，并对后世产生了重要的影响。19世纪的公共图书馆以社区为单位，主要有三种类型：堂区图书馆、学校图书馆和自治市镇图书馆。其中大学图书馆的实力最为雄厚，作为专业研究书籍的储存地拥有的史书数量也最多。其他两种图书馆尽管规模较小，但是也收集了很多书籍。[②]

流通图书馆与订阅图书馆的出现，得益于出版物的不断增多，出版业的蓬勃发展以及民众对阅读需求的不断提高，但更重要的是，其符合了18世纪英国社会追求知识、尊重科学的总体要求。从只为少数人服务的大学、教区图书馆，到主要服务于普通民众的流通图书馆和中产阶级的订阅图书馆，表明文化正从上层走向下层，其渗透力与影响力也日渐扩展到整个社会。有识之士开始思考，图书馆究竟为何而建，又为谁而建。图书馆的公益性质随着时代的不断进步逐渐体现出来，并最终迎来了1850年英国第一家公共图书馆的诞生。[③]

18世纪末到19世纪初，由英国开始的启蒙运动风靡全球，启蒙运动确立

---

① 杨威理. 西方图书馆史［M］. 北京：商务印书馆，1988：191.

② 陆瑾. 17世纪英国的史书阅读［D］. 湖北：武汉大学，2007.

③ 黄怡华. 18世纪英国出版业初探［D］. 上海：华东师范大学，2010.

了现代人理性的思维模式，由此萌发的平等博爱、自由主义等思想为英国在19世纪成为世界霸主奠定了思想基础，这决定了英国文化软实力的内涵，那就是自由和民主以及渐进的改革传统。英国的启蒙运动对同时期的其他国家甚至是今后的世界也产生了重大影响。而启蒙运动的发展与新闻出版业的发展息息相关。

图书贸易的兴盛和科技传播的迅速发展也是英国软实力在这一时期的重要体现。在启蒙思想的传播过程中，媒体产生巨大的作用，英国社会的民主趋势也在逐渐增强。

英国媒体作为社会权力表达的载体，正是在社会权力不断同国家权力的抗衡分离运动中，不断地获得独立发展的空间。正是这种张力，在18世纪英国激荡的历史环境中，不断推动新闻业的发展。英国媒体的迅速发展，使出版自由最终得到确立，关于议会报道权斗争使记者成为了真正的第四等级，媒体的发展又推动了公共舆论空间的形成，这又促进了英国民主体制的进一步确立。这一时期发生的大的历史事件，例如英国王朝的更替，议会的改革，政党的争夺，海外的战争，都离不开媒体在其中的推波助澜。公共领域的形成又有助于启迪民智，发扬资本主义进取精神，也推动了工业革命的发展。这也是这一时期媒体促进软实力提升的显著表现。

伴随着工业革命的深入进行和海外殖民地的不断扩张，英国终于要迎来属于它的最辉煌的时代。

# 第五章　日不落帝国的辉煌

## 第一节　为工人阶级代言

1802 年，英国著名的激进报人威廉·科贝特创办了以劳工为对象的周报《政治纪事报》，宣传议会改革，售价 2 便士，获巨大成功，销量突破 4 万份。

这是一个什么概念？

号称权威的《泰晤士报》1817 年时的发行量才 7000 份。

威廉·科贝特很快因攻击政府腐败，以诽谤罪被判刑两年，罚款 1000 镑，交保证金 1000 镑。1815 年，他又发行大众版的《政治纪事报》①，科贝特的政敌曾经嘲讽说，这种廉价版是“科贝特的两便士垃圾”。但是全国各地人们都在关切地传阅这份报纸，科贝特也成了人所共知的平民领袖。

英国政府十分恐慌，不得不采取对策：凡是贩卖这种不经纳税的周报一律加重罚款，并规定保安法官对于贩卖激进报刊者可以进行逮捕审讯。1817 年政府又宣布终止人身保护法案的施行，声称对任何人有不经审判便长期监禁的权力。科贝特鉴于这一局势，被迫逃亡美国，但是报纸仍然出版，由美国寄给英国读者。1830 年科贝特又出版了一份廉价月报，取名为《科贝特的两便士垃圾》（《穷人政治》），他在创刊号中宣称月报的宗旨是要向人民解释他们为什么会受苦。第二年英国许多农村发生了焚烧仓库和草堆的反叛事件，科贝特

---

① 郑超然，程曼丽，王泰玄．外国新闻传播史［M］．北京：中国人民大学出版社，2000：67.

被指控为这些事件的煽动者再度被捕。这份月报随之夭折。[①]

威廉·科贝特只是19世纪英国激进报业发展的一个缩影。

19世纪初期，随着工业革命的迅速发展，英国迅速从传统的工场手工业时期进入了工业化大发展的时代，生产方式、生活方式以及社会关系都发生了巨大的变革。最为直接的影响是全社会的人口结构大为改观。经济上发达起来的工业资产阶级，迫切地要求参政议正文，取得政治权力，掀起了持续的改革浪潮，最后导致了1832年的议会改革。

在工业革命中壮大起来的工人阶级，组织程度在发展，文化程度在提高，对国家大事、城市生活变得更为关注，为了改善自身的劳动条件和生活处境，逐步联合起来开展斗争，罢工浪潮彼伏此起，终于形成了1836年开始的声势浩大的“宪章运动”。

作为工人阶级代言人的激进报刊也开始在英国出现并在这些运动中起到了巨大的促进作用。工人阶级把这些激进报刊当作同政府对抗、同外部联系的平台。这些激进报刊增强了工人阶级的认同，促进了阶级意识的产生。最终使得政府在各界的压力和斗争下，在政治上给予了民众更多的权利，如选举权、自由权利等，在维护工人阶级权利方面起到了很重要的作用。报纸作为一个发布消息和表达意见的渠道，变成民主体制的一个重要组成部分。

美国独立战争中，托马斯·潘恩发起了“大众煽动式新闻”，他倡导印刷品应当是公众可以获得的、能够信赖的传播媒介，而绝非政府用来操纵记者和印刷商的工具，这一理念无疑成为所有十九世纪英国激进主义报业家创办报刊的目的。激进报刊的出现在英国工人阶级斗争史上是不可或缺的一页。[②]

正如英国文化学研究的创始者威廉姆斯所说的那样：“19世纪的英国蕴育了一种全新的、以新的社会阶层为基础的‘政治运动新闻业’——激进主义报业。”[③]

激进报刊是独立报刊的延伸，与政治运动联系更为紧密。

---

① Harold Herd. The March of Journalism: The Story of the British Press from 1622 to the Present Day [M]. London: Allen & Unwin, 1952: 107-116.

② 侯忠贞. 简析18世纪末19世纪初的英国工人阶级激进报刊 [J]. 首都师范大学学报, 2007增刊.

③ 张妤玟. 对英国报业史上废除知识税的重新解读——从激进主义报业的兴衰看知识税的废除 [J]. 新闻大学, 2006 (1).

激进报纸多以周报形式出现，和商业化的独立报刊不同的是，它们既不依赖政府津贴，也不依靠刊登广告来维持生存，而是从工会组织取得财政支持，以低成本投入和限制发行量为主要经营方式。为了逃避报刊税和政府的压制，激进主义新闻业也被从业者们称为：游击式新闻。不缴知识税可以使报纸的售价仅仅相当于主流大报一半甚至更少，从而保证了低收入的工人阶层能够支付起低廉的报价。

激进报刊还不同于商业化报刊的一个特点就是它代表强烈的政治诉求，为工人阶级运动提供支持。工业革命带来了阶级的对立，带来了工人的失业和社会灾难。工人阶级阶级意识逐渐觉醒，工人运动不断发展壮大，创办以发动政治运动，推翻现有体制为目的的激进主义报业成为历史必然。相继爆发的美国独立战争与法国大革命不但为英国带来了革命的激进主义观念，而且也显示了印刷品通过表达对政治事务的观点而发动民众的能力。

19 世纪上半期激进报纸在全国范围得到了广泛的传播。如《两便士报》、《政治纪事》等甚至传播到了约克郡、兰开夏等偏远地区。19 世纪 30 年代早期，一些主要的报纸，如《每周政治报》、《贫民卫报》等形成了南北以格拉斯哥和特鲁罗为轴心，东西以卡马森郡和诺里奇为轴心的分布网。分布范围之广决定了影响范围之大。它培养了一批工人运动的坚强骨干，为宪章运动准备了基本队伍。正因为如此，恩格斯在《英国工人阶级状况》中曾说：工人阶级自己创造的“期刊和小册子，就内容来说，远胜于资产阶级的一切书刊”。

激进主义报业对工人阶级来说是一种很好的启蒙方式。它的新闻不以时效性取胜，而是注重发表政治观点，其稿件多来自读者层的自愿供稿。每张报纸的阅读量和传阅率很高，因此只需很小的发行量，就可以带来较大的影响力。①

咖啡馆文化依旧繁荣发展，公共报刊室也开始增多，报业在 19 世纪英国社会文化生活中占有绝对主导的地位。英国的咖啡馆遍布每条大街小巷。1840

① 张妤玟．对英国报业史上废除知识税的重新解读——从激进主义报业的兴衰看知识税的废除［J］．新闻大学，2006（1）．

年，伦敦的咖啡馆增长到1600～1800家，新加入的成员数量以每年上百的速度递增。[①] 在伦敦出版的任何报纸，人们都可以在享受到一杯上好咖啡的同时以一半的价格阅读到。此外，其他公共场所也开始提供报纸给人们阅读。1815年，每个乡村与大城镇都建立了独立的公共图书报刊阅览室。[②] 这为报纸的普及以及英国人的读报文化奠定了发展的基础。

《北极星报》是那时的知名激进报刊，长期以来坚定地支持激进主义运动，对工人运动作了完整的报道。致力于建立更加平等的社会体系，为被排挤在"正规"渠道外的社会阶层介绍政治，提供发表言论表达观点的场所。国内任何地区举行集会，哪怕是在穷乡僻壤，也不会不在该报各栏中有所报道，并用华丽的辞藻，来激起读者心中的兴趣，使演讲者由于自己的名字在报上受到称赞而洋洋得意。即使他们以前从未登上讲坛，他们的演说也被说成是口若悬河，大逞雄辩，并且受到有意吹捧，仿佛它们是适合在每日报刊专刊中发表的议会阔论。这样，在远方的人看来，平凡庸碌之辈都成了富有政治智慧的预言家。[③] 19世纪40年代，《北极星报》的价格是4.5便士，相当于现在两英镑，但是工人们一般共同分享一份报纸，使得每一份报纸都有很多的读者。赫里斯和爱泼斯坦估计，19世纪三四十年代，每一份报纸的读者有20位之多。即使按照最为保守的估计在维多利亚时代10人读一份报纸，《北极星报》的读者也有50万，而那时14岁以上的英国人也只有1000万之多。在萨布登（彭德尔山附近的奔宁山脉的一个工业村），《北极星报》的销售就达到了饱和状态。[④]

在那个年代，报纸往往是人们知道外界所发生的事情的唯一途径，很多情况下，人们都容易形成对报纸的热切渴望和忠诚。费尔登回忆说，在《北极星报》到来的时候，人们在路边排起队伍等待它的到来，这比别的任何事情都要重要。总而言之，18世纪末19世纪初的激进媒体的产生和发展对唤醒工

---

① Aspinall. A (1949) "Assistance from the post office", Politics and The Press, pp. 369-370, Home and VAN THAL LTD, London.

② Aspinall. A (1949) "Assistance from the post office", Politics and The Press, pp. 369-370, Home and VAN THAL LTD, London.

③ 约翰·K. 沃尔顿. 宪章运动［M］. 祈阿红，译. 上海：上海译文出版社，2003：18.

④ 恩格斯. 英国工人阶级状况［A］. 马克思恩格斯全集：第二卷［C］. 75.

人阶级进行有组织的斗争，对工人阶级的思想启蒙都有很大的贡献。

1861 年，英国废除了纸张税，英国最终确立了出版自由。知识税的废除与激进报纸的发展有直接关系。英国政府采取一系列法律、税收等措施限制激进报纸发展，使激进报纸开始走下坡路。国会采取的渐进的措施主要分为两个阶段。第一阶段是 1833～1836 年。首先是 1833 年使广告税削减一半，然后 1836 年纸张税又削减一半；而最重要的还是印花税的从 4 便士降为 1 便士。第二阶段是从 1853～1855 年。先是广告税和附刊税于 1853 年废除，然后是印花税于 1855 年废除，最后才是纸张税于 1861 年废除。第一阶段的减税是英国议会内外的激进分子作用的结果，他们提出：知识应当能被自由地获得。著名小说家和政治家布尔法·李顿（Bulwer—Lyton）1832 年提出了废除知识税的议案。他的议案得到了议会外激进分子的行动支持："1831 年到 1835 年间，出现了数百种不贴印花的报纸，它们的态度，大多是很革命的。（政府）一再严加限禁，但终无效验，无法阻止这种违法出版物的不断出现。"① 而当时的弱势政府也正需要激进主义者的选票支持——这一历史后来在 1853～1855 年又重演了，当时的政府为了获得国内对克里米亚战争的支持，不得不对激进主义分子让步。第二阶段的废税运动还因为国内对克里米亚战争新闻的渴求而得到了公众们的支持。②

知识税废除以后，法律压制手段无法将报业纳入到社会秩序的领域中，市场力量则开始逐渐发挥作用。激进报纸由于其狭窄的政治议题与缺乏购买能力的读者层使他们很难吸引到足够的广告。面对竞争压力，一部分激进报纸逐渐丧失了激进主义的锋芒，滑向大众化报业的轨道。与此同时，资本主义制度在牢固确立之后，资产阶级也在想方设法化解社会矛盾。19 世纪三四十年代工人工作状况、生活条件的改善、工资的提高以及教育状况的改善等，都使得工人阶级的战斗性减弱，这些则成为激进报纸衰败的社会、政治因素。随着工业革命的继续深入，技术因素在报业生产与发行中的作用越来越大，低成本低技术投入的激进报纸又丧失了另一个竞争优势。就这样，激进的劳动阶级运动在

① 郑超然，程曼丽，王泰玄．外国新闻传播史［M］．北京：中国人民大学出版社，1999：71．

② 詹姆斯·卡瑞，珍·辛顿．英国新闻史（第六版）［M］．清华大学出版社，2005，10．

19 世纪 50 年代开始减弱，而激进报纸也逐渐从报业竞争的视野中消失。①

## 第二节 廉价和低俗

在激进报刊发展的同时，廉价报刊也随之发展起来。随着中下层群众越来越多地加入到读报队伍中来，那种以社会上层为读者对象的上层报纸、政论报纸，内容乏味、文字艰深、价格昂贵，不能适应中下层群众的需要，于是面向这些读者的新型廉价报纸就应运而生。

19 世纪初期廉价报纸的出现，促使近代报业向现代报业演变。廉价报纸（Cheap Papers）被一些学者称为“大众化报纸”（Popular Papers），廉价报纸的成功，为当时的报纸事业开拓了新的发展模式。② 它们以盈利为唯一目的，以所谓“为读者服务”为宗旨，为扩大发行量，将普遍认同的政治观点与“人情味”新闻，如犯罪、丑闻、罗曼史、体育新闻等巧妙地结合起来，在高度资本化的市场中参与竞争。这种报纸有别于资产阶级的上层报纸，因为它的读者对象是广大劳苦大众，从内容到形式都是为了适应这一对象而采取的；但是它又有别于工人报刊，因为它毕竟是以资产阶级政治观点和意识形态指导全部活动的。③ 虽然商业大报与激进主义报业依然存在，但他们已经在很大程度上被边缘化。新催生出的一大批廉价报业，以低廉的价格与通俗的内容赢得了众多读者，发行量达到了百万份以上。

英国第一份成功的廉价报纸是《每日电讯报》（Daily Telegragh），该报 1855 年 6 月 29 日创刊，在爱德华·莱维·劳森（Edward Levy Lawson）经营时期真正发展成为英国报界举足轻重的力量。《每日电讯报》创刊 3 年后销量已超过伦敦当时所有早报的总和。1871 年发行量达 20 万份，1888 年达 30 万份，到 19 世纪末它一直是英国发行量最大的日报。劳森作为一个成功的报人，在

---

① 魏艳. 制与抗争——18 世纪末至 19 世纪上半叶英国的激进报纸［J］. 新闻世界，2009（7）.

② 赵慧红. 从英法美等国看十九世纪外国廉价报纸成功的原因［J］. 新闻天地（下半月刊），2010（11）.

③ 尹乐. 浅谈英国早期的廉价报纸［J］. 新闻大学，1989（3）.

《每日电讯报》上充分发挥了他出色的经营管理才能，带着“时代的发展需要面向社会中下层的报纸”这样与时俱进的办报理念，他对该报进行大胆的革新，为大众展现了一份全新的报纸。同时，他大力延揽当时英国许多一流的新闻人才为其效劳，如被称为“无冕之王”的著名语言学家狄龙博士（Dr. Emile Joseph Dillon）、名记者约翰·莱塞奇（John Merry Le Sage）等。

英国早期的廉价报纸还不成熟，还没有完全成型，而且存在两个重要的弱点：一是当时的廉价报纸基本上都是星期日报或周报，还不是日报。这固然同英国具有星期日报的传统有关。在英国星期日报也是综合性报纸，它是弥补日报在星期日无报的缺陷而发行的，但是星期日报毕竟没有日报的影响大。二是当时合法的廉价报纸常常受挫，不少廉价小报只好非法出版，这是印花税法案造成的后果。许多小报为了保持廉价，只好逃税，花费很大气力去对付税务机关的侦查措施，而不能在新闻业务上有更多的建树。比起合法报纸来，这些无印花小报内容广泛，编排吸引人。如《星期日便士报》、《人民报》，头版都有大幅的连环漫画，《讽刺便士报》常常登载诸如一个水手装扮成女人、最后成了船长太太的情人等离奇的故事。英国政府竭力查禁这些廉价小报，甚至专门成立了一个颇具规模的侦察队，光是1835年就发生了219起惩治销售非法廉价小报的案件，可是这类报纸越禁越多，至1836年其销售量竟然超过了交纳印花税的合法报纸。1836年印花税降至1便士以后，它们的优势才逐步减弱，以后就逐步让位于合法的廉价报纸了。①

廉价报刊的内容偏重煽情主义和吸引眼球，是英国小报文化的起源。

廉价报刊常常采用一些引人注目的报名，如毁灭、诽谤、揭露、幽默、人民之声、政治斗士、劳动者之友、苦难的根源、小丑、小偷、无赖、说谎者、爱国者、月球人、滑稽帽等。

早在1801年，伦敦出版了一份《每周快讯》，自称其宗旨是“教育和娱乐兼顾”。新闻史学家布赖恩·莱克说：“这一宗旨使它同19世纪90年代的半便士报直接联系起来了。”它广泛采集和报道体育新闻、法院新闻以及种种社

---

① 赵慧红. 从英法美等国看十九世纪外国廉价报纸成功的原因［J］. 新闻天地（下半月刊），2010（11）.

会新闻。当时一般报纸的信息量很少，只在言论和广告的夹缝中刊载一点议会报道、航期消息、谷物价格以及贵族家庭的婚丧消息，而这份报纸信息较多，很受读者欢迎，销行甚广。报价比它的竞争者便宜 1 ~2 便士。①

19 世纪 20 年代以后，这样的报纸便多起来了。1822 年问世的《星期日泰晤士报》就曾以桃色新闻和耸人听闻的报道著称。同年还有一份名叫《贝尔的伦敦生活和体育纪事》的星期日报问世。该报每星期六下午四时出版。距离伦敦 200 英里之内的地方都可读到，每份 7 便士，内容有体育、戏剧、赛马、警事新闻、读者来信等。警察局和法院新闻常常置于突出的位置，所用的标题有“凶残的抢劫”、“林肯郡审判诱奸案”、“乱伦审议记”、“五名罪犯在新门前处死”等，且具体报道种种细节。星期日报《观察家》（1791 年创办）原来是比较庄重呆板的，但从 20 年代起也把注意力转向犯罪新闻和体育新闻了。②

1836 年，英国议会将报纸的印花税减为 1 便士，这就在相当程度上为方兴未艾的廉价报纸扫除了障碍。在很短的时间里，有四家报纸相继成立：1842 年是《劳埃德新闻》（*Lloyd's Newspaper*），1843 年是《世界新闻》（*News of the World*），1847 年是《每周时报》（*Weekly Times*），1850 年是《雷诺兹新闻》（*Reynolds Newspaper*）。它们的发行量发展得很快：“1855 年印花税废除的时候，其中的两家，《劳埃德新闻》和《世界新闻》已经达到了 10 万份的发行量，而《雷诺兹新闻》也达到了 5 万份。”③ 大英百科全书写道：“廉价的刊登犯罪新闻的小报、种种煽情主义的星期日报（例如 1843 年的《世界新闻报》）就像潮水一般涌现了”。

1834 年创刊的《世界新闻报》是英国的著名廉价报纸，它从一开始就是以平民大众为发行目标，奉行煽情主义的方针，报价每份 3 便士，1845 年底发行量达到 3 万份。2011 年轰动全球的窃听事件，正是这份大大有名的老牌星期日报。

---

① Brian Lake. British newspapers: A history and guide for collectors [M]. London: Sheppard Press, 1984: 68.

② Brian Lake. British newspapers: A history and guide for collectors [M]. London: Sheppard Press, 1984: 69, 72, 127.

③ ［英］丹尼斯·格里菲斯. 不列颠报业百科全书 [M]. 麦克米兰出版公司, 1992: 28.

英国廉价报刊为美国和其他国家的廉价报刊提供了学习的榜样。

美国19世纪中期的著名便士报在相当程度上继承了英国早期廉价报纸的做法并且加以发展完善。美国第一份成功的廉价报纸是本杰明创办的《太阳报》，为吸引读者，本杰明在办报之初就将报纸定位为“一份人人都买得起的报纸”，并首创街头报童零售形式以促进发行。另外《太阳报》还注重雇佣英国的名记者为之服务，并以给予股份的方式吸引人才。如格拉布街的乔治·威斯纳就为《太阳报》的成功立下了汗马功劳。威斯纳采写法庭新闻，每星期可得4元，还可分得一份红利。一年之内，威斯纳即成为《太阳报》的合资老板之一。①

这样直接聘请“英国专家”的做法虽然不算普遍，但是对英国廉价报纸的模仿、继承倒是随处可见的。纽约《先驱报》扩大报道面、开辟金融新闻、体育新闻、读者来信专栏，这同英国早期星期日报有着明显的渊源关系。纽约《论坛报》揭露社会弊病、鼓吹社会改革，同科贝特在大众版上的改良主张也是一脉相传的，所不同的是，美国30年代以后接踵兴起的廉价报纸，有着远比英国为好的出版环境，因而很快形成气候，成为报坛上的新潮流。它们在新闻业务上青出于蓝而胜于蓝，不断发展创新，形成了一套不同于传统报业的做法，而这种做法后来又极大地影响了法国、英国等其他西方国家报业，产生了《世纪报》、《新闻报》、《每日电讯报》等一大批廉价日报，在世界新闻史上安放了一块重要的里程碑。

布赖恩·莱克曾经指出：“对于19世纪美国和英国报业史所作的比较，显示了这样一幅总体图象：它以美国人模仿英国人的风格和做法开始，又以英国人追随、模仿美国人的煽情主义和版面设计而告终。”② 这一概括是十分精辟和中肯的。

19世纪上半期，英国报业形态主要有三种形式：第一种是以《泰晤士报》为代表的主流商业大报，读者只局限于中产阶级。第二种是激进民主主义劳工报刊，读者主要是工人阶级。第三种则是星期日廉价报纸。根据雷蒙德·威廉姆斯的分析，“从19世纪40年代开始，在英国，发行量最大的报纸不是《泰

---

① ［美］埃德温·埃默里，迈克尔·埃默里．美国新闻史［M］．北京：新华出版社，1982：161．

② Brian Lake. British newspapers：A history and guide for collectors［M］. London ：Sheppard Press，1984 ：75.

晤士报》，而是这些廉价的星期日报纸了”。①

19 世纪末，英国的报业发展达到了顶峰。工业革命对报刊发行量的增加起到了推进作用，从 1814 年开始，《泰晤士报》就开始大规模使用蒸汽驱动的印刷设备，从而使报纸的印刷从 1814 年的 1 小时 250 份增加到 1827 年的 1 小时 4000 份。②

报纸的种类和形态较 18 世纪也有了大的增长。据记载，1781 年的英格兰和威尔士拥有 76 份报纸和杂志；到了 1821 年，仅仅报纸的数量就上升到了 267 份；而 1851 年的时候，这个数字就达到了 563 份。③

**表 5-1　1800 ~ 1870 年在伦敦出现的新杂志种类数④**

| 1800 ~ 1870 年在伦敦出现的新杂志种类数（种） | |
|---|---|
| 年份 | 新出现的杂志种类数 |
| 1801 ~ 1810 | 20 |
| 1811 ~ 1820 | 35 |
| 1821 ~ 1830 | 100 |
| 1861 ~ 1870 | 170 |

19 世纪中产阶级在发展中逐渐占据了主要地位，这也与报纸形态变化相对应。随着社会分层发展的深入，中产阶级价值观特别是个人主义和功利主义得以在社会中广泛传播。表 5-2 是评论作者的身份比较，可以看出这种趋势的发展。

① 张妤玟. BBC（英国广播协会）公共性的形成：政治、社会文化与理论认同的转换及分析［D］. 陕西：西北大学，2006.

② ［英］凯文·威廉姆斯. 一天给我一桩谋杀案——英国大众传播史［M］. 上海：上海人民出版社，2008：49.

③ 邓惟佳. 试析 19 世纪英国报纸发行量上升的原因［J］. 国际新闻界，2007（3）.

④ G F. Barwick. The Magazines of the Nineteenth Century［J］. Transactions of the Bibliographical Society. Vol. XI，1912：237-249.

表 5-2　19 世纪评论作者的阶级身份①

| 19 世纪评论作者的阶级身份 | | |
|---|---|---|
| | 1800～1835 年 | 1835～1870 年 |
| 贵族 | 12.7% | 26% |
| 中产阶级 | 70.2% | 80.0% |
| 工人阶级 | 17.1% | 8.7% |

# 第三节　《泰晤士报》的时代

1861 年，当《泰晤士报》的著名记者威廉·霍华德·拉塞尔造访美国时，当时的亚伯拉罕·林肯总统严肃地说："拉塞尔先生，我十分高兴认识了你，并且在这个国家里见到了你，伦敦《泰晤士报》是世界上最强大的力量之一，事实上，除了密西西比河以外，我也不知道还有什么东西的力量能比它大。我高兴地得知你是它派来的'公使'。"拉塞尔作为当时著名的战地记者就是这样在美国受到欢迎的。

维多利亚中期的英国日报以严肃的新闻业著称，报纸的内容主要是政治争论、严肃的关注和对当时出版问题的分析，这时是《泰晤士报》的时代。它不仅在报业中占据主导地位，而且争得了既前无古人，又非其他报纸所能匹敌的权威位置。

从发行量来看，当时的报刊发行量都很小。1835～1855 年，伦敦的日报大多数只能达到 5000～6000 份的发行量，而地方报纸可能只有 2000～3000 份的发行量。但《泰晤士报》是个特例。对这段时期进行描述的最佳标题就是"《泰晤士报》的独霸时期"。在 1800 年的时候，《泰晤士报》的发行量并不比《信使报》（*The Courier*），《纪事晨报》（*The Morning Chronicle*），《晨邮报》（*The Morning Post*）和《先驱晨报》（*The Morning Herald*）这些日报高。但是

① T. W. Heyck. The Transformation of Intellectual Life in Nineteenth-Century England [M]. London, 1982: 29.

在1800～1860年，《泰晤士报》的确建立起了它的优势地位，在克里米亚战争期间它的发行量甚至一度从5万份升到了6万份以上。①

报纸刊登的内容极大地拓展，特别是新闻内容开始丰富。报纸不再是政党的宣传工具，而是真正的新闻信息的传递者，并且越来越多地肩负了舆论监督的功能。伦敦以及外省的主要报纸从1850年以后就形成了严肃报纸的风格。他们将新闻和评论分开，尽管通过表明报纸的政治立场可以使新闻表述的感情色彩大大增强。同样的，他们的广告和报纸的其他内容之间也是界限分明。他们在本土和国外也都有着自己的信息来源，因此可以不依赖于政府的暗示，也不需要从别的报纸上抄袭新闻，就可以组织自己的海外要闻版。在版面安排上，它们的手法已经十分成熟，国内新闻、国际要闻、体育新闻，以及案件新闻都已分别集中在固定的版面上，并以比较稳定的风格出现。② 随着报社机构的迅速扩大和经济实力的增强，国际新闻不再翻译国外报纸，而是报社派驻外记者进行采写。这样一来，报社也不用依赖政府获取国外的信息而可以独自对国内外事实进行报道。

"1834年末，《泰晤士报》宣称他们拒绝接受早期来自政府办公室的新闻消息，因为他们所掌握的信息与之相比更早，并且更具可靠性；此外，每天待在公共办公室里等待那些所谓智慧的救济品，这违背了我们期刊的自尊、骄傲和独立性。"③ 这样报纸刊登的内容也比来自政府的信息更多地代表了民意。另外，广告内容也开始吸引读者的注意力了。19世纪的早期，广告业迅速地发展壮大。1829年1月，《泰晤士报》上首次出现了整页的广告。④ 在滑铁卢之战以后，报社开始更多地雇佣专业的新闻记者。对新闻报道进行修改润色也有专职的文字编辑，最高层的总编也不一定就是业主。这些职权明确的专业分工在这一时期发展起来并逐渐地走向了成熟。⑤

---

① 田启林，姬琳. 新世纪的分水岭——1800～1860年的英国新闻业［J］. 国际新闻界，2002（5）.

② 田启林，姬琳. 新世纪的分水岭——1800～1860年的英国新闻业［J］. 国际新闻界，2002（5）.

③ ASPINALL. A（1949）"Indirect Subsidies（Advertisements）", Politics and The Press, pp. 379－380, Home and VAN THAL LTD, London.

④ A newspaper History（1935）"Advertising in The Press", A newspaper History, pp. 186－187, The Times publishing company, London.

⑤ 田启林 姬琳. 新世纪的分水岭——1800～1860年的英国新闻业［J］. 国际新闻界，2002（5）.

从影响力来看，《泰晤士报》成为国际舆论的导向标和独立大报的先锋领袖。1852 年，《泰晤士报》回击了德拜爵士对新闻业作用的批评。德拜认为这家报纸批评新的法国政府是不负责任的，是对国家事务的不正当干涉。《泰晤士报》强烈地回应道："出版的首要责任是最早和最准确地获取这一时间的消息，同时立刻将它们披露，以便使其成为国家民众的共同财产。"①

美国学者约翰·霍恩伯格在《西方新闻界的竞争》中提到："在英国称霸世界的时期，英国的报界显然是当时最重要的力量，然而，有能力建立自己的国际新闻机构，并为专业驻外记者团奠定基础的，只有少数几家独立的英美大报，这些报纸的领导者是英国的《泰晤士报》和美国的《纽约先驱报》。前者的权威性和办报方法是英国报界的楷模，后者几乎完全是为了自身利益而不惜一切地争夺新闻。② 在维多利亚时代中期，《泰晤士报》的影响正在接近顶峰。它是当时世界上势力最大的报纸，是短暂新闻独立史上的一部无与伦比的宣传机器。"③

在整个 19 世纪，泰晤士报的政治影响稳步增长。《泰晤士报》的声望是以新闻和评论专栏为基础的，提供高质水准的政治报道和评论。它的主编托马斯巴恩斯和约翰德莱恩十分注重将泰晤士报打造成为乐于表达英国舆论的报纸，在他们的领导下，集结了一大批持自由主义观点的固定读者群，《泰晤士报》的业界地位进一步提升，成为政治家们的必读刊物。

早在拿破仑战争时期就有《泰晤士报》重视国际新闻特别是战争新闻的报道能力。由于拿破仑的崛起加剧了英国公众的恐慌情绪，增加了对新闻的需求，特别是来自法国的独立新闻。在拿破仑一世时期，《泰晤士报》在巴黎、布鲁塞尔、汉堡、海牙、马德里、里斯本、君士坦丁堡、纽约以及华盛顿都派驻了记者。④ 虽然英国的其他报纸也派驻驻外记者，独立性和威信都有所提高，但是《泰晤士报》在规模上超过了当时其他的英国报纸，另外凭借国际新闻《泰晤士报》迅速崛起。

① ［英］凯文·威廉姆斯．一天给我一桩谋杀案——英国大众传播史［M］．上海：人民出版社，2008：69.

② ［美］约翰·霍恩伯格．西方新闻界的竞争［M］．北京：新华出版社，1985：49.

③ ［美］约翰·霍恩伯格．西方新闻界的竞争［M］．北京：新华出版社，1985：67.

④ ［美］约翰·霍恩伯格．西方新闻界的竞争［M］．北京：新华出版社，1985：19.

《泰晤士报》在一系列战争中都产生了影响，特别是克里米亚战争奠定了《泰晤士报》的威望。在1845年的克里米亚战争中，《泰晤士报》组织了一个庞大的驻外记者团队奔赴前线，他们不断从前线发回英国军人的伤亡情况，这些报道促使“提灯女神”佛罗伦斯·南丁格尔奔赴前线（南丁格尔于1854年10月21日和38位护士到克里米亚野战医院工作，成为该院的护士长，她常常带领其他护士一起在夜里提灯在战地医院内巡查照顾伤员，所以被称为“提灯女神”），开创了现代护理事业。为了支持南丁格尔的护理事业，《泰晤士报》筹集了2.5万英镑的资金，还派专人去君士坦丁堡管理这笔资金的使用，影响了整个战争的走势，让英国取得了胜利，奠定了近东的霸权。而通过克里米亚战争，《泰晤士报》的发行量也扩大到六万多份。

《泰晤士报》对于美国南北战争的报道也影响了战争的走势。约翰·霍恩伯格说：“众所周知，这个由约翰德莱恩负责编辑工作的世界上最大的舆论机构在美国南北战争前不久是支持南方脱离联邦的。《泰晤士报》是英国商人阶级的代言人。商人们关心的更多的是自己在美国南方的商业利益，而不是北方反对奴隶制的道德立场的正义性。”① 所以正是在这样的情势下，美国总统林肯才亲自出马，来设法改变《泰晤士报》确定的报道方针和对美国内战的态度。

1866年，拉塞尔被《泰晤士报》派去报道普奥战争，其中一篇是关于普鲁士人在萨多瓦获胜的报道，那次胜利使长达六周的战争达到了高潮。拉塞尔认为普鲁士的胜利是因为一种秘密武器造成的，他把这种武器称为“撞针枪”——一种射击速度比当时其他武器高两倍的带“撞针”装置的后膛枪。他在报道中夸张地说：“撞针枪打进了奥地利人的心脏。”他建议立即改变英国的武器装备，这些改进轰动了英国国会，影响了政府，从而使英国得到了好处。② 拉塞尔晚年德高望重，在1895年被封为骑士，几年后在接受维多利亚勋章时，国王爱德华七世低声地对他说：“比利！你不要下跪了，就鞠个躬吧！”拉塞尔死于1907年，终年85岁，他作为“第一个也是最伟大的军事记者”被

---

① ［美］约翰·霍恩伯格．西方新闻界的竞争［M］．北京：新华出版社，1985：91．

② ［美］约翰·霍恩伯格．西方新闻界的竞争［M］．北京：新华出版社，1985：107．

埋葬在伦敦圣保罗大教堂的地窟里。①

《泰晤士报》在国内的影响也日渐加强，经济上的独立促使报刊的地位极大提高。1803 年，泰晤士报开始拒绝政府的扶持，并在 1843 年还坚决地拒绝了政府提供独家信息的帮助，认为报社自己的新闻服务会更好，从而获得了“大雷神”的称号。1845 年，《泰晤士报》透露了要从公众那里搞到价值 5 亿英镑的 1200 个铁路项目的股票发售计划，从而使它在刊登铁路广告方面遭到很大损失。1845 年，法国政府由于自身的原因不让《泰晤士报》从印度过来的特别信使通过法国，因此，该报建立了一条用善跑的骆驼把信件从苏伊士运河送到亚历山大，再送到意大利的里雅斯特，然后绕过法国领土，这样就比定期邮件快了 14 天。②

1845 年，《泰晤士报》的一篇报道，透露英国将要取消《谷物法》，《谷物法》是通过高关税限制粮食的进出口，从而使英国粮价保持在极高的水平上。这样，英国经济上的自由贸易原则得到了充分体现。

英国 1882 年入侵占领埃及也离不开媒体的推波助澜。英国媒体驻埃及的记者对英国公众态度的形成也起了重要作用。《泰晤士报》驻埃及的通讯记者的观点完全就是帝国主义的，他在公众面前将奥拉比刻画成了一个“半野人”，一个无知、自私的军事冒险家，完全不是真正的民族主义者；相反，赫迪夫陶菲克却是高尚和人民的代表。他报道说，99％的埃及人都对陶菲克以及他的大臣们和欧洲监督者满意，对奥拉比和民族主义者不满，他们都不想改变现存的政府。1881 年 1 月 8 日，英法两国向陶菲克递交的备忘录，受到了英国媒体的批评，《泰晤士报》指责政府说：“这个国家的人民对于进一步干涉埃及的内政抱有严重的忧虑。”对于日益高涨的民族运动，《泰晤士报》评论道，埃及的“现状受到了严重的威胁，必须使用武力干涉，即使是暂时的”。《泰晤士报》还坚持，不应该允许埃及民族主义者威胁英国通向印度的航路。③6 月 11 日以后，媒体和议会都要求政府采取行动，以前的不信任和怀疑态度一扫而光。这些观点对民族主义者来说是非常不利的，在英国形成了错误的舆

① ［美］约翰·霍恩伯格．西方新闻界的竞争［M］．北京：新华出版社，1985：108.

② ［美］约翰·霍恩伯格．西方新闻界的竞争［M］．北京：新华出版社，1985：67.

③ 埃尔·马格拉黑．1875–1885 年英国对埃及的政策［M］．．126.

论导向，最终导致英国大多数的公众不能正确地看待埃及的民族运动，而支持政府的武装入侵。①

《泰晤士报》在各地的记者也成为舆论领袖，主导国际舆论格局，这些为数不多的杰出的职业驻外记者不仅为《泰晤士报》，而且为大英帝国作出了不朽的业绩。例如，驻中国记者乔治·欧内斯特·莫里森在中国生活工作了 20 年，对中国的政局和国际形象有很大影响，他是中国问题的老手中最有经验、最杰出的一位，发出了关于义和团运动，各国驻北京使团人员的境遇的报道。本来他们应该从大使馆得到消息，但是事实上是大使馆从他们那里获得各种信息。

在 1900 年八国联军洗劫北京的时候，莫里森致电《泰晤士报》："由俄国人实施的对颐和园的有组织的洗劫已经结束，每件值钱的东西都被装走。"他不断揭露八国联军特别是德军的野蛮和德国人破坏北京古建筑的行为。这些报道引起了美国的关注。1900 年 12 月 31 日，美国《纽约时报》发表了电讯：莫里森博士给《泰晤士报》发来了一段对德国人粗暴行为的长长的抗议书。他说，德国人的这种行为不是在制止混乱而是在制造混乱。他谴责德国人为了支付自己的军费而通过罚款手段对大清国进行掠夺，并不分青红皂白对有罪之人和无辜之人统统进行处罚，为他们自己能够满怀敌意地继续占领大清国领土寻找借口。

莫里森不停地揭露令担任八国联军总司令的瓦德西十分恼火。瓦德西在 1901 年 2 月 25 日的日记中这样写道："现在我才从报纸中得知，我一直受到英、美、俄三国报纸的激烈攻击，其中，尤以造谣总汇之《泰晤士报》为最。该报的报道都是莫里森先生所写。此人像那些英国记者一样，喜欢夸大其词，我应当特别对他注意。"

不只是德国人对莫里森的报道感到不快，俄国人和日本人也很快认识到莫里森的无可比拟的影响。莫里森的文章中还写到公使们的怯懦，西班牙公使对他也"非常恼火"。奥地利公使同样反感莫里森对奥地利卫队缺陷的批评，随后好多年里，莫里森都未能获准到奥地利使馆去采访。意大利公使也曾一再向

① 王娜．格莱斯顿与 1882 年英国占领埃及［D］．北京：首都师范大学，2005.

英国使馆抱怨这位“麻烦的莫里森”。①

詹姆斯·戴维·鲍彻在巴尔干各国从事记者工作长达三十年之久，成为巴尔干联盟的创始人，是保加利亚的民族英雄。1921 年，为了纪念他，保加利亚还发行了印有他画像的邮票。

沃尔特·伯顿·哈里斯是《泰晤士报》驻摩洛哥记者，被称为“摩洛哥实际统治者之一，”而他也的确起了这样的作用。当德皇威廉二世在丹吉尔激昂地反对法国对摩洛哥的意图时，这位皇帝极力献媚的一个主要对象就是哈里斯。这样做对德皇并没有多少好处，因为这些《泰晤士报》的人是彻头彻尾的英国人。

乔治·桑德斯是驻德国柏林的记者，德国首相伯恩哈德·冯·比洛伯爵争辩说，桑德斯“对我们是危险的”，他千方百计迫使《泰晤士报》把桑德斯召回去。但是泰晤士报对外部门的负责人瓦伦丁·奇罗尔爵士站在自己记者的这一边，并和桑德斯一同再三告诫英国和世界警惕德国的战争企图。②

世界性媒体的出现是领先世界潮流的，也为国际社会逐渐发展成一个统一的整体起到了积极作用。我们现在来看英国媒体在 19 世纪的表现，确实是令人吃惊和感叹的。《泰晤士报》和路透社一样，已经成为英国一个有力的战争武器。这两支独立的力量在长期对立之后，终将变成盟友，执行着影响世界舆论的艰巨任务。这将是一个有价值的事业，崇高的事业，但它同时还标志着新闻事业中的独立传统的结束。普利策经常谈到这个“强烈的独立”，把它当作报纸的必不可少的条件。而在国际新闻报道领域里，《纽约时报》将崛起取代《泰晤士报》。在 20 世纪的第一次世界大战结束之后，《泰晤士报》的影响力也随着英国实力的下降而下降了。

---

① 博金. 莫里森镜头下的近代中国 [OL]. [2011-06-11] http://blog.sina.com.cn/s/blog_59e3ae6901017blb.html。

② [美] 约翰·霍恩伯格. 西方新闻界的竞争 [M]. 北京：新华出版社，1985：211-212.

# 第四节　鸽子飞过大西洋

就在《泰晤士报》在19世纪如日中天的时候，英国的另一个世界性媒体机构——路透社，开始在伦敦的金融街为媒体提供金融信息了。

1851年，背井离乡的德国人、政治流亡者保罗·朱利叶斯·路透在伦敦开办了一个小得可怜的新闻社。而仅仅在几年后，这个通讯社就发展成为除了英国王冠和英国国旗之外的英国威望的象征。作为世界著名的国际通讯社，路透社在19世纪的发展是惊人和迅速的，在各个方面奠定了成功的基础。

1844年，塞缪尔·莫尔斯发明了电报，1848年，电报开始在欧洲普遍采用，这使得国际新闻市场进一步扩大，为专门提供国际新闻信息的媒体机构的发展提供了条件。1835年创立的哈瓦斯社在50年代已经垄断了法国的国际新闻市场，并在布鲁塞尔、罗马、维也纳、马德里、美国等地开设分社。1849年，哈瓦斯通讯社早期的一位雇员伯恩哈德·沃尔夫博士创办了一家德国通讯社——沃尔夫社。在这样的竞争形势下，路透社后来者居上，很快凭借英国的有利地位成为三大通讯社之一。

早在1850年，路透就采用信鸽来填补布鲁塞尔和亚琛间无电报线路，传递金融信息，此举在世界通讯史上成为一段佳话。路透开始在股票交易所密集的伦敦金融街设立办事处，其初衷是快速搜集和传递最新的股市信息，以满足银行、公司、交易所和股票商们的需要，而并不是经营新闻，只不过是新闻为其带来了巨大的声誉。路透社的发展离不开英国伦敦这个世界金融中心和通讯枢纽的地位。一开始，路透只是向用户提供伦敦和巴黎两地股票交易所的开盘价和收盘价，后来，其业务范围逐渐扩大。为广泛收集信息，加快传递速度，路透在欧洲各国首都都设立了通讯员，在巴黎、柏林、维也纳、雅典、阿姆斯特丹等商业中心建立起通信和销售网络。这些原本用于传递金融信息的通讯网络后来在传播新闻时发挥了作用。克里米亚战争（1854~1856年）期间，路透通过他的通讯网络将采集到的最新战况及时在皇家交易所公布，引起了金融家和商人们的关注。很快，路透社以其迅捷、准确的新闻信息传播在国内外经济界赢得了声誉。

路透社采用先进的技术和理念来报道新闻，垄断国际新闻市场。路透社把“新闻要快，要客观，要敢于冒风险”作为该社发布新闻的指导方针。为了争取时效，抢发新闻，路透社总是千方百计把握时机，力求出奇制胜，有时为了抢发一条新闻甚至不惜一切代价。1865 年 4 月 14 日，美国总统林肯在福特剧院遭南方奴隶主指使的暴徒刺杀身亡，路透社驻纽约的特派记者詹姆斯·麦克林收到该社驻华盛顿记者发来的一篇详细报道林肯遇刺现场情况的电报稿，他立即租用一艘牵引快艇，追赶早已驶出港口的定期航班邮船，他将新闻稿装入木盒，使劲扔到邮船上，终于使这一条轰动世界的独家新闻及早面世。路透社提前两天向伦敦以及欧洲大陆报道林肯总统遇刺的消息。

往往是电报线路延伸到哪里，路透社便立即尾随而至。英法间海底电缆贯通前一个月，路透社就已在伦敦设立了办事处；印度和斯里兰卡的线路与欧洲大陆刚刚开通，路透社立即在孟买和科伦坡设立了办事处；丹麦的大北电报公司铺设了连接欧洲和上海以及上海和长崎的海底电缆，路透社很快就在上海、长崎和横滨建立了分社；而为了联结德国与俄国和中东的电报线路，1865 年，路透社甚至自己投资在北海铺设海底电缆。正是这些举措，使路透社在传播时效上掌握了主动权，“快速、及时”已成为路透社新闻的一大特点。①

路透新闻传播业务的成功，关键在于向报界的扩展。当时英国的报纸只相信自己记者采写的新闻，路透企图与其签订供稿合同的谈判屡屡受挫。尽管如此，《广告晨报》第一个接受了路透免费提供的两周试验性服务，并且这种服务确实令人满意。后来，除《泰晤士报》外，伦敦的其他报纸都接受了这种建议，这使报纸一年省去了一百英镑的开支。1858 年 10 月 8 日，路透就刊出了第一份供报纸广泛使用的电报，一个关于普鲁士国王退位的新闻。而伦敦报纸上这样的简讯越来越多，往往都先于报纸上的特刊，六个星期以后，英国第一大报《泰晤士报》也和路透社签订了合同。凡是刊用他的电讯稿的报纸都必须同意在发表的每条消息后面署上他的名字，这使路透社很快名扬四海。而

① 郑保卫. “路透”之路——简论路透社的历史与发展 [J]. 中国新闻学院学报，1998 (3-4).

路透是第一个让公众懂得“这番话是谁说的”的人，体现尊重新闻的来源。①

从此，路透社实现了从金融街到舰队街的跨越，确立了自己在英国新闻界的地位。此后，路透社播发的拿破仑第三在国会讲演暗示要参与普奥战争等独家新闻更使其名传海外，声播遐迩。

1870 年与法国的哈瓦斯通讯社和德国的沃尔夫通讯社共同缔结瓜分世界新闻市场的协定，路透社已经成了垄断国际新闻传播，具有世界影响的新闻通讯社之一。

1878 年，保罗·朱利叶斯·路透把自己苦心经营了 27 年的路透通讯社交给了大儿子赫伯特·路透。此时的路透社已改名为“路透电报公司”，股份在伦敦交易所上市出售，其新闻与信息传播网络已随着电报线路的延伸遍及欧洲、美洲、亚洲和中东地区，几乎世界各国都有其记者的足迹。

在美国，路透社是把哈瓦斯通讯社和沃尔夫通讯社的报道作为欧洲给美国报纸的渠道。“美联社之父”斯通曾写道：“一开始，美联社只有一个国外分社，它设在伦敦，我们是从一家英国通讯社或通过英文电讯获得欧洲消息的，我们也的确收到过来自欧洲大陆各个首都的令人感兴趣的信件，但是在它们到达或发表之前很久，一切重大事件已经都由伦敦报道过了，并在美国人的脑海里打下了印记——要改正这个印记是不容易的……因而，在很大程度上，英国人的看法成了我们的看法。”②

1872 年，清同治十一年，路透社总社派来科林兹在中国上海英租界内建立了远东分社，这是第一个进入中国的外国通讯社。业务范围包括中国、俄属西伯利亚、朝鲜、日本、菲律宾、婆罗洲等地。远东分社主要收集中国的情况，顺便向上海当时最有影响力的英文报纸《字林西报》独家发稿。《字林西报》凡刊有路透社电讯稿，在标题下必印有“字林西报独家专用稿”字样，这一举动引起了上海其他英文报纸的不满。上海《文汇西报》（英文晚报）公开将《字林西报》上刊登的路透社稿件加以转登，《字林西报》即以侵犯版权起诉，《文汇西报》败诉。当时，《文汇西报》总董克拉克正在伦敦，当面同路透社总社进行交涉，路透社总社同意扩大供稿。1900 年起，上海 4 家英文

① ［美］约翰·霍恩伯格．西方新闻界的竞争［M］．北京：新华出版社，1985：27.

② ［美］约翰·霍恩伯格．西方新闻界的竞争［M］．北京：新华出版社，1985：223.

报纸都可以采用路透社电讯稿。12 年后，18 家中文报纸也成为路透社的订户，路透社后来曾与中央通讯社订约交换新闻，从此路透社不再向国内报纸（上海除外）直接发稿，一直到 1949 年上海解放前夕分社撤走。路透社远东分社存在了 62 年，不仅成为中国了解世界的窗口，也是世界了解中国的渠道。

正像路透社自己吹嘘的那样（它有充分的理由吹嘘）："英国的贸易、早期的英国电报公司事业和路透社的丰富的消息来源和声誉共同使伦敦成为世界新闻的中心。"①

1851 年，英国铺设了第一条海底电缆，穿过多佛尔海峡到达法国。到 19 世纪末，英帝国已经建立了海上电缆线路的霸权。1897 年，马可尼在伦敦成立"马可尼无线电报公司"。1901 年，马可尼实验跨越大西洋无线通讯获得成功，全球通讯进入了无线电时代。到 1910 年，英国控制了全球一半的海底电报电缆。便利的连接全球的电缆网络和电报业务大大推动了世界贸易的发展，加强了英帝国、欧洲其他列强和美国在世界上的地位。电缆通讯作为历史上第一个全球性传播工具，极大促进了新闻信息传播的发展，巩固了英国作为全球金融经济体系的中心地位，还加速了以英帝国为首的欧洲价值观念的传播。②英国在这次通讯革命中占得先机，伦敦成为世界信息的中心。

无线电技术先是在军事、航海领域得到广泛的运用，后来又扩展到新闻领域。1922 年马可尼公司又联合其他 5 家无线电企业，组建了民营的英国广播公司 BBC（British Broadcasting Company），从而揭开了英国广播事业的历史。

当时的路透社实际上在国际上已经成为英国政府的代言人，正如约翰·霍恩伯格曾经说到，不可能把路透社、哈瓦斯通讯社、沃尔夫通讯社、斯蒂法尼通讯社、奥地利通讯社和他们各自政府的活动分开来了。欧洲内部的摩擦自然地在通讯社的相互关系中反映出来。当英国和法国在埃及问题上势不两立时，路透社和哈瓦斯社也陷入了一场政治竞争。要说一家通讯社在任何情况下都可以完全独立于政府之外而自行其是，那不过是一个陈腐不堪的神话而已。

在 1870 年路透社、哈瓦斯、沃尔夫订立"三边协定"时，哈瓦斯还是在

---

① ［美］约翰·霍恩伯格. 西方新闻界的竞争［M］. 北京：新华出版社，1985：221.

② 郭蔷. 英语霸权的历史演变研究［D］. 吉林：吉林大学，2009.

欧洲占据统治地位，但是在20年后的1890年，政府支持的三方联盟的通讯社已沦为单纯的宣传机构了。但这次不同的是，路透社除了保持过去的领地外，又得到了远东作为自己的专属地区。哈瓦斯通讯社被承认为南美洲的独家新闻发布者。过去那个联盟协定在远东和南美洲还有某些例外，但这次都一概被取消了。软弱无能的德国新闻界没有给沃尔夫通讯社任何支持，这家通讯社因而失掉了在各处的领地，只好屈居欧洲。①

## 第五节　出版殖民

出版业作为传媒发展的一种形式，在19世纪经历了巨大的发展。如果说18世纪的英国印刷出版传播还仅仅局限于国内和少量的国际交流的话，到了19世纪，英国的印刷出版业已经跨越国家界限，并随着国内统一市场的形成和海外殖民市场的拓张，垄断了世界的图书出版市场。

出版业的这种飞速发展又导致了19世纪英国出版业的图书市场规模急剧膨胀，反映了英国经济硬实力的增加和在文化、科技方面软实力的增强。

出版业的市场需求庞大，增长迅速。19世纪被认为是现代出版产业的起点，英国这个被誉为“现代制度实验室”的国度同样也是现代出版产业的发源地。19世纪英国图书出版的产量经历了空前的增长，这个增长既表现在出版的种数上也表现在印刷的册数上。相比较而言，图书种类方面的增长对图书总产量的贡献是首位的，单册图书平均印数的增长幅度则相对较小。“在维多利亚时代，图书的平均印量在250 ~2000册之间。任何一本印量超过一万册的图书都会被视为巨大的成功，甚至可以说，一本书只要超过预期便算成功”。英国的出版种数从1800年的不到2000种发展到一战前的14000种，增长了7倍。其中除了50年代中期到70年代中期的徘徊以外，都保持了高速的增长态势。②

---

① ［美］约翰·霍恩伯格．西方新闻界的竞争［M］．北京：新华出版社，1985：229.

② 于文．19世纪英国图书出版业的市场化进程研究［D］．北京：北京印刷学院，2007.

图书的发展导致了读者群体不断变化，体现了总体国民经济的发展和社会结构的合理演化。到了19世纪，英国已经进入到了一个普遍的民众阅读时代。在城市化过程中，英国城市社会的结构也在发生明显的变化。至19世纪30年代，英国社会已经明确地演变出三股主要社会力量：土地贵族、中间阶级和下层工资劳动者，“三者的家庭数目分别占1.2%、58.8%和40%，占国民总收入分别为14.3%、74.7%和11%”。[①] 中产阶级家庭构成了社会的大多数，而中产阶级对图书的需求和购买力更是毋庸置疑的。英国中产阶级的崛起，《利兹通讯》吹捧这个阶级的诸多优点，在1821年发表的文章中写道：“普天之下没有任何国家可以拥有像英格兰社会中的中产阶级这样如此可贵和值得尊敬，更能够被褒扬和值得赞美的人。”

各种类型的图书馆在这一时期也得到了发展。19世纪中期“流通图书馆”（circulating library）最初只是在很小的乡镇，依靠出租图书来开展业务的私营图书馆。随着小说的盛行，流通图书馆也不断发展壮大，“到了1875年，当时最大的流动图书馆运营商穆迪在英国拥有125家分店，并且一册图书的订购量就高达2500册”。此外，一些牧师还组建了教区图书馆，到1849年，英国大约建设了6000个教区图书馆，平均每个图书馆就有上百册宗教书籍和其他有益的文学作品。图书的增加和借阅措施的改进，使人们阅读书籍、学习知识更加方便，也在客观上促进了出版业的繁荣。

出版业的海外发展迅猛，体现了英国软实力的迅速提升。从1842年至1857年，书籍出口贸易呈现130%的增长，速度远远超过了国内生成供给的增长速度。19世纪末，英国的制造商们对国外市场的依赖程度远远超过了国内，这个总的趋势同样体现在出版企业中。英国的出版企业通过出口发行殖民地本土版的小说和中小学课本以及建立分支机构的方式来拓展其海外市场。

① 杨杰．英国工业革命的基础和环境［J］．苏州大学学报，1997（9）：50.

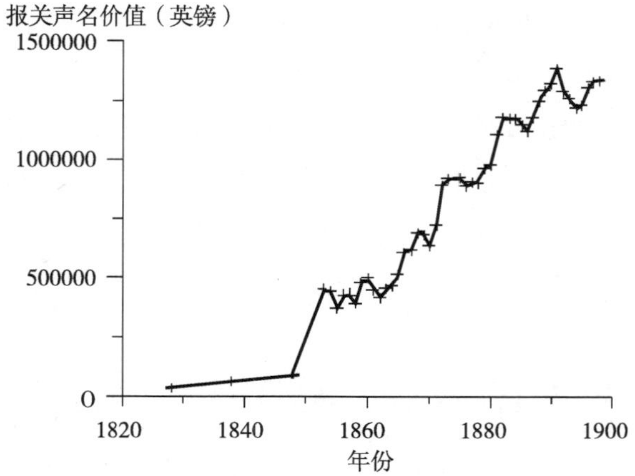


**图 5-1　19 世纪英国图书出口历年报关声名价值①**

**表 5-3　19 世纪英国对各地区图书出口报关声名价值②**

| 英属殖民地 | | | | | | | | |
|---|---|---|---|---|---|---|---|---|
| 澳大利亚 | 3933 | 14278 | 27249 | 98961 | 148413 | 312878 | 396571 | 418215 |
| 东印度 | 22226 | 33038 | 42048 | 31814 | 62419 | 81495 | 123396 | 126593 |
| 南非 | 1504 | 3409 | 4633 | 17179 | 21160 | 44854 | 59768 | 164910 |
| 北美 | 8187 | 9357 | 15156 | 64139 | 223709 | 369220 | 301363 | - |
| 美国 | - | - | - | 110231 | 184670 | 223709 | 369220 | 301363 |
| 总计审 | 35850 | 60082 | 90086 | 273281 | 480801 | 727440 | 1028001 | 1088940 |

从图 5-1 中我们可以看到，英国的图书出口主要集中在英联邦的殖民地内，这是因为 19 世纪后期的工业化国家大多盛行“关税保护主义”，各主要资本主义国家都制定了专门针对英国的关税保护政策。19 世纪上半叶，最大

① Alexis Weedon. Victorian Publishing：The Economics of Book Production for a Mass Market，1836-1916 [M]. Aldershot：Ashgate，2003：32.

② Alexis Weedon. Victorian Publishing：The Economics of Book Production for a Mass Market，1836-1916 [M]. Aldershot：Ashgate，2003：39，table2. 3.

的图书输出国是印度，但是在50年代以后，澳大利亚占据了英国图书出口的最主要份额。一个很重要的原因是19世纪下半叶印度的本土出版业开始发展，他们开始利用英国殖民过程中形成的完备的出版生成链条，很快地运转起来。例如，麦克米伦印度分公司于1870年开始出版印度语的系列丛书。[①] 这表明英国的海外图书贸易已经由原来的单纯的图书商品输出向资本输出转变，并利用本土的员工和本土的出版资源来进行跨国出版活动。而另一方面，澳大利亚市场迅速发展正是因为澳大利亚的读者群体基本上都是英国移民及后裔，他们乐意接收来自英国的新闻和小说。加之澳大利亚政府没有严格的进口书籍审查制度，使得“澳洲本土出版业的发展一直受到抑制，英国的图书业几乎就是澳大利亚出版业的全部”。[②]

19世纪，传媒业的发展推动了文学艺术、社会思潮以及科学文化等在全球的传播，从而在全球范围内确立了英国的话语霸权。

19世纪的英国小说大放异彩，是世界文学史上辉煌的一页，同样也是19世纪英国出版业最主要的出版物种类之一。狄更斯和萨克雷都是19世纪英国现实主义文学大师，而且值得一提的是，19世纪英国产生了30多位有影响力女性作家，成为世界文学史上一道亮丽的风景，她们中著名的有简·奥斯汀、勃朗特三姐妹、盖斯凯尔夫人、乔治·爱略特等，其中受到马克思高度赞扬的有盖斯凯尔夫人和勃朗特三姐妹。马克思把她们与狄更斯、萨克雷相提并论，称为“现代英国的一批杰出的小说家”。[③] 小说出版的繁荣使得文学出版成了利润诱人的事业，大量的作家和出版商加入到竞争的行列。在19世纪以前，出版商的愿望更多的是为了出版“长销书”，而到了19世纪，小说使得“畅销书”成为出版商关心追逐的目标。“以前一般的文学读物的平均印数仅为500册左右，然而司各特及其出版商康斯特布尔（Constable）在1814年出版的《威弗利》一书仅在前几个星期就销售了1000多册，随后3个月加印的两

① Alexis Weedon. Victorian Publishing: The Economics of Book Production for a Mass Market, 1836-1916 [M]. Aldershot: Ashgate, 2003: 41.

② 于文. 19世纪英国图书出版业的市场化进程研究 [D]. 北京：北京印刷学院，2007.

③ 张良村等. 世界文学 [M]. 天津：天津人民出版社，1994：248.

千册也销售一空。至1829年以前，该书的廉价简装本的累计销量突破了四万册”。[①] 而这仅仅是一个开始，这个历史纪录在19世纪里不断被打破。丰厚的利润使得作家和出版商的利益绑在了一起，甚至作家的写作过程都越来越多地受到出版商的影响。小说带动的大众出版促使了以写作为生的专职作家、专职的审稿人以及文稿代理人（literary agent）等职业群体的形成，这都是市场规模扩大导致分工深化的结果。

在19世纪以前，科学的大众传播是不需要的。因为科学尚未完成建制，在一个人人都可以从事科学活动的社会，科学与公众并不存在边界，也不需要专门的传播。然而到了19世纪，英国科学的职业化逐渐固定下来并制度化，导致科学家和科学研究者与一般受教育者和公众之间的“知识鸿沟”不断扩大。公众需要了解科学，科学共同体也需要公众的支持，这使面向公众的科学传播成为必要。[②] 精明的出版商很快参与到这个运动中来，首先缩小科学书籍的开本以占领市场。布鲁厄姆的小册子《有用知识文库》将有关科学的阅读材料拆开出版，便宜到最穷苦的乡村也能找到，1825年就重印20次，到1829年累计销售33100册。布里奇沃特的《地质学和矿物学》印刷精美，有近90幅图片且售价1英镑15先令，但同样销售了10000册。达尔文在1859年出版《物种起源》，全面提出以自然选择为基础的进化学说，当宗教狂热者攻击进化论与《圣经》的创世说相违背时，达尔文为科学家和心理学家写了另外几本书，其中《人类的由来和性选择》一书报告了人类自较低的生命形式进化而来的证据，报告了动物和人类心理过程相似性的证据，还报告了进化过程中自然选择的证据，该书还与《动物和植物在家养下的变异》、《人类和动物的表情》对人工选择作了系统的叙述，并提出性选择及人类起源的理论，进一步充实了进化学说的内容。进化论思想被恩格斯誉为19世纪三大最伟大的科学发现之一。

在社会改革方面，理论研究者也通过出版来宣传他们的思想。反对教会改革的牛津运动宣起的“小册子主义”，通过各种出版物来宣传宗教主张，影响中产阶级的思想意识。马克思、恩格斯合著的《共产党宣言》于1848年2月

---

① John Feather. A History of British Publishing [M]. New York: Routledge, 1991: 150.

② 刘兵，侯强. 科学传播中的科学与常识 [J]. 科学，2005 (5): 30.

在伦敦出版。英国作家和社会改革家斯迈尔斯则通过出版《自助》及一系列的名人传记来帮助工人阶级提高思想道德素质。

19 世纪初，当英国工业革命行将结束的时候，整个欧洲大陆除了离英国最近的比利时，以及法国和其他国家几个屈指可数的大城市外，基本上还是农业经济。欧洲各国的面貌与过去相比并没有发生大的变化，特别是欧洲南部、中部和东部地区，人们的谋生手段和生活方式依然和几百年以来的情况大致相同，展现在人们面前的仍然是一幅一如既往的农耕图画。1830 年，当英国从事农业的人口仅占总人口的 25％时，欧洲大陆的法国和意大利却占 60％，普鲁士为 70％以上，西班牙 90％，俄国和整个东欧则达到 95％。① 工业革命对当时的欧洲大陆来说，是一个虽已听到汹涌澎湃的波涛声然而尚未到来的大潮。生产力的扩散毕竟是一股任何人也无法阻挡的时代潮流。1824 年英国取消了阻止熟练工人迁移国外的法律，1843 年，禁止出口机器的法律也停止实施。大量的英国过剩资本与技术流入欧洲大陆，使英国发挥了欧洲“引擎”的作用，欧洲大陆的工业革命在先进技术的带动下逐步展开。英国是欧洲大陆工业革命的“老师”，欧洲大陆工业革命也带有明显的英国工业革命的印记。1802 年，英国人威廉·科克里尔在列日附近的瑟兰创办了一家纺织机械厂，比利时开始工业革命，到 19 世纪中叶已经成为一个“充分发展的工业国家，远远走在它的邻国前面”。接着，工业革命由西向东迅速推进，法国、瑞士、德意志、俄国等国的工业革命相继展开，70 年代末，上述国家除俄国外，工业革命基本完成。

这一时期，英国君主立宪制度得以和确立巩固，国王成为国家的一种象征，不起任何决策作用；上院的影响力每况愈下，权力重心向下院转移；政府和首相在议会和国家事务中发挥核心作用；现代文官制度的改革则为现代国家的运作奠定了基础；工党的建立让英国工人也开始融入资本主义体制，每个阶级都有了自己的代言人。通过渐进的持续改革，英国彻底改造了过去的“旧制度”，确立了一个与工业化社会相适应的现代国家制度。②

---

① ［英］克拉克，新编剑桥世界近代史第 9 卷［M］. 中国社会科学院世界历史研究所组，译. 北京：中国社会科学出版社，1992：43.

② 刘成. 英国兴衰千年回溯［J］. 历史教学（上半月），2010（13）.

英国在欧洲事务方面有了举足轻重的影响，而且在世界其他地区，欧洲的力量也逐渐占据了主导。英国的话语霸权达到顶峰。

什么是国际话语权？法国哲学家福柯 20 世纪 70 年代在发表的《话语的秩序》中写道“话语就是人们斗争的手段和目的”。他认为，话语权就是指通过语言来运用和体现权力。国际话语权指以国家利益为核心，就国际社会发展和全球性问题等发表意见的权利和影响力，体现了知情、表达和参与权利的综合运用。就国际话语权的内涵而言，话语权就是对国际事务、国际事件的定义权，对各种国际游戏规则的制订权以及对是非曲直的评议权、裁判权。从本质上说，掌握国际话语权的一方尽可以利用话语权优势，按自己的利益和标准以及按自己的“话语”定义国际事务、事件，制订国际游戏规则并对事务的是非曲直按自己的观点、利益和逻辑作解释、评议和裁决，从而获得在国际关系中的优势地位和主动权。①

从媒体的发展看，这一时期英国软实力的提升主要表现为报业的飞速发展，现代报业制度的确立，世界性媒体的出现和出版业的全球垄断。媒体的总体发展不仅成为工业革命和第二次科技革命的主要组成部分，也反映了英国的强盛与繁荣。在这些媒体发展的变化中，英国的国际话语权无比强大，直到今天，仍然通过强大的媒体组织和语言制度在影响着世界。

到 19 世纪末期，英国的话语霸权随着英帝国的形成而得到了确立，这也是英国的软实力最为强盛的时期。

值得注意的是，从 19 世纪末期开始，英国的颓势渐现。19 世纪 70 年代以后，第二次工业革命开始在欧洲出现。在被机器陈旧、技术革新慢等问题困扰的英国，其作为工业霸主的实力已经开始出现下滑，德美两国迅速崛起。

当然，也正如《工业先声》解说词指出的：“就在英帝国看似如日中天的时候，太阳已经在悄悄倾斜。越来越庞大的殖民地在为英国提供巨大的发展资源的同时，也逐渐成为拴在它身上的巨大包袱。”

英国从世界最强国逐渐沦落为二流国家，并最终被美国取代了世界霸主的地位。这在 19 世纪美国媒体的崛起就可以看出端倪。1857 年创刊的《纽约时

---

① 刘笑盈．再论一流媒体与中国的话语权时代［J］．现代传播，2010（2）．

报》一开始在风格上模仿《泰晤士报》，并逐渐随着美国实力的增强在国际新闻领域超越了《泰晤士报》。从对19世纪英国媒体发展的描述和分析，我们可以看到英国的话语霸权在全球范围的确立。而实际上在19世纪末20世纪初，国际话语权的转移已经开始，这种国际话语权的转移是一种国家认同的安全交接，这种现象也为我们认识历史发展的趋势提供了模本。

19世纪，英国的《泰晤士报》和路透社的发展代表了当时英国的媒体实力，也代表了英国的国际形象，为英国在全球的殖民扩张和文化、制度推广立下了汗马功劳。他们在世界各地派驻的记者和机构，乃至发展的媒体都对当时的世界格局产生了影响。我们也许很难评估这种影响有多大，但是从某些方面来看，确实代表了英国的软实力，也反映了英国强大的硬实力。

这是《泰晤士报》的时代，也是英国报业全面辉煌的时代。

## 第六节　水晶宫的传说

1851年5月1日上午9点至11点半，在英国伦敦发生了一件大事。在市中心离王宫只有一个街区距离的海德公园，一座巨大辉煌的建筑开始迎接客人，那就是举办第一届世界博览会的“水晶宫”。

维多利亚女王的丈夫阿尔伯特亲王首先致词，祝贺博览会成功召开。随后由帕克斯顿、柯尔等人在前面领路，皇家委员会成员、国外委员会成员、国外政府使节、以女王为首的皇室成员开始检阅场馆。军乐队奏乐停止后，阿尔伯特示意布莱德文思侯爵宣布博览会开幕。水晶宫外的礼炮随后响起，人声鼎沸，整个盛会拉开了大幕。

19世纪中期，工业革命的浪潮开始席卷全球，英国作为领头羊，在各个方面都获得了最大的发展。在政治上，英国进行了议会改革，确立了内阁制的政治体系，废除了阻碍自由贸易的重要法规。在经济上，英国最先完成了工业革命，拥有当时最先进的技术和最高的劳动生产率，成为当时世界上唯一的工业国。殖民主义和自由主义大大发展，使英国在当时世界市场、国际贸易和海上运输方面处于垄断地位。在外交方面，由于维也纳体系的建立，英国成为欧洲大陆均势的支点。欧洲获得了100年的和平，英国也获得了最大的发展空间。

这时，举办一次世界性的博览会的时机似乎已经成熟。

然而，事情进展并非一帆风顺。

阿尔伯特亲王起初对博览会能否得到议会和政府的支持抱怀疑态度，而在筹备工作启动的前几个月里，博览会收到的赞助也少得可怜。

1850年9月，保守派杂志《布莱克伍德》描绘公众对博览会的反应说："事实非常清楚，这个国家（的人民）对博览会的呼吁无动于衷。"①《爱丁堡评论》在回顾博览会筹备过程时承认："这个新生组织的前景毫不乐观。虽然无法否认英国若干地区对展览充满热情，但是皇家委员会在每个地方组建地方委员会的设想并没有得到积极回应。最困难的问题是，从（委员会）派出人员的报告来看，很难'找到对这个主意有丝毫兴趣的人'。"②

为了确保博览会得到英国公众的重视，阿尔伯特亲王组织了一个皇家委员会，于1850年1月3日由维多利亚女王公布于众。皇家委员会共有二十四人，由贵族、政界、科学界、艺术界、工商界、农业界、贸易保护主义者和平民组成，其职责包括对博览会筹备的监督、馆址的选择、国外工业展品的引进、奖项的公平分配等。

促使亲王亲自挂帅参与世博会的筹备工作的，正是当时的英国媒体。

1849年夏天，筹办人亨利·柯尔拜访了《泰晤士报》总编，试图通过这一最有影响力的报纸为博览会造势。关于博览会的第一篇媒体报道于1849年9月6日刊登在《泰晤士报》上，积极地评价了英国工商界对博览会的支持。

执行委员会也利用其他报纸对博览会进行报道，并时刻关注报道动态。马修·瓦特派人整理收集所有报道博览会的报纸，然后递交给阿尔伯特亲王和其他委员会成员，以便他们随时掌握情况，及时调整策略。

在促使阿尔伯特亲王决定组建皇家委员会的那次Mansion House会议上，伦敦市长列举了支持博览会的理由，包括促进和平，促进工商业，展示英国社

① Aytotm, W. E. 1850. The Proposed Exhibition of 1851: Blackwood's Edinburgh Magazine. 68 (419). 279.

② Auerbach, J. 1999. The Great Exhibition of 1851: A Nation onDisplay. Yale University Press. 54.

会的进步和工业强国的地位。1850 年 1 月，第二次 Mansion House 会议取得空前成功，参会者的捐款许诺接近一万英镑。大约两个月后，第三次 Mansion House 会议召开，同时举办了盛大的宴会。宾客包括阿尔伯特亲王、皇家委员会成员、政府主要官员、议会成员、宗教领袖、外国驻英大使、各主要大公司总裁和来自英格兰、苏格兰、爱尔兰的上百个市长。《泰晤士报》刊登了阿尔伯特亲王第一次在公众场合描述他对博览会的认识和举办原因："伟大的转型将实现人类的团结。现代发明的成就使隔开不同国家和地区的距离在迅速地消失。"①

地址的选定也颇费了一番周折，位于富人区的海德公园占地 160 万平方米，属于皇家财产，又是社交名流的游乐场所。反对者认为在这里建造博览会的场馆会破坏公园，然而它的支持者罗伯特·皮尔的意外去世使议会通过了这个选址。正因为地址的特殊性，博览会的场馆被规定必须是一个临时建筑，可以短时间内搭建完成，但是又要容纳成千上万人。

就在皇家委员会为博览会的场馆设计发愁的时候，《伦敦新闻画报》上刊登了一个名叫帕克斯顿的设计师的作品，记者 Douglas Jerrold 在报上将它称为"水晶宫"（Crystal Palace）。这个全透明的玻璃房子以其新奇、大胆的设想受到了大众的热烈欢迎。

造价低廉、建造周期短、可实施性强，就是它了。

水晶宫从建造到使用只花了 6 个月的时间。它长 1848 英尺（563 米），高 68 英尺（20.7 米），占地面积 40 万平方英尺（37000 多平方米），造价达 8 万英镑。水晶宫使用了面积 90 万平方英尺、相当于 84000 平方公尺的玻璃（或是八个半的标准足球场地）。在建造中，帕克斯顿为保留原场地中的一些榆树，他测得那些树的高度后，便在设计中增加了一个桶状的圆顶。圆顶展馆建筑形态也流传至今。在建造过程中，由于水晶宫建筑形体庞大，构件拼装复杂，帕克斯顿和承建商一起设计了一系列轨道设施和起重设备，吊装屋顶的桁架时采用剪刀式吊装设备，节省了大量的人力和物力。由于半圆形的拱顶是在中厅建好后再进行安装，且半圆拱顶比中厅的略宽，因此吊装时需要倾斜一定

① 王浩强. 工业革命的盛宴 1851 年伦敦万国博览会［J］. 科学文化评论，2009（第 6 卷第 3 期）.

的角度，当半圆形屋顶起吊高过中厅时再将其放平。帕克斯顿运用轨道安装玻璃，使得80个工人在一周时间内完成了18000块玻璃的安装，同时保证雨天工程可以照常进行。①

《海德公园》这首诗，曾描述过这栋壮观的建筑物：

At Rotten Row around a tree,

With Albert's help did Mr P. His stately pleasure dome design;

The greatest greenhouse ever seen;

A glass cathedral on the green, Beside the crystal Serpentine.

这座历史上第一次以钢铁、玻璃为材料的超大型建筑，不仅开创了近代功能主义建筑的先河，也成就了第一届伟大的世博会。

中央电视台12集纪录片《大国崛起》，讲述英国崛起历史的《工业先声》一集当中曾经用很大的篇幅来展示这座19世纪中叶“欧洲最宏伟和最富想象力的建筑”。其解说词介绍说：“1851年5月1日，来自世界25个国家的商界、政界代表人物汇集在它的弯顶下。这是一次规模空前的聚会，人们相聚目的是为了展示进步和繁荣，155年前那次盛会的准确名称是：万国工业产品大博览会……万国博览会开幕式成为整个伦敦的节日，万众喧腾中，前来剪彩的英国女王维多利亚反复使用一个词语，来表达自己的兴奋情绪：荣光、荣光、无尽的荣光。”《工业先声》还特别引用了当天女王对其的评价：晚上回来后，42岁的维多利亚女王在日记中写道：

“我们历史上最隆重的日子，最美丽最堂皇的日子。”

“水晶宫”博览会持续了半年，总共接待了约600万游客前来参观。它充分展示了英国的财富和技术成就，标志着英国作为“世界工厂”的繁荣和昌盛。水晶宫的恢弘气势象征了19世纪英国的强盛和世界的核心地位，当年对水晶宫的赞美实际上就是对英国的膜拜。

这次博览会共有18000个参加商，提供了10万多件展品。如印刷机、蒸汽机、火车头、收割机、桁架桥、固特异公司的硫化橡胶、纺织机、缝纫机，锻铁如捏面团的蒸汽大汽锤等。由于参展厂商踊跃，有些展品直到开幕式结束

① 童乔慧，卫薇. 帕克斯顿与水晶宫［J］. 新建筑，2011（5）.

后还在陆续运抵水晶宫。机器展区是博览会最吸引人的部分，这里不仅包括大型的机械设备，也有简便轻盈的工具，反映了维多利亚中期工业机械化和手工业并存的事实。《泰晤士报》称这些运作中的机器为“整个展览中最精彩、最重要的一部分”。而《官方图录》则称之为“速度和力量的令人震撼的抒情”。一本博览会的导游书描述人们里三层、外三层地围着运行中的机器参观，说这里不分男女老幼，无论阶级差别，机器引起了所有人的兴趣①。商人约翰·塔利斯（John Tallis）在其撰写的《水晶宫的历史与描述及1851年世界工业展》中称：“这是工业真正的、活生生的大百科全书。”

全国上至女王、下至百姓，纷纷前往参观。维多利亚女王就曾数次带孩子回到水晶宫，在里面流连忘返，认真浏览展品。有人对博览会期间的伦敦和北部工业重镇曼彻斯特进行了比较：前者人山人海，而后者的大街上则冷冷清清，许多店铺门上挂着牌子“去展会了，两周后回来”。在博览会期间，若干学校校长给执行委员会致信，希望学生能够免费入场。截至到1851年夏季，来自493所学校的35000名学童已经有组织地参观了水晶宫。水晶宫不仅是科学、进步和文明的展示，它还是一所学校，它将新的原料介绍给制造商，并把工业及其意义传达给广大民众。

1851年1月23日，《泰晤士报》刊登了帕克斯顿写给首相罗素（John Russell）的公开信。信中建议，博览会的前两周内实行每天收费，其后每周只一天收费，其余时间免费开放。他认为这样更能达到宣传和教育目的，那些不愿拥挤的有钱人可以在付费期间参观展会。在他眼里，博览会的目的就是对大众教育和劳动成果的庆祝，因此工人阶级应该参与其中。但批评他的人们认为这样做对那些没有到现场参观的人不公平，况且与柯尔一年前在Mansion House的讲话精神冲突，博览会应该自负盈亏，民众应该“自助”而不能依靠“施舍”。显然，需要一个合理可行的票务制度来吸引更多的观众并确保安全有序。

博览会的门票价格逐步下降，从5先令下降到了1先令。6月中旬，来自英国各地的参观者纷纷抵达伦敦，用《泰晤士报》的话，从皮卡迪利大街到海德公园，“大街上聚集了黑压压的人群，向着水晶宫行进”。

---

① Mayhew, Henry. The world's show, 1851, o [M] London : David Bogue, P. 160

在《伦敦新闻画报》刊登的一幅版画上，给出了博览会的全景图。在画面中央的上部，有一块小小的匾上清楚地标示着“中国”字样。匾额下面的画面展示了中国展区的情景。可以看出，中国展区位于水晶宫侧廊的南面，它的左边是突尼斯展室，右边靠近水晶宫肯辛顿路门口。整个展区所占面积不大，规模与突尼斯、巴西、意大利等展区相当。按照画面相对应的两行文字说明，中国展品包括广口大对瓶、青铜器、瓷器、屏风、椅子、象牙雕刻、青铜器、鼻烟壶等。另外，画中还有一位身着清廷官服的中国人的形象。从《官方目录》的第 214 页到 216 页来看，中国展品还包括上海荣记行的丝绸样品、景德镇制瓷原料、植物蜡、棉花、木材、翡翠制品、硬煤和珍珠雕刻、蜡烛、蜜饯、雨伞、拐杖、茶叶、文具箱、砒霜、漆、铜等。

然而，当时的清政府并没有参加第一届博览会，这些展品不过是由英国人自己搜集的。当英国人正沉浸于自己的机器制造大工业的辉煌的时候，中国人还仍停留在农业社会里封闭自大。

狄更斯曾于 1851 年 7 月 5 日在《家常话》中发表文章，取笑中国船只祭奠桅杆的做法。英国记者亨利·埃德华（HenryEdwards）则撰文《中国委员会关于博览会的真实记录：中国意见与我们格格不入》，描述清廷就博览会之事，派人到伦敦考察，得出西方毫无进步迹象、英国人野蛮无礼等结论。

博览会期间出版了数本关于展会的百科全书，其中英国作家查尔斯·纳埃特（Charles Knight）的最为有名。由于博览会目的之一是教育，人们就此大做文章，造就了若干富有教育意义的书籍。其中，著名的有主要针对儿童和青年读者的《大博览会的炉边事实》。在书的导言中，作者称想通过此书来培养读者的观察、对比、归纳和记忆能力。无独有偶，德国人 F. G. Wieck 的《水晶宫的奇迹》一书采用同样诙谐有趣的语言，向母语为德语的儿童介绍博览会的各个部分。除了正式的出版物外，人们创作了数以千计的诗歌、歌曲和音乐作品，颂扬博览会。

水晶宫是一个临时建筑，展览会后结束理应被拆除，但是水晶宫已经成为伦敦的标志性建筑，它的命运自然会令人关注。《经济学家》杂志当时甚至将水晶宫的重要性与圣彼得堡大教堂和威斯敏斯特修道院相提并论。《威斯敏斯特评论》等有影响力的期刊也支持保留水晶宫。帕克斯顿建议将水晶宫变成冬季花园和公共娱乐场所，也获得了一些重要人物的支持，由于多种原因，他的提议没有得到女王获准。帕克斯顿牵头成立一家公司，以七万英镑的价格买下了水晶宫，到伦敦南部的席登汉姆（Sydenham）进行重建。席登汉姆水晶宫的规划、设计和建造取得了比海德公园水晶宫更辉煌的成就，成为英国民族和帝国的象征，新的建筑由三层变成了五层。水晶宫两个侧翼布置永久性展览，包括希腊、罗马、拜占庭、中国等来自世界各地的展品，底层和主体部分布置特殊展览。另外，水晶宫室内建有一个 4000 座的音乐厅，水晶宫南北两侧各建了一个高 86 米的水塔心，用于喷泉供水和采暖之用。帕克斯顿将其景观园林设计经验充分运用到席登汉姆水晶宫的环境设计中。水晶宫正前方布置室外大型喷泉、石阶、英国式园林。

如果说海德公园水晶宫展示的是英国维多利亚时期的工业成就，席登汉姆水晶宫向全世界展示了人类文明和艺术水平，它向世界展示了数以万计的建筑、雕刻、绘画等文化研究成果。体量巨大的席登汉姆水晶宫给人们带来了一场巨大的文化视觉盛宴。1854 年 6 月，新建的水晶宫对外开放，吸引了包括维多利亚女王在内的 4 万多人。在开放后的前 30 年里，水晶宫平均每年吸引 200 万游客，成为英国公众音乐活动的最重要场所。无数国内、国际政治活动都在水晶宫内进行，包括英国皇室接待拿破仑三世。从 1865 年开始，水晶宫每年定期举办盛大的焰火表演。1866 年水晶宫的侧翼被火烧毁。1936 年 11 月，一场大火将水晶宫几乎完全摧毁。《生活》杂志 1936 年 12 月 21 日三个整版报道了这场大火，标题为“伦敦最大的一场大火……”。亨利·伯克兰德痛心地表示：“这将是水晶宫最大，也是最后的一次火焰表演……”丘吉尔在第二天早上视察火灾现场时说：“这是一个时代的终止。”①

辉煌的维多利亚时代随着水晶宫的焚毁也结束了。

但是，水晶宫的传说仍然在流传着。

1851 年的博览会刺激了英国的发明创造，改善了英国人的审美情趣。迪斯雷利认为博览会给英国上了一堂“精彩的课”，“英国学到了许多以前自己一无所知的东西，放弃了许多自己已经实践时间太长的东西”。

---

① Musgrave M. 1995. The Musical Life of the Crystal Palace. Cambridge University Press.

世界历史之前从未目睹过像1851年的世界各国工业大展览这样的盛事。一个伟大的国家正在邀请所有的文明国家来参加一次盛会，比较和学习人类智慧的结晶，西方世界进入以工业文明为主导的新时代。帝国理工学院的档案员瓦莱丽·菲利普斯（Valerie Phillips）甚至认为博览会改写了世界科学的历史。

在国际上掀起了举办大型博览会的热潮。从1855年到第一次世界大战之间，世界共举办了60次大型博览会，主办城市包括纽约（1853）、巴黎（1855年）、伦敦（1862）、巴黎（1867）、维也纳（1873）、费城（1876）、巴黎（1878）、悉尼（1879）、墨尔本（1880）、亚特兰大（1881）、阿姆斯特丹（1883）、波士顿（1884）等。特别是法国，为了推动艺术、工业的发展与振奋国民士气，在1855年至1937年间举办了一系列的展会，造就了埃菲尔铁塔等宏伟的建筑物。1928年11月，31个国家的代表在巴黎开会，签订《国际展览公约》，成立了国际展览局（Bureau of International Expositions，BIE），其总部设在巴黎。展览局被授权管理各国申办、举办世博会的工作，以及保障《国际展览公约》的实施和世博会的水平。目前，展览局的会员国家已达到154个，国际展览局麾下的大型国际博览会已经达65场，组织越来越完善，涵盖范围越来越广。中国上海也因为2010年主办的世博会而让“城市生活变得更美好”。

如今，人们仍能在不同的世博会中获得同样的感受和体验。因为，世界博览会这个人类科技、文化、经济交流的盛会，将伴随人类的发展而不断创新、演绎；水晶宫与世界博览会这种提倡开拓、创新的精神实质，将激励人类永远不畏艰难，与时俱进。

## 第七节　国际标准语

1887年，波兰医生柴门霍夫在印欧语系的基础上创造了一种超越民族界限的语言——Esperanto（世界语）。他希望这种语言能成为全世界的通用语言，以便于世界各民族间互相了解、互相沟通、进行经济文化交流、消除民族间的仇恨和战争、实现全世界的平等、博爱、和平。但这种语言在一百多年后的今天并没有成为真正的世界语，而面积仅有24.41万平方公里的英国所使用的语言——英语却被越来越多的国家和人民所使用，成为各国间经济、政治、学术、文化交流的通用语言，在国际事务中发挥着举足轻重的作用。

英语向欧洲以外国家传播始于16世纪，此后300年间，一直伴随着贸易和殖民扩张。到1815年反法战争结束时，随着帝国版图的迅速扩大，第二帝国基本定型，其殖民地数量从反法战争开始时的26个，扩大到战后的43个。1877年，英国殖民地面积为2110万平方公里，人口为20350万人；到1914年殖民地面积达3350万平方公里，人口3.9亿；到1913年，英国的殖民地面积相当于英国本土面积的100多倍、英国人口的9倍，相当于地球陆地面积和当时人口的1/4。[①] 到19世纪末20世纪初第二大英帝国鼎盛时期，其范围覆盖了北美洲的大部分地区、加勒比海广大地区、非洲撒哈拉沙漠以南的大片土地、整个印度次大陆以及澳大利亚、东南亚和太平洋地区，甚至还曾一度控制了中东的大部分地区。英国成了名副其实的“日不落帝国”。

中国虽然不是英国曾经的殖民地，但是在今天的中国，从小到大，都需要和英语打交道。从四、六级考试到出国、晋升，英语都是绑在中国学生身上的一个紧箍咒，时不时就要出来让你疼一下。

英语为什么这么牛？

因为殖民？因为战争？

不，因为文化。

如果只是单纯的殖民和战争，英国很难维持这么庞大的殖民地统治，而通过语言进行的文化渗透，才是最有力的控制方式。

19世纪中叶，当英国的政治力量开始爆发时，它的语言就如同商业中通用货币一样横穿了整个欧洲大陆。[②] 从1820年到1830年，在经历了英法战争的长久限制后，英语开始在欧洲传播开来。巴黎和莱比锡的出版商重印新旧英语图书，英语在欧洲的精英中扩散。在法国、德国和斯堪的纳维亚半岛的学校

---

① 阎照祥. 英国史［M］. 北京：人民出版社，2003：337.

② ［英］约翰费瑟. 传递知识——21世纪的出版业［M］. 张志强，等译. 苏州：苏州大学出版社，2007：14.

中，英语成为共同开设的第二外国语。①

英国的政治、经贸、教育、通信技术和文化等方面的制度通过遍布世界各地的殖民地传播到世界各地，对当今世界大部分民族国家形成具有决定性的影响力，确立了许多国家各项制度的蓝本。“英国人通过他们的帝国，传播他们的制度、文化和语言。它创造了很多新国家，很多英国的殖民地都是英国过去或现在的翻版。在帝国内，人口进行前所未有的大规模流动，这决定了现在许多国家的民族构成；在帝国的大部分历史中，英国对它的价值观和制度非常自信，因而这些民族国家在不同程度上受到英国政体、宗教信仰、教育模式、市镇布局、文化口味、体育和消遣娱乐等各个方面的影响。”②

英语在其中扮演的是一个媒介，一个渠道，同时也是一个语言霸权的表现。

媒体为英语在全世界的传播也起到了推动作用。在电报发明和被新闻业使用之前，有关英国事务的报道到达美国需要 4 ~ 8 周。电报得到使用之后，报纸从“观点纸”变成了“新闻纸”，也让英文报纸的传播更广泛、更快捷，影响力更大。到 20 世纪 30 年代，英国发行的英文报纸几天就可以空运到印度的加尔各答或者澳大利亚的阿德莱德；定期发送航空邮件也已经成为通行的做法。③

“19 世纪时英国人将全世界进行了有线连结，这使得他们得以拥有推广其语言的早期优势；他们对全球电报网络的控制则导致英语成为国际贸易和服务业的主要语言。”④ 从那时起，任何其他语言的新闻宣传力度都比不上英语。英语作为民族语言成为世界性的语言，这对英国的软实力的提升是一个至关重要的因素。

美国的崛起也是日后英语成为国际通用语的一个重要因素。在美国还是英

① 郭蕾. 英语霸权的历史演变研究［D］. 吉林：吉林大学，2009.

② P. J. Marshall. The Cambridge Illustrated History of the British Empire［M］. Cambridge：Cambridge University Press，1996：8.

③ P. J. Marshall. The Cambridge Illustrated History of the British Empire［M］. Cambridge：Cambridge University Press，1996：215.

④ ［英］达雅·屠苏. 国际传播：延续与变革［M］. 董关鹏，等译. 北京：新华出版社，2004：227.

国的殖民地的时候，美国人就原封不动地把英国的政治制度、经济制度、法律制度搬了过来。这些制度文本有的是直接用船从英国运到北美殖民地的，有的则是后来在殖民地印刷的，其语言都是英语。直到1820年，美国至少还有80％的书籍是从英国引进的，到1830年时，这个数字仍高达70％。

英美各自称霸的结果，使英语霸权达到顶峰。

如今，中国的家长们有谁不想让自己的孩子去英美两国留学深造，而去留学首先要过的，就是语言关。

幸好，英语是一个开放的语言，英国文化是一个开放的文化。

如果不是因为自由开放，英国也未必会有那么多辉煌。

语言殖民的最直接的方式是教育和宗教。而这些，都需要通过媒介来实现。书籍是最好的载体。教材和《圣经》就像两把大伞覆盖在各个殖民地的上空。

朗文、麦克米伦、培生等家喻户晓的大出版公司都是在这个时候开始发迹。依靠出版教材和树立标准，把英语和英国文化通过书籍和期刊传播到世界各地。

19世纪以前，英国的教科书还是被剑桥和牛津大学出版社垄断，早期的高等教育以哲学宗教和文学艺术为主，19世纪以后自然科学和社会科学进入大学课堂，在剑桥大学的数学课程改革中，“数学研究者很快发现：他们所渴望的数学革命只有通过出版一本适合的教材才能实现”。[①] 这样的市场需求给了新兴出版商机会，著名的《新概念英语》、《朗文英语字典》等都是他们的杰作。

随着英国殖民地事业的快速发展和自由贸易的活跃，朗文和麦克米伦这样的私立出版公司开始了教材和科学著作的开发，图书广告也开始发展起来。从19世纪60年代开始，教材类出版广告不断增多，教材的销售甚至直接取决于广告的数量和版面。到了90年代，书业期刊《Publishers’ Circular》上几乎全

① ［英］弗拉斯卡·斯帕达，尼克·贾丁．历史上的书籍与科学［M］．苏贤贵，译．上海：上海科技教育出版社，2006：353．

是教材类广告。[1] 在印度，新兴出版商主要用当地的本土文化资源来出版中小学教科书，并设有专门的代理发行机构。如乔治·贝尔出版公司（George Bell）在孟买、阿拉哈巴德、加尔各答的经销商就是 A. H. 惠勒父子公司(A. H. Wheeler&Sons)。但是到了 19 世纪末，许多出版商开始通过直接在海外设立分公司来控制国际市场。1863 年，麦克米伦出版公司鉴于印度市场的重要性，率先在印度成立了分公司，随后是朗文、牛津大学出版社等都纷纷进驻印度。在澳大利亚也是同样，卡塞尔（Cassell）公司 1894 年在澳洲设立办事机构，接着是牛津大学出版社。

从教育、思想上的全面垄断，英国就这样扎扎实实地巩固了各个殖民地与宗主国的关系。

19 世纪初到 20 世纪初这一百年间里，英国完成了工业革命，在 19 世纪中期成为了跃升为世界第一号强国，并在全球范围内确立了话语霸权地位。这一时期也是英国的传媒大发展的时期，诞生了路透社，泰晤士报这样的世界一流媒体机构，他们以国际新闻作为主打，在世界范围内拥有话语权。世界体系迅速形成一个整体，而媒体在其中发挥的作用也越来越大。我们可以看到，由媒体的发展体现出的英国软实力发生了巨大的改变，英国的国际话语权空前增强，英国的软实力也随着其硬实力的发展而达到了巅峰。英国是世界的领头羊，在英国成为世界霸主的同时，把英国的语言、文化、政治传统、政治制度这些代表文化软实力的内容传播到了全世界。这一时期媒体自身也在发生改变，随着知识税的废除与工业革命带来的报业生产技术的提高，英国报业形态从根本上发生了变化，英国出现了完全市场化与商业化运作的报业市场。从独立报刊到廉价报刊，从纸质媒体传播到进入了电报时代。报业的这些积极的变化不仅体现了资本主义商业经济的快速发展，也体现了英国文化软实力的增强，报纸发行量和种类的增加反映了人们在精神领域的需求更多，识字人群的不断增加，这些变化也在一定程度上反映了文化的繁荣。

19 世纪是英国历史上最辉煌的时期，其软实力和硬实力已经达到了一种平衡状态，处于历史的巅峰。英国自由党创始人之一帕默斯顿首相曾说过：英

① Alexis Weedon. Victorian Publishing: The Economics of Book Production for a Mass Market, 1836-1916 [M]. Aldershot: Ashgate, 2003: 115.

国显示了一种国家的范例。现在来看确实如此。1897 年适逢英国维多利亚女王即位 60 周年的“钻石庆典”，英帝国各殖民地国家的元首和政府首脑聚集伦敦，向女王祝寿，向帝国表示效忠。全体英国人民沉浸在欢乐之中，他们举行各种活动庆祝英帝国的统治达到鼎盛时期。在伦敦举行的一场盛大游行把庆祝活动推向了高潮，游行队伍中有来自帝国各地的部队。维多利亚女王沿着伦敦大道巡行 3 小时，接受万众的歌颂和赞美，欢呼声隆隆不绝。

这是泰晤士报和路透社的时代，也是英国的时代。

英国的媒体业在这段时间的发展也是世界新闻事业发展承上启下的关键阶段。经济和军事上的安全使得以往加于新闻业的各种限制失去现实依据，在压制和反抗的交锋中新闻业不断取得胜利——新闻税最终不得不废止，随着各种限禁的放开，新闻业的力量进一步增强，以往逃税的无印花报纸开始以合法的形式大量创办，大众化报纸蓬勃兴起。① 在 19 世纪，在英国的独立的报纸比其他任何大国都多。报纸的发行量和种类大大增加，出现了激进报刊和廉价报刊等新的报纸种类。报业的经营日益受到重视，报纸的经济功能日益凸显出来。报业经营的大多数理念和要素都已具备了现代色彩，英国报业已经向现代报业转型。英国当今的主要媒体都在这一时期产生，舰队街开始成为一支举足轻重的力量影响着英国的政治、经济、生活各个方面，甚至影响了世界的格局。《泰晤士报》作为当时影响最大的全国性大报在世界范围内建立起了声誉，其左右舆论的力量甚至可以直接影响欧洲的政局。这一时期的英国软实力也表现为媒体的实力大大增强，这也为英国在 19 世纪中叶取得世界霸主的地位奠定了基础。

自 17 世纪资产阶级革命以来，英国本土从无革命和战争，政治变革总是循序渐进地进行，政治体制不断完善，到了汉诺威王朝维多利亚女王时代（1837 年—1901 年），英国已经迎来了它历史上最辉煌的时期。英国等级制度也得以保留下来，成为目前世界上最古老最稳定的贵族体制。19 世纪中叶，迫于工人阶级的压力，贵族主导的英国政府和议会在政治上作出退让和妥协，许多工人和社会下层人士获得了普选权，英国逐渐成为现代意义上的民主

① 田启林，姬琳. 新世纪的分水岭——1800 ~ 1860 年的英国新闻业［J］. 国际新闻界. 2002（5）

国家。

19 世纪，随着英国报业的飞速发展和媒体商业市场的形成，两大世界性的媒体《泰晤士报》和路透社开始崛起。可以说，世界性媒体的出现是英国软实力迅速提高的表现，也是我们研究媒体与软实力关系的重点内容。因为世界性媒体的出现不仅代表了一个国家的实力，也代表了世界正逐渐走向一个整体。如果说这之前的媒体还只能影响一个国家的走向，那么世界性媒体则在一定程度上影响了整个世界。

恩格斯在 1844 年写道英国状况时说："英国是一个象其他曾经存在过的世界帝国一样的世界帝国，……世界没有一个国家能在势力和财富上同英国匹敌；这种势力和这种财富并不象罗马时代那样仅仅集中在专制君主一个人手里，而是属于民族中有教养的那一部分人。……英国的政治活动、出版自由、海上霸权以及规模宏大的工业，几乎在每一个人身上都充分发展了民族特性所固有的毅力、果敢的求实精神、还有冷静无比的理智，这样一来，大陆上的各个民族在这方面也远远地落在英国人后面了。"①

① 《马克思恩格斯全集》（第 9 卷）［M］．人民出版社．1972：391

# 第六章　可恶的战争

## 第一节　宣传机器

在一战爆发前，英国的报业也经历了一些重大的革命。工业化和技术的革新，进一步细化了报业的劳动分工。电报、无线电报和电话的问世提高了报社进行现场报道的能力。随着交通系统的不断拓展，记者可以到更多的地方，速度也更加快捷。报纸的首要功能变为提供新闻信息，评论、讨论的内容则退居第二位。事实与评论之间的界限是否分明，成为衡量专业与否的核心标准。由于新闻社的兴起，新闻逐渐成为市场化的商品。舰队街的地位进一步巩固。

正如资本主义的发展由自由竞争进入了垄断阶段一样，在报业同样存在这样的发展倾向，英国的报业逐渐集中在少数几个大的家族手中。由诺斯克里夫（Northcliff，也称为北岩勋爵）创办的《每日邮报》（1896 年）、《每日快报》（1900 年）和《每日镜报》（1903 年）成为 20 世纪初大获成功的大众报纸。《每日邮报》问世不到 4 年，发行量就达到了 98.9 万份，成为第一个真正意义上的大规模发行的日报。[①]《每日邮报》的成功体现了英国报业的分化趋势，英国报纸逐渐分化为两大类，一类是低端市场、大规模发行的小报；另一类是面向高端市场、小规模发行的精英式的大报。

政治家比佛布鲁克勋爵（Beaverbrook）拥有《每日快报》（Daily Express）、

① ［英］凯文·威廉姆斯．一天给我一桩谋杀案——英国大众传播史［M］．上海：上海人民出版社，2008：80．

《星期日周报》(Sunday Express)及《标准晚报》(Evening Standard)三家报纸，政治影响力巨大。

一战爆发前，对于战争开始的种种迹象，英国的报业并没有引起足够的重视。《泰晤士报》对斐迪南遇刺事件没有多加报道，反而在社论中规劝塞尔维亚对调查给予配合，说这对奥匈帝国是有利的。《泰晤士报》开始的态度是希望英国保持中立、反对战争，还发表了一篇题为"欧洲的危险"的社论，意在暗示对德国和奥地利的警告。但是诺斯克里夫也害怕在此刻夸大战争危险，所以社论措辞含糊，根本没有使同盟国的领导人感到惊恐，他们相信英国将保持中立。

一战前，当时的世界格局究竟是什么样的情况呢？

1870 年普法战争不仅改变了普鲁士在欧洲诸强中居于末势的地位，强大统一的德国的出现从一开始便牵制了所有欧洲列强的目光，因为德国要求按实力重新瓜分世界。德国从英国的原料和粮食供应者变为工业产品销售者，而英国沦为德国工业产品的主要销售地。德国工业品在英国的"肆虐"震动了英国朝野，以至于 1896 年英国人厄内斯特·埃德温·威廉姆斯为此专门出版了《德国制造》一书。德国力量的迅速增长加快了英德两国的力量转移。19 世纪末开始的第二次科技革命使德国、美国在经济实力上迅速赶超英国，对英国的海上贸易和殖民地都产生了强有力的竞争。伦敦的世界金融霸主地位也受到有力的挑战。从 1880 年到 1913 年，英国在全世界制造业总产量的比重从 22.9%减少到 13.6%，占世界贸易份额也从 23.2%下降到 14.1%。英国逐步丧失了"世界工厂"的地位。英国由盛而衰，国力逐渐减弱，开始了沦为二流国家的过程。

1882 年，德国、奥地利和意大利建立"三国同盟"，德国的欧洲霸权地位逐步确立。随着英德矛盾的发展，英国也开始放弃"光荣孤立"的外交政策，走向与欧洲列强结盟扼制德国的道路，"三国协约"最终形成。欧洲两大军事集团的形成标志着欧洲新的均势结构再次形成，但是欧洲两大军事集团对立的均势结果并未能阻止战争，在 1907 年三国协约签定后仅 7 年，第一次世界大战便在欧洲爆发了。

随着德国发动战争的情势扩大化，《泰晤士报》开始鼓励英国参战。1914

年7月29日，《泰晤士报》发表社论表示，英国不应该采取中立，不能坐视德国打垮法国。[①]《泰晤士报》对第一次世界大战中英国的态度起到了极大的影响，鼓励英国参战，不再是保持中立。一战爆发后，《泰晤士报》和英国的报业巨头在一战中发挥了重要作用。

由于战时宣传的需要，在战争初期，公开的新闻发布由出版发行政府文件、书籍的文书局负责，外交部新闻司、内政部新闻局和中立新闻委员会随即参与其事。由于这种多头分工的宣传方式效率低下，与此同时，英国政府秘密成立了一个对外宣传机构，为掩人耳目，该机构设在全国保险委员会所在地威灵顿馆（Wellington House），负责人是自由党政治家、前《每日新闻》记者查尔斯·马斯特曼，其成员多为有声望的知识分子、历史学家和作家，其宗旨是通过非官方渠道影响外国知识阶层，重点争取中立国人士，荷兰是它的第一个目标。[②] 后来由于宣传能力有限，又于1917年2月成立了内阁新闻部，由创作《三十九级台阶》等小说的作家约翰·巴肯领导。尽管宣传规模有所扩大，但与外交部新闻司以及由新闻界人士组成的顾问委员会发生冲突。最终在1918年2月将外交部新闻司升格为新闻部，原新闻部撤销。

报业大亨比弗布鲁克勋爵任新闻大臣，旗下包括三个部门，分别负责对协约国、中立国和敌对国的宣传。北岩勋爵正是负责对敌宣传司（Department of Enemy Propaganda）。对敌宣传司被取了个暧昧的名字“英国战争救济署”，但是圈内人用它所在那座建筑——克鲁馆（Crewe House）来称呼它。对敌宣传司德国处处长由著名作家H. G. 威尔斯担任。

此外，路透社的新总裁罗德里克·琼斯也是比弗布鲁克勋爵领导下的宣传工作负责人，并且路透社接受英国政府的资助，成为其喉舌。此时的路透社已经由于1915年路透社的第二任总裁郝伯特·路透男爵的自杀而易主。由于路透社面临前所未有的财政危机，37岁的精力充沛的驻南非经理罗德里克·琼斯来到伦敦，宣扬他本人有关管理通讯社的主张，同董事长马克·内皮尔合作，筹集了55万英镑买下了这家通讯社，偿清了账目，创办了私

① ［美］约翰·霍恩伯格. 西方新闻界的竞争［M］. 北京：新华出版社，1985：301—302.

② 展江. 第一次世界大战中的宣传战［J］. 国际新闻界，1996（3）.

营的路透有限公司，并与英国政府结成战时同盟。政府大量资助路透社的电报费用，减轻了财政危机。当时这种做法还遭到了抨击。在1915年，路透电报公司成立50周年之际，一份由主编F. W. 狄金森（F. W. Dickinson）起草的匿名传单，不得不声称“路透通讯社一直被认为是代表国家观点的英国社会事业机构”。①

1918年7月31日，国家经费特别委员会向下院提出报告：“在上一财政年度里，大约12.6万英镑用于电报费，其中大部分拨给路透社。罗德里克琼斯爵士既是路透社总经理，又是政府新闻部的高级官员，这种地位从原则上讲是容易受到攻击的。”路透社以强调政府观点的方式，支持英国的战争。不仅如此，由于同代表着英国地方报纸的报联社达成了协议，派驻军事记者费用也共同分担了。② 路透社一直采用所谓的“不支持任何一方”而不是“用英国人的眼光看问题”的方式，巧妙地处理新闻的客观性与爱国主义的关系。它所提供的这种“客观性”新闻服务自然地遭致怨恨与诽谤。德国的新闻机构《Berliner Tageblatt》曾经写道：“路透社比军舰和军队更强大也更危险。”

新闻的宣传技巧在战争中被广泛和熟练地使用。北岩勋爵曾被人称为“诺斯拿破仑”（Northoleon），也主要是由于在一战期间他在其经营的报纸开展的宣传战斗。北岩勋爵认为，战争宣传应以敌国民众为主，提出各种问题把结论留给敌国民众去思考。即便是对自己不利的新闻，也要大胆发表，以获取民众的信任，最后寻机展开宣传决战，用大谎言欺骗敌人，以粉碎其斗志。③他曾发行伪装成德国报纸的战壕报《秋叶》，这种发行量达30万份的周报巧妙地离间了德军士兵与军官、劳动者与容克、巴伐利亚人与普鲁士人的关系。这种宣传终于摧毁了德军的士气。德国政治家鲁登道夫称：“我们的敌人已经建立了一个‘德国自信心破坏部’。它的领导人是协约国中最大的流氓——北岩爵士。”④

---

① Donald Read. The Power of News: The History of Reuters [M]. New York: Oxford University Press, 1992: 269-271.

② [美] 约翰·霍恩伯格. 西方新闻界的竞争 [M]. 北京：新华出版社，1985：375.

③ 钟美纷. “一战”时期美国的新闻宣传与战争动员 [D]. 长沙：湖南师范大学，2009.

④ [美] 拉迪斯拉斯·法拉戈. 斗智 [M]. 何新译. 北京：群众出版社，1962：253.

1917年春，英国人向全世界宣讲了一个杜撰出来的尸体榨油厂的故事，说贫困的德国竟然将人的尸体拿来榨油，用人油制造肥皂。① 这在平时，人们可能不会相信，但是长达4年的消耗战，已使欧洲人民领略了战争的残酷，他们已陷入极度疲惫、绝望的心理状态，所以对这种本来不可能的事情也信以为真。它证明了英国人的宣传理论："貌似事实的谎言，有时会比事实更能抓住听众的心。"② 关于尸体榨油厂的宣传，真实的情况是这样的：1917年，在伦敦的军方情报部门，有两张照片放在一个情报官员办公室内，第一张上面是士兵的尸体正在被运回后方安葬；第二张是死人的头发作为战利品正准备运到工厂来提炼肥皂。情报官利用这两张图片嫁接了一个传说——"士兵的尸体被拉去制作肥皂"，然后把它寄到新闻界。情报官员弄虚作假的这两张照片是从被俘的德国查特里斯将军身上找到的。他的目的是说服中立国加入协约国。英国在宣传战争中始终处于主动地位，这与他们灵活的宣传策略、标榜真实而又不拘泥于真实的手法是分不开的。

英国建立起了一套战时宣传机制，被以后美国和其他国家所借鉴，开创了宣传的时代。英国不仅积极主动地宣传于己有利的信息，还对于己不利的信息用严格的审查制度把它们延期、扣押甚至过滤掉。要达到这个目标就必须建立严格规范的审查制度。英国的审查制度是行之有效的，英国首相劳合·乔治在1916年说："英国新闻界填补了本来应该由国会行使的职能，在法国是由国会完成的。"③ 这种由政府监督舆论的做法，对后来美国新闻宣传制度的完善起到了重要的影响，它在一战时期的宣传机构和策略很多都来自英国，美国公共信息委员会的主席克里尔甚至把自己称为"不是北岩勋爵的北岩"。

英国既审查出版物，也审查邮件。英国的邮政审查开始于1914年8月29日。审查工作是为了确保从前线的英国士兵那儿来的消息不被英国的民众知晓从而利于英国的战争。劳合·乔治曾说："公众只知道新闻的一半，他们看到

---

① ［法］阿芒·马特拉. 世界传播与文化霸权：思想与战略的历史［M］. 陈卫星，译. 北京：中央编译出版社，2002：75.

② Eberhard Demm. Propaganda and Caricature in the First World War［J］. Journal of Contemporary History, 1993（28）：163.

③ ［法］阿芒. 马特拉. 世界传播与文化霸权：思想与战略的历史［M］. 陈卫星，译. 北京：中央编译出版社，2002：79.

的是胜利的消息，失败的信息则被隐藏了。”① 通过严格的审查系统，任何坏的或者是不好的新闻都被过滤了。刊登在英国的国家或者地方报刊上的新闻都是政府想让民众知道的事情。英国战时政府和媒体之间的互信为其新闻宣传的成功创造了一个良好的平台，虽然英国有严格的审查制度，新闻记者却愿意服从政府的这种控制。美国公共信息委员会对媒体人士采取“自愿审查”的原则，就是吸取了英国人的这种经验。②

宣传战是一战的重要的组成部分，可以说，没有英国这种高效强势的宣传战斗，也就没有协约国的胜利。英国宣传机构的效率是惊人的。在战争结束前的 6 个月里，英国对德国发起了传单总决战。在 1918 年夏秋之间，每天有超过 10 万份的活页宣传单被投向德国前线。在德军的前后方，英国用飞机和汽球投下的传单总数，有 1830 万张之多。③ 另外一组数据则表明，在 1918 年 6 月，英国用飞机和汽球在前线散发小册子 160 万册，8 月达 390 万册，10 月达 530 万册。他们以报纸、传单和小册子为武器，向德军发起“纸弹”攻势。战败之后，德军总参谋长保罗·冯·兴登保说：“敌人炮弹不足畏，最可怕的是敌机散发的新闻传单。”④ 一战中的宣传技巧被之后的战争广泛使用，对之后的世界产生了巨大的影响。

一战的影响也是深远的，这场战争历时 4 年零 3 个月，涉及 30 个主权国家，推翻了 4 个帝国，产生了 7 个新的国家。英国虽然取得了胜利，却是“赢得战争，输掉优势”。战争使英国的实力大受削弱，英国在战争中的军费开支为 80 多亿英镑，约三分之一的国民财富被用于战争。战前，美国欠英国债务 20 亿美元，战后英国反欠美国 42 亿美元。英国不仅成为美国的债务国，而且动摇了其世界经济金融中心的地位，世界金融中心也从英国的伦敦移至美国的纽约。英国对外贸易一落千丈。英国在战争中损失了约 87.5 万人，70％的船只被击沉，丧失了盘踞 250 年的海洋霸主地位。

---

① Arquis, Alice Goldfarb. Words as weapons: Propaganda in Britain and Germany during the First World War [J]. Journal of Contemporary History (13) No. 3. July, 1978: 467-498.

② 钟美纷．“一战”时期美国的新闻宣传与战争动员［D］．长沙：湖南师范大学，2009.

③ ［日］池田德真．宣传战史［M］．北京：新华出版社，1984：46.

④ 赵占元．国防新闻卒业之统制［M］．上海：汗血书店，1937：5.

英国的硬实力虽然在衰落，但是媒体的力量、殖民地的广阔疆域以及在国际事务中的话语权，表明英国的软实力仍然强大。在第一次世界大战中，媒体的战时宣传起到了巨大的作用。希特勒在《我的奋斗》一书中多次称道英国战时的宣传谋略，并认为德国战败，并非由于军事战略的失误，而是由于英国的宣传炸弹摧毁了德国的战斗精神。如同当时任英国外交大臣的寇松（Curzon）曾在上议院演讲时得意地说："目前，不列颠的旗帜，已飘扬在一个强大而统一的帝国领土之上！我们的意见对于各国人民的意志，或是对于决定人类的命运，有着极大的影响，这都是前所未有的。"①

## 第二节　理想主义者里斯

BBC 从其建立开始，就是一个特例。

在报业为了出版自由奋斗了几百年，已经完全市场化了之后，一个既独立于政府，又独立于市场的公共媒体诞生了，那就是影响世界媒体发展近百年的英国广播公司 BBC。

这样的一个怪物为什么会在英国诞生？

还要从它所处的环境和创始人约翰·里斯说起。

BBC 的创始人约翰·里斯出生于一个苏格兰牧师家庭。他毕业于格拉斯哥皇家工程技术学院电子工程专业。1948 年，BBC 为了纪念他，开设了一年一度的"里斯讲座"（Reith Lectures），当年的主讲是著名的哲学家伯特兰·罗素。里斯讲座已经成为现代英国文化生活中不可或缺的一部分。

有评论认为里斯傲慢、专横，具有报复心，是一个专制的管理者和让人畏惧的人物，他既极大地挫伤过下属以及主管们的情感，又非常成功地创立了英国最令人赞赏和最持久的机构之一。

这样一个人为什么会开创了 BBC 的公众媒体理念呢？

这与英国当时的社会发展背景有着密切的关系。

---

① 武鸿钧，王小强. 浅析第一次世界大战后英国外交政策的变化［J］. 河西学院学报，2004（4）.

里斯成长时的英国正是国力鼎盛、教育迅速普及、垄断资本主义正在形成而民众要求社会公平、公正的呼声日渐高涨的时期。19 世纪中后期，随着英国国力的增强，人们普遍产生了一种大英帝国特有的民族优越感。然而，一战结束后，英国的实力明显下降，英国和自治领地之间的矛盾不断激化，殖民地的民族解放运动更是雪上加霜。大英帝国的民族自豪感与国家认同感不复存在。英国国内政局极其动荡，社会矛盾激化。1919 年的罢工运动，使当政者开始重新思考公众舆论对国会制定政策的影响。广播从一开始便被认为是广告和宣传的媒体，与印刷媒介相比，还有情绪性的机能，给人以信赖感。① 所以，广播的这种特殊功能就被认为是对政治与社会稳定最具潜在威胁的一种力量。里斯的父亲是苏格兰长老会最高裁决会议主席，受父亲的影响，里斯成长为一个信仰保守、品行正直、具有强烈知识分子道德感以及社会责任心的人，并且确立了以奉献社会为人生目的的精英意识，正如他 20 世纪 60 年代在接受 BBC 专访时所说："我在这个世界上担负着一定的使命。"

第一次世界大战爆发后，里斯的参军使他见识了战争给人类带来的破坏，以及战时资源统一管制和分配带来的极大便利，这奠定了他日后信奉公共资源公共管理的基础。他把那段战争经历视作生命中最有收获的一段日子，他把那时的自己视作一个嫉妒和尊重的对象。辉煌的维多利亚时代遗留下来的清晰的阶级分野、上流社会主导的精英文化氛围、对帝国的骄傲与强烈的民族怀旧感依然占据着英国的主流意识形态领域。这使得英国文化生活的方方面面在新技术和战争的冲击下发生变化的同时相对于美国而言依然倾向保守。② 英国资产阶级的公仆观念和不断寻求道德上的完美，"以公共所有权作为手段，求能良善经营公共资产的传统，正在发展"。③ 可以说，里斯所信奉的公共资源公共管理的思想和对市场恶性竞争的不满，在当时的英国已然成为一股潮流。因为第一次世界大战期间，英国政府为了最大限度地利用和分配所有用于战争的资源，"不顾激烈的反对，在卫生、保险、煤业以及食物配给等方面，都以特别

① ［日］左腾卓己．现代传媒史［M］．诸葛蔚东译．北京：北京大学出版社，2004：147.

② 李书藏．英国 BBC 与政府冲突的背后：解读英国政府与 BBC 反商业化传统的对峙［J］．新闻与传播评论，2003（3）.

③ ［英］查尔斯·柯兰．统理 BBC［M］．冯健三译．台北：远流出版公司，1992：47.

战时措施之名，采取了集中管制的手段。曾经在战时担任公职的新一代改革者，于20年代获得了集中配给之资源管理制度的经验”①。

一战期间，英国政府对广播作为军事和政治手段来开发使用，由于广播媒体战略上的重要性与其发送信息的可读性，对业余无线电通信爱好者的活动也加以禁止。在一战结束后，广播这种新型媒体才开始发展起来。1922年，英国的广播事业已经从军事转为民用，为了销售收音机，英国无线电传输公司、马可尼公司等无线电生产厂家合资建立了BBC公司，里斯成为这个公司的第一任总经理。

新兴媒体的力量是强大的，相较于报纸，广播的传播速度更快，范围更广。在1924年，BBC就覆盖英国本土超过50％以上的民众；一年后，BBC的广播几乎覆盖了包括英伦全岛、英前殖民地在内的当时英帝国的绝大部分区域，甚至能够越过英吉利海峡到达欧洲腹地。里斯很快意识到广播的力量：“这是世界上最有力的武器，而它现在掌握在我的手中！”

这时，他可以依靠广播的力量呼风唤雨，但是他选择另外一条道路——放弃个人利益，为大众服务。

他在1924年出版的《全英广播》一书中写道：“把人类社会所有的奋斗经历、知识及成果中最精彩的部分播送给最大量的听众是我们的责任。”因为他的人生理想是“消除世界上所有的愚昧无知和苦难”，所以他认为“广播必须在人类未来发展的道路上发挥其正确的作用”。

里斯开始行动了。

1925年，英国政府以克罗福德勋爵为首组成了一个委员会，专门致力于解决BBC未来体制的问题。里斯把他经过多年思考、实践得出的结晶作了一个完整的计划递交该委员会，主张BBC应该采用公共经营的模式。他强调了两个重要的基本点：一是BBC的独立建立在不受任何压力的基础之上，包括政府的干涉和商业广告的压力；二是BBC必须以制作高品位的节目为宗旨。他非常坚定地表示，只有这种公共经营模式才能够保证BBC的独立性和高品

---

① James Curran，Jean Seaton《有权无责．英国的报纸与广电媒体》［M］．台北：“国立”编译出版社，2001：198.

位。经过他坚持、细致的努力以及与各方面的无数次耐心沟通和商讨，里斯最终在1927年获得国会的同意，将BBC改制成为英国广播协会，而他作为协会第一行政管理首脑，名称从原来的总经理改为执行长。在这一过程的前后，他逐渐建构起自己对广播传播的思想体系并得到BBC员工的普遍拥护、信奉和支持。这一思想体系后来被称作“里斯主义”。里斯主义主张：“首先，广播应该从商业化的压力下解脱出来，绝不能以追逐利润为目的；其次，它应该在全国范围内为社会提供全方位的服务；第三，它必须具有‘统一控制’的特征，即受制于‘垄断霸权的力量’而不是地区性的或者不同的利益集团；最后，广播应该进行封闭式的管理以保证它管理规范的高标准和节目制作的高质量。”①

很快，新改组的BBC就面临了考验。

一战结束后，英国并没有出现经济繁荣，而是生产力下降，失业人数上升，到1921年6月失业人数达到258万人。国内阶级矛盾尖锐，罢工运动高涨。在1926年5月席卷全国的大罢工中，英国工业企业停工已经整整九天。无数报纸也都停止了印刷，BBC却没有停止它的播出。BBC作为一个中立的媒体，在政府和百姓之间架起了一座沟通的桥梁。②

里斯又进行了一系列的改革来巩固这个得来不易的成果。

首先是人才。“到BBC工作是最优秀大学的最优秀毕业生的选择”，这成为BBC人的共识，也成为英国人的共识。确实，当大英帝国走向衰落时，BBC的覆盖范围和影响力仍在不断扩大，这正得益于BBC的人才选拔制度。

其次是制度。1927年之后的BBC彻底摆脱了商业化运作的市场模式，以收视费为资金来源，摈弃并且禁止播放广告，受全体英国国民监督与控制。为了更好地发挥其公营的性质，BBC成立了一个独立于政府以外的12人决策委员会来进行管理。决策委员会设主席和副主席各1人，他们都是社会上有名望的人士，由英国首相提名、英女王委任，任期5年。决策委员会可核准或否决关于BBC的任何议案。

与此同时，英国国王乔治八世与BBC还签订了一份“皇家约章”，实际上

① Bob Franklin. British Television Policy: A Reader, London, Routledge (2000) 19, BBC.

② 李书藏. 公共广播电视体制的首席设计师——约翰·里斯与BBC [J]. 中国广播电视学刊, 2007 (7).

是一份授权书，授予了 BBC 在英国特许经营广播的权利，而该公司与邮政大臣（后改为内务大臣）依据“皇家约章”签订并经议会通过的“执照协定”，与前者一起从政治高度规定并保障了 BBC 的特许经营权和独立报道权。

根据“皇家约章”，BBC 是特许经营广播的公共服务机构和企业，属于英国国家所有。最高领导机构是董事会，政府只是受托提名管理人员并监督管理委员会的工作，不能干涉它的具体报道和日常运作。“执照协定”是实质性的规范。它规定了 BBC 不得以广播作为接受“金钱或任何有价物资”的条件，同时，规定 BBC 不得播放任何“赞助性节目”，对于特定报道 BBC 有自由决定权，内阁首长不能干涉节目自由播出，只有在紧急情况发生时，才会要求 BBC 播出特定的宣传性的内容。“皇家约章”连同“执照协定”从政治上首先予以政治上独立办理公共广播电视的特许权，给视听受众造成代表公众利益，独立于政府并能够监督政府的形象。这就是公信力得以确立的政治保障。①

这种模式就是广播电视的公共模式。

约翰·里斯坚定了公共资源应该实行公共管理的理念，他高尚的人格和品行、强硬的个性，以及富有创造性的管理和谈判天赋成就了 BBC 今后的辉煌。

里斯不是神，他也是个人。

有学者认为，BBC 采取的不同于报业的公营模式是多极社会权力的复杂博弈的结果，而不仅仅是其首任总裁约翰·里斯个人努力所致。当时的广播公司和报业采取了迥然各异的模式其实并不是一种历史的偶然，而是源于它们各自不同的社会体验。报业对政府的不信任乃至敌对，是因为报业长期以来处于政府的严控之下，后来经过漫长艰辛的斗争才挣脱政府一系列严苛的规章束缚。因此，尽管需要经济的强力支撑，报业还是坚决拒绝将会导致独立性丧失的政府公共补贴，坚定地走市场化道路，并认为市场是维持报业独立性的根基。而恰恰相反的是，初生的广播电视没有遭遇过“前辈”的那种切肤之痛，因而对于政府，一直持有较为积极乐观的态度。② 而且，英国报业不希望看到

① 张昆，杨林．公信力的培育［J］．新闻记者，2004（09）．

② 陈佑荣．简析 BBC 作为公共广播电视的独立幻象［J］．中国电视，2010（01）．

广播加入媒介市场争夺他们的广告收入，报业的新闻从业人员也不愿意有新的竞争对手与他们竞相采访新闻。还有，由于各个政党派别预见到广播在形塑民意方面效果宏大。他们不愿意广播媒介就此落入任何一个内阁部门或政府之手。居于在野地位的政党，当时已经很清楚地意识到，如果媒介由敌对政党所组成的内阁政府控制，那么，他们执政的机会将因此而受到很大威胁。① 当时英国政府宣称，广播的频谱资源极为有限，而广播却拥有巨大的告知和影响民众的潜力，而美国的商业性的广播竞争造成的混乱让人们对广播的商业化也产生了怀疑。媒体的商业化发展和无序竞争，会造成一些媒体为了经济利益迎合和取悦广告商而作出虚假和不公正的报道。同时，为了自身的经济利益和发展，从竞争走向垄断是资本主义自由经济的必然趋势，而垄断的报团或媒介集团又会造成信息来源的单一化，受众由于用于判断的基础信息匮乏进而会得出片面或错误的结论。为了确保在获得政治上的独立性之外，又能在经济上保持独立性，从而不被广告商和商业利益所左右。此时的英国民众普遍存在着一种希望社会更加公平、公正的要求，尤其是处于社会最底层的劳动大众，都不愿意看到社会的稀缺资源逐渐地集中到少数人的手中，因此希望新兴的一些技术产业诸如电信、铁路、用水系统等由国家拥有并且实行统一管理，同时希望建立健全社会福利制度以保障民众的基本生活需要。怎样理性地使用这种媒介，使它为国家统一与社会发展作出有益的贡献成为许多人关注的焦点。而建立全国境内皆可接收到的广播系统似乎成为维持国民认同感的必然选择。②

公共广播的成立也就顺理成章了。

BBC 在 1923 年到 1926 年大约 4 年间声誉鹊起，赢得了社会广泛的认同和赞赏。尽管里斯家长式的作风以及 BBC 多年来形成的官僚风气受到了或多或少的指责和批判（他的性格与丘吉尔类似），但他仍然成为 20 世纪的媒体巨人。

---

① 蔡文书. “公共服务”理念的构建和销蚀——对英国 BBC 经营范式变迁的分析［J］. 东南传播，2007（03）.

② 张妤玟. BBC（英国广播协会）公共性的形成：政治、社会文化与理论认同的转换及分析［D］. 西安：西北大学，2006.

BBC 的出现改变了英国乃至世界的传媒业格局，它的出现是世界传媒史上一个具有历史意义的事件。很多年以来，对英国乃至世界传播秩序有序化作出了举世瞩目的贡献，尤其是“二战”期间的杰出报道，获得了几近不朽的声誉。在国家的危机时刻，人们守在收音机旁，倾听丘吉尔的演说与前线报道。它影响并包容了整个国家情绪。

20 世纪初是广播大发展的时代，英国因为 BBC 的出现在这次媒体革命中独树一帜，取得领先地位。

1934 年，有一个新兴媒体——电视，诞生了。

BBC 此时已经羽翼丰满，自然将经营公营广播的模式用在电视上。从此以后的 20 多年里，BBC 在英国广电领域一直是享有独占模式的经营管理权。它代表着由公共服务理念支撑的公共广播电视形式。这种公共广播电视形式依赖于政府的资金支持但又声称不受政府干涉，从而保持了高度的自治性。① 从世界范围来看，BBC 是广电业的先驱，BBC 公共广播电视管理体制后来成为欧洲、日本、加拿大等发达国家模仿的样板，它打破了原先世界范围内由商业化和市场化主导的媒介运营方式，以更加严肃、客观、中立的作风享誉全球。BBC 所代表的公共服务理念也第一次真正意义上将媒介作为公共资源来为公众提供信息与服务②，从而更有利于保护社会有序、文明地发展。

## 第三节　轮到美国了

在英国舰队街的报纸在国际报道方面丧失由来已久的领先地位时，美国的报业开始稳步发展，并日渐取得国际声望。

作为英国的殖民地，美国的报纸形式和办报理念都源自英国，但是美国报业也有着自己的个性。18 世纪，当对英国统治的不满情绪在殖民地日益增长

① John Eldridge, Jenny Kitzinger, Kevin Williams. The Mass Media and Power in Middle Britain [M]. Oxford University Press, 1997: 45.

② 张妤玟. BBC（英国广播协会）公共性的形成：政治、社会文化与理论认同的转换及分析 [D]. 西安：西北大学，2006.

时，美国的报业开始作为斗争的工具迅速成长起来。正是由于美国报纸的助力，殖民地斗争很快取得了成功。到1800年，大多数大港口和商业中心都有了自己的日报。1814年的一项国会法案规定，所有联邦法律必须在每个州或准州的两家（后来增加到3家）报纸上公布。新成立的美国推崇民主和言论自由，在参议院还设立了专门的记者席，这些举措都极大地促进了新闻业的发展。①

19世纪南北战争时期，报纸也作为南北双方争取舆论支持的工具，在美国的和平统一斗争中发挥了巨大的作用。当时的《纽约先驱报》和《纽约论坛报》是影响力较大的报纸。《纽约先驱报》是唯一一家始终维护宪法赋予南部权益的北部日报，所以《先驱报》非常受南部领袖和英国的欢迎，经常被他们所转载，连林肯总统也要不时地“笼络一下”好斗的主编贝内特。欧洲中立国的评价也很重要。《先驱报》独立的办报方针使其发行量很快上升到10万份，成为美国最受欢迎的报纸。而纽约的另一家主流报纸《纽约论坛报》则在1861年底加入了占领区解放奴隶的运动。1862年格里利发表著名社论《2000万人的祈祷》，呼吁在奴隶制问题上采取行动，从而将《纽约论坛报》的这场运动推向了高潮。值得注意的是内战前报纸还是用绘画方式来报道，费时费力。1860年代，美国人布雷迪把达盖尔的银板法吸收利用，又学习了更新的快速“湿板”技术，使得摄影更加适合走上战场。之后他和其他摄影师为内战作了一个百科全书式的摄影记录。他们获准在特工处的保护下去任何地方。士兵们害怕布雷迪到场，因为他们知道战斗马上就要打响。战争结束时他已经收集了大约3500张照片。内战也同样给报业带来了重要的技术变革。对电报的依赖导致了新闻写作方式的改变，记者们力求以更简洁的文字来节省费用，压缩报道的方法是略去意见和华丽的辞藻。一些担心自己的报道未必能全部发出的战地记者发明了起概括作用的导语，即把一篇报道的主要内容放在第一段。要闻快讯的刊登和版式的革新也是一项发展。其中的很大一部分作为新闻报道的原则一直沿用至今。②

---

① 周礼．19世纪美国报纸的社会影响［J］．浙江传媒学院学报，2006（2）．

② 周礼．19世纪美国报纸的社会影响［J］．浙江传媒学院学报，2006（2）．

报业的扩张也反映了国家的精神。1845 年《美国杂志和民主评论》的主编提出的“天定命运”的口号，在纽约《早晨新闻》的社论中进一步宣传后，便成为美国领土扩张的专门用语①，极大地促进了美国的西进运动。

而美国具有“无报不成镇”的传统，荒蛮之地也有对信息的需求。无论是对广袤地区分散的居民，还是刚刚抵达的移民而言，都必须依赖交流商品、劳动力信息的工具或者说场所，而最好的办法就是公开出版报纸。“在那里，广告是生存的必要条件，而报纸则是依赖广告而生存的。”②

19 世纪中后期，美国的报业真正地繁荣了起来。19 世纪末，美国报刊业已全面商业化，出现了新式新闻事业，这意味着美国“新闻事业进入现代化的时代进程已经完成”。③ 这个时期光纽约就有《先驱报》、《太阳报》、《论坛报》、《纽约时报》等，新闻业一片繁荣。报纸的报道内容、时效、新闻渠道、印刷技术、发行方式等，和当时的英国报业都处于同等水平。

进入 20 世纪初，美国的新闻界，特别是在杂志中掀起了一场“黑幕揭发新闻（muck raking journalism）”运动。《麦克卢尔》（*Muclure*）杂志首先向政府、企业等机构开炮，《柯里尔》、《人人杂志》、《美国杂志》、《妇女家庭杂志》、《芒西》等刊物先后效仿，共同将黑幕揭发运动推向高潮。作为黑幕揭发作品载体的杂志，在凸显新闻界的监督和警戒功能方面大大超过了报纸。期刊业空前繁盛。大量揭丑文章引起社会各阶层强烈关注，加上当时低廉的杂志价格，期刊杂志非常流行，致使美国期刊业在一战之前经历了一个短暂的繁荣时期。④ 据统计，1900 年至 1915 年间，黑幕揭发者在大众化杂志上大约发表了 2000 篇文章。⑤ 黑幕揭发新闻的兴起体现了美国新闻界的成熟，也迅速促进

---

① 刘绪贻，杨生茂. 美国通史（第二卷）[M]. 北京：人民出版社，2002：234.

② [美] 丹尼尔·布尔斯廷. 美国人——建国的历程 [M]. 谢延光，等译. 上海：上海译文出版社，1989：194.

③ [美] 迈克尔·埃默里，埃德温·埃默里，南希·L. 罗伯茨. 美国新闻史 [M]. 展江译. 北京：中国人民大学出版社，2004：241.

④ 苏辉. 解析 19 世纪末 20 世纪初的美国新闻传播业——以黑幕揭发运动为例的研究 [J]. 北京：首都师范大学学报（社会科学版），2009（S1）.

⑤ Robert Miraldi. Muckraking and Objectivity：Journalism s Colliding Traditions. NewYork：Greenwood Press，1990：28.

了美国软实力的提升。媒体日益增强的“监督”意识帮助公众了解政府事务、公共事务和一切涉及公共利益的活动，有效地制止了社会向腐败方向发展。对美国这样一个新兴的国家，媒体是社会舆论最响亮的喉舌，媒体的舆论监督发挥的作用是巨大的。

1849 年 1 月 11 日，六家纽约的日报签署了一项协议，组成了“港口新闻社”即后来的“美联社”，共同分担采集新闻的费用，向纽约市以外的报纸出售新闻。美联社和路透社成立时间大抵相当，成立的背景也颇为相同，这证明当时的美国的经济快速发展对信息的需求已经非常旺盛，虽然还没有在国际话语权中取得一席之地，但是已经在媒体上表现出了软实力迅速提升的潜力。美联社仍然是当今世界最大的通讯社之一，1900 年总社由芝加哥迁至纽约。后来美联社又发展电台和电视业务。现在的美联社有工作人员约 3000 名，其中编辑、记者 1600 多人。国内分社 134 个（包括 6 个总分社，100 多个分社和记者站），国外分社 83 个（包括 3 个总分社），驻外记者 500 人，每天用 6 种文字播发新闻和经济信息约 300 万字，每年发图片 15 万张。不仅为美国 1500 多家报纸，6000 家电台、电视台服务，还为世界 115 个国家和地区的 1 万多家新闻媒体供稿。

20 世纪 20 年代，《纽约时报》进入了繁荣昌盛的时期。自从阿道夫·奥克斯在 1896 年将濒临破产的《纽约时报》从困境中拯救出来，在 25 年内它就成为新闻界的《圣经》。翔实地报道一战又使《纽约时报》奠定了国际的声誉，达到权威地位。其发行量从最初的 9000 份猛增至 32.3 万份。它追求的目标是“力求真实，不偏不倚地报道新闻。一战结束后，《纽约时报》继续迅速发展，到 1926 年，该报拥有 3000 多名雇员，其中记者 300 余人，收入是 2700 万美元，平均每天发 32 页新闻、24 页广告。[①]

《纽约时报》注重国际报道，投入巨大，独树一帜。1924 年，《纽约时报》开始设立自己的电台，直接接受来自欧洲的新闻稿，不久又接受来自世界其他地方的新闻稿。这是第一家采用这一方法的报纸，为其他报纸通讯社所

---

① 蔡骐，蔡雯．美国传媒与大众文化——200 年美国文化传播现象透视［M］．北京：新华出版社，1998：55.

合办的新闻公司提供了范例。《纽约时报》率先报道了爱因斯坦的相对论、原子分裂问题、火箭、太空与电视最早试验的情况，报道了威廉·毕比的海洋探险，奥古斯都皮卡的教授关于同温层的试验和一系列探险活动，这些都是新闻报道事业上的突破。《纽约时报》还挖到《泰晤士报》名记者哈利·佩里·鲁滨逊，给他工作上的特权，他的第一篇稿子整整四栏，刊登在1922年12月21日的那一期上，描述他进入具有三千年历史的埃及君主坟墓的经过。①

《纽约时报》极富冒险精神，新闻报道前卫客观，具有历史意义。在“二战”爆发前，《纽约时报》对于德国法西斯的兴起就有了警惕，预言希特勒的兴起；而对于苏联的报道则都是独家和重大的新闻，对西方舆论产生了巨大的影响。《纽约时报》还在航空与探险报道方面取得优势，它曾报道1927年5月21日林德伯格上尉单机从纽约飞越大西洋抵达巴黎。1928年《纽约时报》的记者拉塞尔·欧文陪同伯德前往南极圈报道，这在新闻史上前所未有。欧文独家报道了这位上将1929年11月28日的首次南极飞行。除他之外，没有任何人能报道这一事件。《纽约时报》对此极为重视。伯德亲自发出宣布他到达南极的电讯稿，欧文报道了在飞行18小时59分之后，返抵小美洲基地的情况。②

到1929年底，《纽约时报》每日发行量激增至43.1931万份，星期日版增至72.8909份，其广告量每年高达3216.2870万元，居世界各报之首。阿道夫·奥克斯在国际新闻方面采用的政策已经结出硕果，《纽约时报》在这一领域的领先地位是不容置疑的。但是确立这一领先地位的美国，却因1929年的经济大萧条而面目全非了。

除《纽约时报》外，其他美国的媒体也在国际新闻报道中发展壮大。1926年，合众社已经在国际报道中巩固地位，成了通讯社中最强大的独当一面的竞争者。《芝加哥每日新闻》正在建立当代同一规模中最优秀的一支驻外记者队伍，驻伦敦的哈尔·奥费莱厄蒂、驻巴黎的保罗·斯科特·莫勒、驻莫斯科的朱尼厄斯·伍德、驻柏林的埃德加·安塞尔·莫勒、驻罗马的海·摩德

① ［美］约翰·霍恩伯格. 西方新闻界的竞争［M］. 北京：新华出版社，1985：384.
② ［美］约翰·霍恩伯格. 西方新闻界的竞争［M］. 北京：新华出版社，1985：394.

维尔、驻维也纳的德克尔以及驻土耳其的康斯坦丁·布朗，都是本地区的权威。在某些方面，这些见多识广的记者使那些祖祖辈辈都代表伦敦《泰晤士报》驻在世界重要地点的记者黯然失色。[①]《基督教科学箴言报》也在建立庞大的国际新闻机构。1921 年，原赫斯特报系负责人威利斯·艾伯特成为国际新闻主编。《巴尔的摩太阳报》也来到欧洲，1924 年在伦敦建立自己的记者站，首任记者约翰·欧文斯是一批干练的记者中的先驱者，为《巴尔的摩太阳报》在国外报道方面开辟了更为广阔的视野。《纽约先驱论坛报》、《纽约世界报》、《星条旗报》、《纽约太阳报》等也开展了国际报道。《纽约太阳报》的记者埃德加·斯诺对中国共产主义运动的报道举世闻名。

广播电视开辟了一个新时代，现代意义上的国际传播体系在此时开始形成。

美国也加紧“抢班夺权”。

实际上，早在 1870 年建立起的“三方四社协定”一直处于矛盾与动摇之中。主要的问题是处于这一体系中的美国地位不高，另外就是对于新兴的通信技术没有规定。在 19 世纪末美国和无线电这两个因素兴起之后，这一体系就开始摇摇欲坠。战后，从战争中获得了巨大利益又准备更多介入世界的美国，开始着手创建新的国际传播体系了。

1910 年，英国控制了全球一半的海底电报电缆，伦敦是世界信息的中心。1919 年，美国无线电公司（RCA）成立，目的是确保美国不再依赖英国控制的海底电缆，参与国际无线电竞争。为了解决无线电频率的互相干扰问题，美国还在 1920 年发起并主办了第一次国际传播会议，提出了建立单一的国际传播组织的问题。

随后，经过美国不断的努力，终于在 1927 年的华盛顿会议上取得了成果。这次会议被称作“第一个真正的现代化传播会议”。这次会议共有 80 个国家派官方代表出席，64 个私人企业、广播机构和其他国际组织也派代表列席了会议，会议通过了两项重要成果，一是在消除国际传播服务之间的互相干扰方面，制定出第一张频率分配图表；二是同意了设立一个单一的国际传播组织的

---

① ［美］约翰·霍恩伯格．西方新闻界的竞争［M］．北京：新华出版社，1985：401．

原则。

在华盛顿会议召开 5 年之后的 1932 年，一战后的重要的国际传播组织——国际电信联盟（International Telecommunications Union，ITU），在马德里国际会议上创立了。国际电信联盟的前身是“国际电报联盟”和“国际无线电电报联盟”。国际电报联盟（CCITT）成立于 1865 年的巴黎，有 21 个欧洲国家和伊朗参加，它使国际间电报业务走上了有序的发展道路，是历史上第一个与传播有关的国际组织。在无线电出现之后，1903 年，在柏林又成立了国际无线电联盟，协调国际间的无线电广播，但它不是国际官方组织。在 1912 泰坦尼克号沉船事件发生后，各国开始认真考虑无线电广播国际协调问题，签署了国际公约，并加强了国际合作。随着国际间无线电传播的不断增加，急需一个实体机构对国际间信息传播进行协调管理，所以国际电信联盟应运而生。国际电信联盟的主要工作包括：建立连接各国之间的电报服务，协商订定电报的技术性标准和海上运输联系装置的技术标准，规定密码的使用以及保证信息隐私权等问题。当利用有线电话进行国际交流和利用无线电发送电报时，类似的问题也须在电信联盟中加以解决。[①] 国际电信联盟的成立有助于在国际传播中确立统一的技术标准，规范国际传播的管理，促进了现代国际传播的发展。由于这个联盟是被美国主导成立的，所以又被称为美国版的传播的“华盛顿体系”。

然而，传统的传播霸主英国并不甘心自己的地位旁落，再加上战败国德国不满意自己的地位，苏联没有加入进来，这些因素也导致了国际电信联盟并不能顺利地限制传播竞争、建立良好秩序。

与此同时，传统的由“三边四社协定”所建立的世界信息传播体系也开始破产。1907 年出现的合众通讯社一开始就不受原来协定的约束，打破“三方四社”的限制开始跨界的新闻传播。在一战中，各大国从战争实践中进一步认识到了对传播系统控制的重要性。一战中，由于德国战败、英法衰落，沃尔夫社不再是世界性通讯社，哈瓦斯社、路透社的势力也不如战前强大。美联社开始成为国际性的通讯社。1914 年，美联社脱离了“三边四社协定”，开始

① 关世杰. 国际传播学［M］. 北京：北京大学出版社，2004：52.

向拉丁美洲扩张，1919 年与 25 家中美洲报社签约，1930 年开始向日本供稿。1934 年，各大通讯社在拉脱维亚的首府里加开会，宣布废除过去的一切协定，各通讯社可以根据新闻自由的原则自行发展业务，国际新闻的市场由过去的欧洲垄断，再次进入了自由竞争的状态。①

通讯社的记者都是多面手，美国的通讯社的记者与有名望的路透社记者不相上下，这就使得他们能够成功地与英国这家大通讯社展开竞争。美联社记者詹姆斯・米尔斯能在巴黎拿起电话向远在布达佩斯的罗马尼亚卡罗尔国王进行独家采访。驻伦敦的合众社记者埃德・基恩和驻巴黎的合众社记者韦布・米勒被称为该地区的权威。而赫斯特报系通讯社的卡尔・威甘德在德国、俄国、东欧树立了范例。②

美国的报纸、通讯社在 20 世纪 20 年代已经将新闻报道开始拓展到全球，美国的媒体也不满足于仅仅将国际新闻带回美国，全世界也不得不更加重视来自美国的消息。在国际新闻领域，更多的是美国媒体的报道，各国媒体援引的也是来自美国媒体的消息。这是美国软实力提升的重要体现，也是国际话语权转移的表现。

## 第四节　克莱夫登伙伴们

第一次世界大战给《泰晤士报》赢得了政治声誉。北岩勋爵作为“大英帝国利益代言人”，利用《泰晤士报》获取政治势力。对他来说，这场大战仿佛是他个人的一次十字军东征。1915 年自由党政府的垮台和第一次联合政府的建立，1916 年第二次联合政府的当政，征兵制的实行，后大选和凡尔赛和约的签订，所有这些事件背后都有诺思克利夫与《泰晤士报》的影子。在这位“报业拿破仑”的独裁统治之下，“《泰晤士报》变成了一份为其主子的野心喝彩叫好的报纸了”。他还给这家报纸带来了专业化的商业观念。

① 刘笑盈，何兰．国际传播史［M］．北京：中国传媒大学出版社，2011：29.

② ［美］约翰・霍恩伯格．西方新闻界的竞争［M］．北京：新华出版社，1985：406.

在经营管理上，他引进了新的排版和印刷设备，雇用了一批推销员推销广告，并降低报纸售价以提高竞争力。在报纸业务上，他主张改进标题，多登短文，刊载轻松社论，增办趣味专栏，改善版面的编排设计，以加强报纸的可读性。到第一次世界大战后，《泰晤士报》销量达到31.8万份，创问世以来发行最高纪录。

诺思克利夫通过接连不断的指令对报纸实施全面控制，他曾对乔治·巴克尔许诺在买下《泰晤士报》后保证编辑部的独立地位，但当巴克尔同他在政治观点和经营政策上发生分歧时，他便迫其退休。继巴克尔之后任主编的杰弗里·道森也因同他意见不合而离职。他不仅干涉编辑大政，而且不厌其烦地过问具体新闻的选择，由此确定了《泰晤士报》的新的新闻价值标准。一次，他抱怨说："阿方索（西班牙国王）总是在微笑，这不是新闻。如果能弄到他哭泣的照片，那才会成为新闻！"

1922年，诺思克利夫去世，舰队街的霸主《泰晤士报》易主，被英裔美国资本家、下议院议员约翰·阿斯特与约翰·沃尔特第四花费了158万英镑买下。他认为自己购买的是一个国家机构，而不仅仅是一家报纸。为此他成立了一个托管组织，其责任是"保证《泰晤士报》的所有权永远不会仅仅被看作商业的问题，或落入卑劣的人手中"。

随着新的管理机构的成立，《泰晤士报》在某种程度上成为了新闻界的一座纪念碑。尽管该报在帮助解决爱尔兰危机中成绩卓著，但是它在外事方面的领导地位早已为其他报纸所取代。斯蒂德离开了主编职位，在新闻界成了被遗忘的人。在新主编杰弗里·道森的领导下，《泰晤士报》沦为"克莱夫登伙伴们"的一个工具。值得注意的是，国际新闻主编办公室及其支撑或与其相应的名称都被取消了。道森立即设法既担任总编，又领导国际新闻报道班子，即使最乏经验的记者也能向他指出这样会产生什么后果。过去像雷鸣般的喊声，现在变成吱吱喳喳的低声细语了。①

克莱夫登集团被当时的著名记者科克伯恩称为"第二外交部"，英国上院议员、《观察家报》老板阿斯特勋爵经常在自己位于伦敦附近的白金汉郡的克

---

① ［美］约翰·霍恩伯格. 西方新闻界的竞争［M］. 北京：新华出版社，1985：366.

莱夫登庄园举办沙龙讨论英国的内政和外交。劳合·乔治、鲍尔温、张伯伦、哈利·法克斯等政要人物都是那里的常客，由此形成了一个强大的政治压力集团。克莱夫登集团的人物利用手中控制的舆论工具，经常以民意的面孔出现，宣扬亲德反共、敌视法国的政策，坚信英德和解才是欧洲美好未来的关键。更有人亲自进行绥靖活动。

绥靖政策是怎么来的？

一战结束后，英国继续执行“扶德抑法”的均势政策。德国的经济迅速恢复和发展，1927 年德国工业生产已恢复到战前水平，1929 年则超过英法，居世界第二位。1929 年，世界性经济危机爆发，对英国的经济雪上加霜。生产急剧跌落，外贸严重萎缩。由经济危机引发了国内政治动荡，工党勃然兴起。伴随着 20 世纪 30 年代德国的重新武装和德、意、日侵略扩张的不断扩大，英国对德政策由保持欧洲大陆传统“均势”的扶德政策，逐渐转变为完全的对德绥靖政策。英国的媒体在这时也为绥靖政策唱着赞歌。在军事方面，英国一味消减国防开支，迟至战云密布的 1939 年才着手大举重整军备。英国在鲁尔事件结束后 10 年里成为欧洲政治的独一无二的主导者，但是绥靖政策促使英国在希特勒上台、慕尼黑事件中无动于衷，一件件事情的发生最终导致了第二次世界大战的爆发。

《泰晤士报》和舰队街报纸的绥靖宣传也为英国媒体历史抹上了不光彩的一笔。20 世纪 30 年代，英国一些重要的独立报刊正极力卖劲地对独裁者展开绥靖宣传。《泰晤士报》得到了对独裁者进行绥靖的名声主要是由于它支持内维尔·张伯伦首相的各项政策，对西班牙内战表示毫无兴趣，后一件事使该报成为英国自由党人的攻击目标。研究那段时期《泰晤士报》的历史学家说：“当时《泰晤士报》最希望的是俄国不再通过第三国际进行干涉，德国人则安分守己。使德国人安分守己的办法便是采取合理的和解态度。在《泰晤士报》看来，幸好这就是首相和外交大臣的态度。”一些保守派报刊也持和《泰晤士报》一样的观点和态度。①

《泰晤士报》对德国兼并捷克斯洛伐克的报道使绥靖宣传达到了顶峰。当

---

① ［美］约翰·霍恩伯格．西方新闻界的竞争［M］．北京：新华出版社，1985：463-464．

苏台德骚动和纳粹对捷克进行讹诈的伎俩达到高潮时，伦敦《泰晤士报》在1938年9月7日发表了一篇社论，引起了轰动。这篇社论是主编杰弗里·道森修改审定的，它指出了一个不容争论的事实：苏台德区的日耳曼人生活在捷克斯洛伐克共和国内“并不感到安定”。文章接着说：“捷克斯洛伐克政府应考虑一下，是否应该断然拒绝这个在一些地方得到广泛支持的方案，这个方案将把一小部分外籍人口划分出去，合并到与他们同民族的国家，从而使捷克斯洛伐克成为一个单一民族的国家。无论如何，在任何一个渴望被视为永久性的解决方案中，日耳曼人所表示的愿望具有决定性的重大作用。不难想象，捷克斯洛伐克成为单一民族国家得到的好处将会超过失去边界上的苏台德日耳曼人地区带来的不利之处。”人们广泛认为是英国外交部授意这篇社论不加掩饰地建议捷克屈服，但是《泰晤士报》否认此事。愤怒的捷克驻伦敦公使简·马沙利克坚决要求英国外交部作出解释。英国外交部表示这篇社论根本不表达英政府的观点。道森成为风暴的中心，他在与外交大臣哈利法克斯勋爵共进午餐的第二天愤然写道：“仅仅对一纸建议就表现得义愤填膺，真是荒唐……这个建议说，在一系列可能出现的解决办法中，不应当完全排除变更边界的可能性。”

希特勒从中得出了自己的结论，显然，捷克抵制能否成功，关键在于英国，而英国对于《泰晤士报》是否有意泄露天机并不真正感到恼火，这也同样是很清楚的。不管怎么样，这个纳粹党魁放手干下去了，迫使英法两国在慕尼黑摊牌，最终，轻而易举地夺得了捷克斯洛伐克。①

《泰晤士报》和英国的一些媒体为绥靖政策做的这些宣传是它走向衰落的起点，因为从这时起，英国不再是欧洲和世界的霸主，英国的媒体也不再拥有广泛的话语霸权。英国媒体时代结束了，美国媒体逐渐取代了他们的位置。这也是英国软实力下降的一个起点，也是英美两国话语权交替的节点。

---

① ［美］约翰·霍恩伯格．西方新闻界的竞争［M］．北京：新华出版社，1985：466-467.

# 第五节　丘吉尔的声音

在2002年，BBC举行了一个名为“最伟大的100名英国人”的调查，结果丘吉尔被选为有史以来最伟大的英国人。

为什么一个前首相能获此殊荣？

因为他的演讲和作品。

如果丘吉尔只是一个政治家，他恐怕难以在英国人民心中达到这样一个高度，也难以对英国产生这样大的影响。正是他的文学作品和演讲中表现的英国精神，才成就了他的辉煌。

“二战”中，丘吉尔的声音通过广播传遍英伦大地，给绝望中的英国人带来希望，抚慰了成千上万受伤的心灵。

1940年5月13日，在“二战”已经进入紧张关头的时候，丘吉尔临危受命，组建战时内阁，他发表了《热血、辛劳、眼泪、汗水》的著名演讲。《星期日泰晤士报》评论说：“今天，温斯顿·丘吉尔不仅是英国精神的化身，而且是我们的坚强领袖。不仅英国人，整个自由世界都对他无比信任。”丘吉尔精妙绝伦、掷地有声的讲话极具感染力和震撼力，为世人经久传诵。战后，丘吉尔的声音被称为“二战”中英国的三宝之一。[①]

丘吉尔的声音之所以能获得这么大的影响，正是因为广播在“二战”中的普及。

广播在“二战”的宣传中起到了关键作用。和一战的传单大战不同，“二战”的宣传战是广播战。

美国学者福特纳认为，德国和英国的广播都是政治宣传，不过这是两种不同的宣传，可以用“白”与“黑”来表示。英国的白色宣传在于传递真实信息，而德国的黑色宣传则倾向于策略性是使用谎言和断章取义。两种宣传都是

① ［美］威廉·曼彻斯特. 光荣与梦想［M］. 广州外国语学院美英问题研究室翻译组译，北京：商务印书馆，1978：311。另二宝是皇家空军的勇气和莎士比亚的名言：“我们英国人从来不曾跪倒在征服者的脚下，将来也不会。”

为了达到争取人心、赢得战争的目的，但是选择的方式不同。① 事实上，英美的白色宣传比黑色宣传更有效。确实，英国在宣传战中运用各种方式，再次赢得了胜利。

1940 年 11 月的一个晚上，BBC 的比利时播音员维克多·德拉维里突发奇想，决定用英文 Victory 的字头“V”作为代表胜利的符号。“V”字运动很快便风靡了整个欧洲。丘吉尔对“V”字运动给予了热情的赞扬和大力的支持。在发表演讲、会见客人以及在任何其他合适的场合，他都打出“V”字手势，并向人们解释其含义，倡导人们都来使用它。同盟国的高层官员们也纷纷仿效丘吉尔，在各种公开的场合频频使用“V”字手势。在他们的带动下，“V”字运动的范围不断扩大，整个欧洲“V”字几乎无处不在。②

BBC 著名的播音员诺曼·伯其特、约瑟夫·麦克劳法、布鲁斯·贝尔弗云奇、阿尔瓦·列德尔多、作家约翰·普里斯特利和乔治·奥威尔的评论节目使 BBC 在战争宣传中发挥了重大的作用。

BBC 在“二战”时成为英国对外宣传的喉舌。1939 年对德宣战后 BBC 不断增加新的对外播音语种，全部业务转入战时体制，至 1944 年，使用 39 种语言，每周对外广播 763 个小时，居各国之首。BBC 在 1939 年有 4000 员工，到了 1940 年初扩充为 6000 人，后来是增加到近 1.1 万人。由于报道战况及时、准确，它成了西方世界声誉最高、影响最大的国际广播电台。③

BBC 的广播有着几个鲜明的特点，一是 BBC 虽然带有半官方性质，与英国政府关系密切，但是在业务上仍然独立运作。在战争期间，政府虽然可以凭借《紧急状态权力法》赋予的权利完全控制 BBC 的行政大权，但在实际操作中却没有实施。二是 BBC 播出的内容丰富，情感真实，吸引听众。张伯伦沮丧的声音，英国官员自以为是的话语，听力所及范围内的飞机和工厂的噪声，法国人恳求帮助的声音，英国人要求援助的声音，丘吉尔粗鲁的腔调等，都是广播的内容。为了争取美国参战，BBC 在对美广播中把美国人不喜欢的牛津

---

① ［美］罗伯特·福特纳. 国际传播——全球都市的历史、冲突及控制［M］. 北京：华夏出版社，2000：131.

② 张瑾. 对第二次世界大战初期英国对美国的宣传的历史考察［D］. 北京：首都师范大学，2007.

③ 刘笑盈，何兰主编. 国际传播史［M］. 北京：中国传媒大学出版社，2011：32.

口音换为加拿大或苏格兰口音，加入更多普通老百姓的因素，BBC 每周的“孩子呼唤回家”节目，内容是撤退到美国和加拿大的孩子通过广播对英国的家人说话。由于节目十分感人，因此被称为“眼泪操纵者”。三是 BBC 还肩负了战争信息传递的功能，成为战争中的一个重要方面。其播音内容不仅涉及时事新闻、重要人物的讲话、评论等一般性内容，还持续不断地给那些地下抵抗组织输送一种特殊的密码信息。四是 BBC 的播出内容在各国广播中时效最快、信任度最高。它消除了所谓敌我的感情，以中立的态度进行报道，新闻和解说的内容丰富多彩，使报道变得有血有肉。有的学者评价说：“英国广播公司广播内容的准确性和水平之高是令人敬佩的。在战时，它成了英国与世界最重要的联系。它的成功在于它的非常吸引人的客观姿态。”① 例如，BBC 对德国的演讲也进行转播，这招致了英国人本身的反对，如英国驻联合国大使卡登阁在日记中就写下了“为什么我们要广播荒谬的宣传垃圾”的言语。②

路透社在“二战”宣传中也起到了重要作用，一家德国报纸指责路透社的记者是“路透社的毒厨师”，能够“把劳合·乔治和丘吉尔的谎言加工成易懂的所谓‘客观性’语言，通过它伪装的高贵，获得预期的效果”③。英国政府和路透社在“大型国际新闻通讯社是重要的政治工具”这点上达成了共识。为了拓展路透社的业务和扩大英国在海外的影响，路透社需要资金。到 1941 年为止，路透社从政府那里接收了 44000 英镑作为它向海外输送特殊稿件的津贴，这些钱相当于它每年支付给英国邮政的 15000 英镑的三倍。这项“紧急安排”直到 1943 年中才取消。

英国政府在战争的爆发的同时成立了战时新闻部，它位于伦敦布卢姆斯伯里文化圈中心的一座 18 层高楼，这也是当时伦敦唯一一座摩天大楼。为了方便和媒体的联系，战时新闻部距离舰队街仅一公里。BBC 的创始人约翰·里斯在 1940 年担任了战时新闻的新闻大臣。1940 年 9 月 12 日，对美宣传工作由

---

① ［美］拉迪斯拉斯·法拉戈. 斗智［M］. 何新译. 北京：群众出版社，1962：258.

② Alexander Cadogan. The Diaries of Sir Alexander Cadogan 1938–1945［M］. David D.，ed.，New York：Putnam，1972：220.

③ Donald Read. The Power of News：The History of Reuters［M］. New York：Oxford University Press，1992：219.

道格拉斯·威廉担任，他在纽约待过十多年，曾管理过路透社，后来是著名英国报纸《每日电讯》驻纽约的记者，对新闻宣传很有经验。

在2011年第83届奥斯卡提名名单上，《国王的演讲》获得12项提名，并最终拿到最佳影片、最佳导演、最佳男主角、最佳原创剧本四项大奖。这部影片正是讲述了英国女王伊丽莎白二世的父亲乔治六世国王的故事，重点描述的就是在“二战”期间国王鼓舞人心的演讲直播。而实际上，乔治六世的王后却是幕后的大英雄，和丘吉尔一样，她积极宣扬英国精神。从伦敦遭到轰炸开始，这位36岁的王后就坚持不懈地视察被炸街道，鼓舞士气，安慰群众，语言得体。在伦敦战役进行得最惨烈的1940年9月13日，几枚炸弹击中了白金汉宫，当时王后的一句话家喻户晓：“我很庆幸遭到了轰炸，因为轰炸才使我能面对面地与东区（伦敦在空袭中受创最严重的一个区）人民接触。”《泰晤士报》一名著名编辑说：“她将普通生活的美德在高贵生活中加以发扬。她拉近王室与百姓的距离，使王室显得自然，也远远没有前几代王室那么严厉。”伊丽莎白·安吉拉·玛格丽特·博斯·莱昂选择了阳光、生活与幸福，她是英国王室的支柱之一。

无论是从电影里还是现实生活中，王后伊丽莎白确实尽其所能鼓舞英军士气，丘吉尔称她为“‘二战’中最勇敢的女人”。

宣传战中，美国的记者在这时也帮了英国不少忙。

1938年3月，美国哥伦比亚广播公司的著名主持人爱德华·默罗用1000美元包下一架27座的客机，独自直飞维也纳。在德军进占维也纳的同时，他向美国听众广播了第一篇战争报道：“我是爱德华·默罗，此刻正从维也纳报道。现在是凌晨2点30分，希特勒本人还未到市内……”这次报道被视为广播史上的第一次“现场直播”。他在伦敦主办的“这里是伦敦”的节目，更是成为广播现场报道的典范。在“不列颠之战”中，每当德军飞机隆隆飞临伦敦上空时，他都会站到一些高层建筑物上，用平静而严峻的语调，向听众报道亲眼目睹的轰炸场景。有一次，他冒着生命危险跪在下水道中，伸出话筒，使远在美国的听众能够清楚地听到轰轰隆隆的爆炸声，仿佛那些炸弹正向自己扑来。还有一回，他在一家被炸毁的商店里，将麦克风放在弹片刺穿的罐头瓶旁边，利用果汁一滴一滴溅落在地板上的滴答声，表现空袭间隙的可怕沉寂。

1940 年的 12 月 24 日，默罗对美国听众广播道："圣诞节在英国已经开始将近一个小时了。午夜时教堂的钟声并没有响。当它们再次响起时，将是宣告入侵。"① 他形象生动的报道给美国人的心灵造成了很大的震撼。诗人阿奇博尔德·梅利什后来这样评述默罗的广播："你在我们的房舍里焚烧了伦敦城，我们感受到了那熊熊火焰。"默罗的"这里是伦敦"广播对转变美国公众的态度乃至美国参战产生了一定的影响，默罗对"不列颠之战"的报道客观上成为英国宣传的一部分。

默罗在"二战"爆发前后还物色了一大批才华横溢的广播记者组。其中包括《纽约时报》一战时的名记者埃尔默·戴维斯、埃里克·塞瓦赖德（Eric Sevareid）、查尔斯·科林伍德（Charles Collingwood）、霍华德·K. 史密斯（Howard. K. Smith）等。美国《电视明星》一书，在提到默罗这个报道班子之时写道："是一个非凡的、有教养的、才华横溢的群体，可以毫不夸张地说，是他们肇始了无线电广播报道的艺术。"除了默罗外，如国家广播公司 NBC 的弗雷德里克·贝特，以及互动广播公司的约翰·斯蒂尔等最优秀的新闻人物记者会合在一起，成为美国一股强大的、影响广泛的力量，英国对美国的战时宣传在赢得美国的舆论支持，对美国的对外政策摆脱"孤立主义"起到了很大作用。

2009 年，一部描写"二战"的电影《无耻混蛋》获得了多项奥斯卡提名，如果你看过那部电影，肯定会深深记得在电影院里发生的那戏剧性的一幕幕。在当时的环境下，组织看电影是两方鼓舞士气的必要手段。《无耻混蛋》描述的是德国狙击英雄佐拉的故事。而当时英国的电影院里，也放映着类似的故事。《有翅膀的狮子》是英国战时第一部宣传长片，它的灵感来自英国皇家空军的一次小的胜利。影片夸张地赞美了英国皇家空军的战斗力量，在当时是一个成功，成为 1939 年巡演中最红的电影。《最初几天》是一部描绘伦敦准备应对无法避免的轰炸的纪录影片，呈现出英国民众的沉默、坚韧和豁达的品性。② "不列颠之战"时期的英国围绕伦敦被轰炸这一背景制作了许多电影和

① Erik Barnoww. The Golden Web：A History of Broadcasting in the United States 1933－1953 ［M］. New York：Oxford University Press，1968：146.

② 张瑾. 对第二次世界大战初期英国对美国的宣传的历史考察［D］. 北京：首都师范大学，2007.

纪录短片。英国把这些电影和短片传送给美国的亲英集团、大学和俱乐部等，并与美国著名的华纳兄弟娱乐公司签订协议通过好莱坞放映英国电影。[①] 华纳公司 1940 年放映了《伦敦能拿下它》。这部影片描述的是英国军队在闪击战中的情况，剧本是由美国《每周矿工》驻伦敦记者兼作家的昆汀 · 雷诺兹编写的。《伦敦能拿下它》在 12000 家美国影院上映，仅 1940 年就有超过 6000 万美国人观看了该片。1940 年 11 月，哈里 · 瓦特执导的《今夜的目标》表现了空袭德国的精彩情景，是由英国皇家空军饰演的。英国把这部电影作为宣传成果有意地推广。影片中，从基地和人员的准备工作到飞机的返航等几乎所有的行动，都是经过预先安排的。此片还有意以不同国家的人组成轰炸机组成员，也许正是因为这些虚构的部分，让影片受到了极大的欢迎。另一部影响较大的影片是《这里是英国》[②]，影片表现了英国中部工业地区人民反抗德国的决心，是由默罗撰写和解说的。在一个星期内这部电影就在纽约超过两百家影院上映。德国纳粹将入侵波兰时的残酷情景拍成电影《火的洗礼》在挪威放映，导致挪威政府丧失战斗意志，很快投降。而英国将这部电影改为《苦难的一幕》在国内公开放映，却大大激发了英国人对法西斯分子的痛恨之情。丘吉尔还把它作为礼物赠送给苏联和美国，使之成为一部具有世界影响的反法西斯电影宣传片，为最终打败法西斯提供了强大的精神动力。

第二次世界大战历经 8 年，于 1945 年 9 月结束，从欧洲到亚洲，从大西洋到太平洋，先后有 61 个国家和地区、20 亿以上的人口被卷入战争，作战区域面积 2200 万平方千米。据不完全统计，战争中军民共伤亡 9000 余万人，4 万多亿美元付诸流水。英国最终在丘吉尔的带领下取得了胜利，但是英国付出的代价也是惨痛的。

---

① Susan Ann, Brewer. To Win the Peace: British Propaganda in the United States during World War II [M]. Cornell University Press, 1997: 50.

② 这部影片 1941 年在英国上映时名为 *Heart of Britain*，而在美国放映时重命名为 *This is England*，这也可以看出电影人在宣传上的良苦用心。

# 第六节　重新洗牌

1948 年 1 月 30 日，在印度的比拉大厦德里花园，圣雄甘地在作晚祷时被印度教极右分子开枪暗杀。不久前，他刚刚赢得了一场绝食斗争的胜利。79 岁的他仍然在为平息印度独立后的骚乱进行着斗争，同时也遭到了极端势力的仇视。

就在致命的枪声响起后，《纽约时报》记者罗伯特・特朗博和文森特・西恩首先赶到现场。中国的好朋友，《红星照耀中国》的作者埃德加・斯诺也在近旁。合众社常驻记者詹姆斯・迈克尔向世界发出了了第一份关于甘地遇刺的急电。

这是一个很不寻常的讯号。

将近一个世纪以来，路透社在印度几乎没有遇到与之竞争的对手，可是在甘地遇刺时，它却输给了美国媒体。印度曾是英国的地盘，在这样的大事发生后，怎么会让美国记者们占了上风?

答案很简单，世界格局重新洗牌了。

美国成为世界霸主，而英国沦为了美国的小伙伴。

“二战”的影响众所周知，英、法、德意等老牌大国实力遭到极大削弱。美国和苏联两个超级大国即将进入冷战时代。

战后英国的衰落是不言而喻的。国际政治地位大大下降，殖民地和附属国纷纷独立，印度便是在这场独立运动中最突出的国家之一。虽然很多殖民地独立，但是英国对他们的影响还在，所以在印巴分治之后，殖民地内部的斗争和混乱就没有停止过。现在世界冲突的根源很多的都来自“二战”后重新洗牌时埋下的隐患。

据 1945 年的官方资料，战争期间英国的损失高达 73 亿英镑，约占其全部国民财富的 1/4。战争使英国债台高筑，到 1945 年，英国欠其殖民地、附属国的债务达 23. 39 亿英镑，比战前海外债务几乎增加了 5 倍。英国从债权国沦为债务国。正如丘吉尔在波茨坦会议上所承认的那样，英国“是作为世界上最大的债务者走出这场战争的”。①“二战”期间，英国海上力量损失惨重，与美国的海上实力对比发生了重大变化。战前英国舰艇总吨位为120万吨，美国为100万吨；到1947年，英国为150万吨，美国却猛增至380万吨，英国的商船总吨位也跌至美国的1/3。丘吉尔曾说：“由于战争，我们欠了美国很大一笔债。我们永远不可能拥有像美国那样的海上力量了。”

世界新闻传播格局也重新洗牌。

首先是通讯社的变化，战争使美国的通讯社迅速领先。路透社在战后由于经济困难缩小业务范围，失去了在欧美通讯联盟中的盟主地位。法国的哈瓦斯社在战时被解散，战后变为法新社，成为法国政府的喉舌，影响力减弱。德国的沃尔夫社则在战时彻底消亡。美国的通讯社则扩大了国外的新闻报道，到艾森豪威尔时代结束时，国际新闻的费用已经上升到惊人的程度。光美联社一家就要将总开支3600万美元中的将近500万美元用于国际新闻的采写，以满足1778家刊物和2042家广播、电视订户的需要。国际新闻社难以办下去，便于1958年5月24日与合众社合并，而与日俱增的国际新闻方面的开支正是合并的主要原因。②

而联合国的总部设在美国纽约，从而使美国成为世界新闻发布的中心。从1946年的联合国大会开始，一个常驻联合国的记者团开始组成。十几家美国大报，几家英国大报和几家其他国家的报纸派来了它们的记者，而许多小国由于缺乏资金而不能派记者前来工作。来自55个国家设在美国的300个新闻机构的500名记者中，只有少数记者有钱或有时间外出旅行进行采访。他们不得不依靠自己的报纸锁定的通讯社消息，或者从美国的报纸和广播、电视网中去摘选消息。③ 后来成为美国报界“标尺”的传奇报人、掌管《纽约时报》长达17年的亚伯拉罕·罗森塔尔这时也是联合国记者团的一员，他在刚刚成立的联合国总部负责报道国际新闻，那时他才24岁。罗森塔尔在这个位置上显露出惊人的才华，此后他的足迹遍及印度、瑞士、波兰、日本等地。这些地方都

---

① Rithchie Orendale. The English-Speaking Alliance: Britain the United States, the Dominions and the Cold War [M]. London, 1979: 18.

② [美] 约翰·霍恩伯格. 西方新闻界的竞争 [M]. 北京: 新华出版社, 1985: 583.

③ [美] 约翰·霍恩伯格. 西方新闻界的竞争 [M]. 北京: 新华出版社, 1985: 548, 581.

是当时东西方冷战的前沿地带，罗森塔尔完成了许多高质量的国际新闻报道，并凭借对“华沙条约组织”的深度报道获得了普利策奖。

美联社和《纽约时报》从联合国成立的一开始就进行了最持久、最深入细致的日常报道，并不断扩大记者队伍。1945 年 4 月 25 日，在旧金山开幕的联合国国际组织会议上，《纽约时报》每天在旧金山出版 4 页的传真版，显示了该报在世界独家新闻发布方面的领先地位。[①]

联合国的记者在一些国际事务中产生了影响，特别是巴勒斯坦分治问题。美国学者约翰·霍恩伯格说：“如果没有美国报界的反复敲打，美国代表团是否能够奋力苦战并在巴勒斯坦分治问题上取胜，就值得怀疑了。[②] 当然，以色列的建国还有更为深层次的原因，比如说美苏争霸需要在中东地区寻找控制点，比如说美国国内的犹太集团势力强大，比如说英国在分治问题上态度积极等。总之，分治的结果是非常可怕的。

1947 年 11 月 29 日，第二届联合国大会通过了巴勒斯坦分治的决议。决议规定：英国于 1948 年 8 月 1 日之前结束在巴勒斯坦的委任统治，并撤出其军队；两个月后，在巴勒斯坦的土地上建立两个国家，即阿拉伯国和犹太国。这一决议偏袒犹太复国主义，遭到阿拉伯国家和人民的反对和抵制。之后，以色列国成立，中东战争爆发。第一次中东战争一直打到 1949 年，当时埃及、叙利亚、黎巴嫩、约旦、伊拉克等阿拉伯国家的军队多于以色列十几倍，但是战斗力很差，打了一年多都被以色列打败。原来联合国决议划给以色列的地盘是 14000 千平方公里，以色列在停火的时候已经占了 19000 千平方公里，巴勒斯坦国已经建立不起来了。1956 年又爆发了第二次中东战争，1967 年爆发了第三次中东战争，1973 年爆发了第四次中东战争，1982 年又爆发了第五次中东战争，一直到 1988 年的 11 月巴勒斯坦国在国际调解下宣布承认以色列，这等于接受了 1947 年 11 月 29 日的联合国决议，联合国决议过了 41 年才被当事者接受是一件十分可悲的事。这也是中东地区一直冲突不断的根源。

在国际报道方面，美国媒体一骑绝尘。在第二次世界大战之后的 20 年里，

---

① ［美］约翰·霍恩伯格．西方新闻界的竞争［M］．北京：新华出版社，1985：546.

② ［美］约翰·霍恩伯格．西方新闻界的竞争［M］．北京：新华出版社，1985：549.

美国媒体开始垄断国际新闻的生产和流通。在每一件重大报道中，美国记者的数量都比别国记者多，无论是私人巨头会议、裁军谈判、限制核武器或禁止核试验谈判、联合国、北大西洋公约，或是其他国际会议的报道，无不如此。《纽约时报》拥有50多名长期驻外记者、几十名在当地雇用的临时记者。世界上没有其他报纸能够达到这一数目。不仅记者的数量说明问题，《纽约时报》和其他一些有影响的美国大报，以及美联社、合众国际社所刊登、报道的新闻，一定会在世界的大部分地方引起反响。美国媒体随着美国国力的鼎盛也奠定了全球话语霸主的地位，全世界都要聆听来自美国的声音。

能与美国媒体相抗衡的，大概只有英国媒体了。

瘦死的骆驼比马大，战后的路透社、《泰晤士报》、《曼彻斯特卫报》、伦敦《每日电讯报》仍然保持着很好的声誉。虽然已经不能和19世纪时的影响力相比，它们仍然维持着国际新闻的报道力量和强大的公信力，甚至能覆盖到一些共产主义国家。

那么另一个超级大国苏联呢？

塔斯社"二战"爆发前已经成为世界性的通讯社之一。在"二战"时，它和路透社以及其他世界性通讯社一样，把战时宣传放在首位，并取得了长足的发展。在战后，塔斯社和各加盟共和国通讯社在苏联国内外组成了一个统一的新闻通讯系统，并在100多个国家设有分社，在苏联国内有记者500多名。它昼夜以电传方式向国内外播放国际国内消息、体育消息，并印发新闻电讯稿和活页新闻。它还向苏联各加盟共和国的3700多家报纸、50家电台和80家电视台以及70个国家的300个机构播发消息，用俄、英、西、法、德、阿拉伯六种文字对外播发消息。

虽然塔斯社在社会主义国家阵营里地位崇高，但是西方通讯社的实力仍然雄厚，在20世纪的诸多重大事件中，我们看到的更多的仍然是路透社和美联社的存在。以至于这种国际传播秩序的不平衡在20世纪六七十年代引起了诸多学者的关注，第三世界国家还掀起了建立国际传播新秩序的浪潮，而这种国际传播秩序的不平衡也反映英美的话语霸权，从某种程度上也反映了了国际关系的不平衡。

英国作为传统的大国虽然衰落了，但是它凭借出色的外交活动在国际社会中仍占有一席之地。英国在“二战”后的软实力在继续提高。

战后，国际社会的主要矛盾成为美苏争霸，“冷战”时代到来。欧洲是两个超级大国争夺的战略重点。英国是联合国常任理事国之一，通过卓有成效的外交努力，推动美国摒弃孤立主义，承担起欧洲安全和防务的保障责任，促进了欧洲“新均势”的形成，维系了国际地位。1949年8月24日开始启动的“北大西洋公约”，使美英实现了各自的外交意图。“英国将领导世界这一任务，连同其全部负担和全部光荣，一齐移交给了美国。”[①] 英国转嫁与自身实力已经不相符合的负担，通过与美国的特殊的战略联盟，在一定程度上维持了大国地位，“它甚至被看成是保证冷战中力量平衡的关键所在”。[②]如同近代史上欧洲经历每次危机的时刻一样，西欧国家再一次将目光投向海峡另一侧，而此时，不列颠也正准备再次扮演中流砥柱的角色。

1947年6月5日在哈佛大学的毕业典礼上，时任美国国务卿的乔治·马歇尔在哈佛园（Harvard Yard）纪念教堂的台阶上，宣告美国已为帮助欧洲复兴作好了准备。这篇由查尔斯·博伦（Charles Bohlen）起草的演讲词中没有提及任何的细节和数据。号召欧洲人团结起来、共同规划一个他们自己的重建欧洲计划，然后由美国为这一计划提供资金才是这一演讲中最为关键的部分。

美国民众当时并没有意识到这一历史性演讲的重要。因为演讲现场特意没有邀请任何美国记者，而且总统杜鲁门还特意于同日举行了一次记者招待会，以转移国内媒体的注意力。因为这是要给欧洲送钱，怕美国人民不买账。

相映成趣的是，美国却积极联系欧洲媒体报道，特别是英国媒体，英国广播公司（BBC）还全文播送了这篇演讲。马歇尔计划实施了四年，促进了欧洲的一体化，英国在其中获得了大多数份额，经济逐渐恢复。

不久，苏联就出炉了马歇尔计划在东欧地区的“替代计划”，该计划主要包括了对东欧国家的经济援助以及发展东欧国家对苏联的贸易——这就是著名

① ［英］梅德利科特（W. N. Medlicott）. 英国现代史：1914～1964［M］. 北京：商务印书馆，1990：281.

② Brian Brivati, Harriet Jones. From Reconstruction to Integration: Britain and Europe since 1945［M］. London, 1993: 16.

的莫洛托夫计划（Molotov Plan），也就是后来经济互助委员会（COMECON）的雏形。

1952 年，英国第一颗原子弹在澳大利亚蒙特贝洛沿海的船上试爆成功，使其有资格继美国、苏联之后成为世界上第三个拥有核武器的国家，有力地保障了国家在战略安全上的主动性。①

战后的十几年里，英国的殖民地纷纷独立，英国告别了殖民时代，日不落帝国终成传奇。

然而，独立的殖民地大多留在英联邦内，比如印度、澳大利亚、加拿大等重要的大国，英国对前殖民地仍然有巨大的影响力。“二战”的磨难更加强了英帝国的荣誉感和大国意识，增进了英联邦国家之间的联系。帝国与联邦作为一个“大家庭”，同荣辱，共进退。

而且，战后英联邦的社会经济联系还得到了加强。这种松散的国家联合形式，使得英国有计划地从容不迫地进行渐进性调整。

1941 年 10 月 1 日，在新闻大臣布伦丹·布雷肯的倡导下，提出了“英帝国收费率”计划。从英联邦的一地向另一地发消息，都可以享受一便士一个字的收费。这促使英联邦国家在第二次世界大战期间充分交换消息。到 1945 年，电报和无线电公司每周处理 200 万字的报刊材料。6 年之后，降至每周 50 万字。即使是这一数字也比战前的总数多 136％。此后，英联邦国家之间的国际新闻报道一直在增长。在 1963 年 4 月结束的 12 个月中，按英联邦收费率每周处理的报刊材料为 132 万字。② 这样的制度加强了英联邦内的联系，直到今日，英联邦成员仍然在国际事务领域发挥着重要的作用，英国对这些国家的影响力犹在。

“二战”后，美国拥有的黄金占当时世界各国官方黄金储备总量的 75％以上，几乎全世界的黄金都通过战争这个机制流到了美国。所以，著名的布雷顿森林货币体系（Bretton Woods System）开始左右战后 30 年的国际金融市场。1946 年，英镑仍然在在英帝国内占有统治地位，很多殖民地都将英

① 姬国伟. 略论英国“三环外交”政策与欧洲新均势的形成［J］. 社科纵横，2006（6）.

② ［美］约翰·霍恩伯格. 西方新闻界的竞争［M］. 北京：新华出版社，1985：618.

镑作为货币流通，这是英国软实力强大的一个重要表现。在 1949 年 9 月 19 日，英政府决定对英镑贬值 30%，从 4.03 美元到 2.8 美元，这种变化促使其他的国家也对美元贬值，包括澳大利亚、丹麦、爱尔兰、埃及、印度、以色列、新西兰、挪威和南非。[①] 随着英联邦的产生，联邦国家都发行了自己的货币，如澳镑和爱尔兰镑。但是这些英联邦地区的货币都和英镑挂钩。这足见英镑的影响力，但是英镑贬值给报业带来的打击也是巨大的。1967 年 11 月 18 日英镑贬值 14.3%至每英镑兑换美元 2.41，报纸因此减少了 20%的广告收入。

第一次世界大战、世界大萧条、第二次世界大战等等重大事件的发生深刻改变了世界格局。在这些重大事件中，英国始终扮演了主要角色。在第一次大战结束后，英国的殖民体系虽已开始动摇，却还没有崩溃。从 20 世纪 20 年代起，“大不列颠”则以战胜国的姿态，运用其纵横捭阖的外交手腕，活跃地周旋于欧洲以至世界的外交舞台上，显得举足轻重，在一定程度上依然保持它旧日“殖民帝国主义”的声威。美国、德国开始崛起，并且开始和英国争夺世界霸权。英国对欧洲大陆采取的均势政策后变为绥靖政策，最终又导致第二次世界大战的爆发。二战之后，英国进一步被削弱，国际霸权被美国取代，国际社会进入了美苏争霸的冷战时代。

20 世纪 70 年代，英国货币交易已经创造了实体的欧元市场，这个市场导致美国政府更加难以保持美元的黄金标准，布雷顿森林体系最终崩溃。此时，大部分英联邦的成员已经选择自由地对美元和英镑浮动。[②]

通过对 20 世纪上半叶英国媒体和英国的大国兴衰的考察，我们可以看到硬实力与软实力是如何相互影响，又相互矛盾的。在硬实力方面，由于英国的衰落和美国的崛起，世界经济、军事霸权转移到美国。在媒体方面，由于美国硬实力的增强，美国媒体的实力也不断增强，华盛顿最终取代伦敦成为世界的新闻中心，美国也奠定了传媒大国的地位，取得了国际话语权。

所以，我们可以得出这样的结论，在 20 世纪上半叶，英国的软实力随着

---

① 引自《英镑的历史》，百度贴吧，2013 年 9 月 24 日，http://tieba.baidu.com/p/2613416580.

② 引自《英镑的历史》，百度贴吧，2013 年 9 月 24 日，http://tieba.baidu.com/p/2613416580.

硬实力的衰落而有所衰落。与19世纪末的顶峰相比，英国媒体和文化已经让位于新兴的世界霸主美国。

但是值得注意的是，虽然英国的软实力有所衰落，但是衰落得并不明显，相比于硬实力，在某些方面还有所加强。例如，一战和“二战”中英国媒体的表现和宣传的成就，对国际舆论和战争局势的作用巨大，路透社和《泰晤士报》等国际一流媒体仍然在战场上派出记者，发回独家新闻报道。BBC的广播奠定了它的世界影响，影响了战争的结果。

在战争期间，英国报纸发行总量增加到1500万份，达到历史的顶峰。英国作为世界上最庞大的老牌殖民帝国，通过英联邦体制和外交、制度的变革依旧对世界政治产生影响力。英国的民主政治制度、自由主义传统、创新精神对战后新独立的民族国家都产生了重大影响。这些都是英国软实力提升的体现。在20世纪中叶，英国仍然是世界大国，英国的媒体仍然在世界上发挥着影响。

这种软实力和硬实力不相称的现象是有趣的，值得我们研究。或许我们可以这样认为，硬实力的兴衰是比较容易的，一场战争、一次新的科技革命，就可以促使一个大国的崛起和衰落。但是文化软实力的积累确是需要时间的，是历久弥新的。文化是文明成果中那些历经社会变迁和历史沉浮而难以泯灭的、稳定的、深层的、无形的东西，“文化”却又以具体的、有形的、可感的、不断处于生生灭灭之中的具体创造物体现出来的。① 英国的报业经过几个世纪的发展，形成的各种优秀的文化传统和发达的传媒业体系是很难以一时间败退的。而且随着时间的推移，这种文化传统和内在的制度变革的力量会不断加强，并在20世纪后半叶继续产生影响。

从20世纪中叶开始，在媒体领域，电视出现了，加剧了传媒业的变革，报业开始衰落。在经济上，新闻媒体更加独立，也更容易集中，国际新闻也走向商业化。这一系列的变化也导致了在20世纪下半叶和21世纪英国媒体产生的巨大变化。英国的媒体也在这样的时代剧变中成长着、衰落着、变化着。

---

① 兰馨. 提升国家文化软实力的媒体策略研究［J］. 新闻界，2010（6）.

# 第七章　传媒帝国

## 第一节　“沃平”革命

### 一、默多克时代

1952 年，正在英国牛津大学读书的默多克因父亲去世赶回澳大利亚处理后事，继承了父亲给他留下的几家处于亏损状态的报纸企业。

同年，英国女王伊丽莎白二世在威斯敏斯特教堂登基，开始了对大英帝国新的统治，保守党继续执政。

同样是 1952 年，《泰唔士报》也换了一位新主编——威廉·哈利爵士。

此时的《泰晤士报》早已不复往日“大雷神”风采，被人讥笑为“抱怨者”，其发行量跌至 23 万份。

绥靖的代价也在慢慢显现。阿斯特顽固保守，“把该报当作一座古老的房屋，全国信托公司允许他们居住的条件是不能对该报作任何改变”①，阿斯特掌管《泰晤士报》40 年，于 1962 年由其子接办。他声称并不重视《泰晤士报》是否赢利，只希望报纸能“为大英帝国效力”。

新主播哈利意识到这样下去是危险的。

20 世纪 50 年代末期，他在一份备忘录中写道：“《泰晤士报》给人的主要印象是一家以政治为主的报纸。政治当然是重要的。世界从未像今天这样风云

① ［英］西蒙·詹金斯. 英国报业大亨内幕［M］. 北京：新华出版社，1982：34.

变幻……但同时世界也在试图摆脱政治。对新一代人来说尤其是如此。他们对其他地方的科学、技术、经济、艺术等的兴趣正日益增长。第一家意识到这一趋势并使之发展的严肃报纸将成为领路人，《泰晤士报》应该做这样的领路人。”①

哈利采取了一系列措施，力图给《泰晤士报》带来新的起色。在办报方针上，他主张为了成功地同《每日电讯报》和《曼彻斯特卫报》竞争，报纸要扩大范围，面向社会各阶层的受过教育的读者，而不仅仅是服务于少数社会精英。为此，他引进了照片和漫画，简化了报头，把广告请出头版，并增加了妇女专页。但是他提高报纸商业竞争力的努力并未扭转该报的困难局面。

这不仅仅是《泰晤士报》的问题，而是由于整个传媒环境和国际环境的变化。

“二战”后，英国报刊业在经历了短暂的繁荣后，就开始走下坡路，报业在结构、所有权和内容上也发生了重要变化。

1939 年第二次世界大战爆发后，英国开始实行报纸纸张定量制。纸张和新闻纸的定量供应将报纸的平均版面减少到 20 世纪 30 年代的三分之一到四分之一。直到 1956 年废除配给制之前，报纸的平均版面一直是 1930 年时的三分之一。② 由于人们渴望了解战场情况和前线消息，英国民众在第二次大战期间养成了购买两三份日报的习惯，因而英国报纸的发行量大幅增长。战争期间，报纸发行总量增加到 1500 万份，其中以《每日快报》和《每日镜报》所占的比例最大。③ 在战争结束之前，这两份报纸几乎占据了全国新日报一半的销售份额。如此一来，英国报刊业在 50 年代中期呈现出一定的繁荣。

但是，好景不长。1956 年，英国取消纸张定量，报纸（特别是大报）纷纷增加篇幅，提高报价。人们就不再购买两三种报纸，报纸发行量开始不断下滑。

在结构方面，全国性日报加强了对报业的控制，星期日报、省内日报和地

① Derwent May. Critical Times: The History of the Times Literary Supplement [M]. HarperCollins, 1986: 321.

② Tunstall, Jeremy. The Mass Media in Britain [M]. London: Constable, 1983: 80.

③ [英] 西蒙·詹金斯. 英国报业大亨内幕 [M]. 北京：新华出版社，1982：15.

区性周报遭受了大的打击。报纸出现了“通俗报刊”和“高雅报刊”之间两极分化现象。走中间路线和一般性的报纸渐渐消亡，小报开始兴起。

《泰晤士报》在此情形下就面临着何去何从的问题。在此情况下，它是应该继续保持上流社会的传统特征呢，还是应该扩大自己的基础，以满足新增加的读者群的需要呢？

这是一个充满挑战的时期。

1966年《泰晤士报》亏损达30万镑，不得已易主。阿斯特家族将其卖给了加拿大报业巨头罗伊·汤姆森。汤姆森是个大工商家、银行家，也是国际大报业老板，拥有《泰晤士报》后，他成为伦敦舰队街号的魁首。除在英国外，他还在美国、加拿大以及南非等地拥有大量报纸。他注重报纸的商业性，有一套经营办法。1966年12月，英国政府正式批准《泰晤士报》由汤姆森接管时，曾经在英国议会里引起了愤怒的抗议浪潮。许多议员认为，“把享有很大威望的伦敦《泰晤士报》并入汤姆森的横贯全球的报业帝国，就把英国报界越来越严重的危机暴露无遗了”，“英国的独立报纸有绝迹的危险”。①

此时，35岁的默多克已经完成了在澳大利亚的报业扩张，正在雄心勃勃地准备进军英美市场。1968年秋，默多克接手英国最大的星期日周报《世界新闻报》。为了让该报重获新生，默多克借用经营家乡小报的经验，大量发布耸人听闻的文章吸引眼球，报纸发行量迅猛上升。

1976年，老汤姆森去世，《泰晤士报》在被其子肯尼司·汤姆森接管后，逐渐走下坡路，由于汤姆森的主要精力侧重在加拿大的事业，他感到续办《泰晤士报》已成为身上沉重的负担（该报包括星期日版在内，1966年至1980年间，亏损约1.7亿英镑）。

1977年底，《泰晤士报》被迫开始了被英国议会称为“悲剧”的长达11个月的停刊。为了挽救《泰晤士报》，英国政府下议院还为此进行了3个小时的辩论，力图能够最后解决劳资纠纷。议院此举未能成功，报纸终于停刊近一年。复刊后好景不长，1980年，编辑和记者又掀起罢工。小汤姆森最后决定招标出售《泰晤士报》。

---

① 乐山.《泰晤士报》的停刊［J］. 新闻战线，1979（1）.

好吧，轮到默多克登场了。

1981年2月13日，当时49岁的默多克，以1200万英镑买下《泰晤士报》、《星期日泰晤士报》和另外三个附属刊物的出版和资产。默多克在购得《泰晤士报》以后说，这是他“一生最兴奋的大事”。

在很多批评者眼中，这是一个悲剧的开始。

“《泰晤士报》只要金钱与媒体加深一点联系，言论自由就会以一种从来没有过的方式失去一点。”① 《泰晤士报》前主编在叙述这一事件时曾这样说道。

事实确实如此。

默多克抛开报纸的特殊使命和宗旨，以商业标准来衡量一切。而默多克的经营思想，正如他的第一位主编哈罗德·伊文斯所说，是“把新闻和娱乐看成一回事”。《泰晤士报》历来标榜“编辑独立自主”、“报主不干涉编辑方针”，伊文斯就因不同意“自然而然地充当保守党的报纸”，刊登了几篇赞扬刚从工党分裂出来的社会民主党的文章而被迫辞职了。默多克采用了一系列市场手段去获取厚利，如发行更多的增刊、大量增加软新闻等，使《泰晤士报》发生了面向下层读者市场的移动。英国几家全国性小报纷纷采用赌风游戏来增加销路，《泰晤士报》也步其后尘。1984年6月，四家全国性大报中只有《泰晤士报》一家推出了一种“股票组合”猜奖法，利用每天、每周奖来吸引读者，此外还增加了有关罪案、大众文化和名人轶事的短小文章。

从《泰晤士报》的几经波折中，我们可以看到，无论是加拿大人还是澳大利亚人，对英国的这份老牌的严肃报纸还是有着深刻的崇拜情节，这体现了《泰晤士报》的品牌价值和影响力，它仍是英国最重要的报纸之一，仍然是标准的国际大报。而报纸终归也是商业市场的一部分，逃脱不了经济衰退的命运。《泰晤士报》被汤姆森和默多克收购，也是报业垄断日益集中化、新闻全球化、跨国传媒集团发展的结果。从这一过程中，我们可以看到英国实力的衰弱和软实力的犹存。1988年，在《泰晤士报》200岁报庆时，报社专门组织电视采访，散发《纪念手册》。英国女王伊丽莎白二世和菲利普亲王专程到报

① Harold Evans. 底线——默多克与《泰晤士报》之争背后的新闻［M］. 黄轩译. 上海：上海财经大学出版社，2013：1.

馆祝贺。这也从另一个侧面体现了《泰晤士报》在英国历史上具有特殊的政治地位和影响力。

## 二、舰队街的悲伤

到了1980年，舰队街的印刷技术还停留在诺斯克里夫时代。舰队街的印刷工人还必须艰难地处理一锅锅铅水，有时滚烫的铅水溅上来，会把他们的手臂烫伤。1892年的活字铸造机竟然也还在使用。巨大的霍和戈斯牌印刷机震耳欲聋的轰隆声像战前一样仍然响到深夜，它那闪烁着光亮的滚条，它那极好的铜开关齿轮，以及它那雕刻的商标，都使人想起了蒸汽机时代而不是现代工业。舰队街的生产和分配制度正在很快变为报业考古学的标记。这比美国的报纸以及英国其他一些工业部门落后了近20年。

这时的美国有1750种报纸，其中只有90家仍采用舰队街通常使用的活字排版技术。而大多数新报社里，编辑和广告人员坐在无响声的电脑终端旁边，把材料放进电脑，如果需要收回材料，按一下电钮就可以收回。①

从战后到1979年，英国发生过六次经济危机。1979～1980年北海油田的开发，使经济形势一度缓和，但是后来又有了经济危机。因为经济危机引起英镑贬值、通货膨胀、物价高涨、生产成本增加、劳资矛盾尖锐等一系列问题，加重了报业的经济困难。英国报纸的衰退趋势开始的时间比较早，减少的幅度也比较大，衰退程度较美国等其他国家更为严重。

报纸的销量和种数在不断下降。1962年，英国的日报有130多种，发行量3050万，每千人拥有日报的份数为575份，居世界各国的首位。1982年，日报减为107种，总销量减为2310万份，千人拥有日报的份数减为410份。②全国性“大众化日报”和星期日报的销数减少的幅度最大，地方报纸也很明显，全国性“高质量日报”变化不大。

大众化日报《每日镜报》、《每日快报》、《每日邮报》的销量，分别自1965年的507万、389万、238万，减为1982年的354万、219万、196万。

---

① ［英］西蒙·詹金斯. 英国报业大亨内幕［M］. 北京：新华出版社，1982：75，77.

② 张隆栋. 略论英国报业衰退的由来与其前景［J］. 国际新闻界，1984（1）.

大众化星期日报《星期日人民报》、《星期日镜报》、《星期日快报》的销量，分别从1965年的558万、517万、422万，减为1982年的371万、374万、299万。1969年，星期日报纸中发行量最大的《世界新闻报》发行量开始从它的800万份的顶峰下跌，减少了近50％，最终为默多克并购，这成为他在舰队街取得的第一个立足点。1959年6月，最畅销的报纸每天可以售出1420万份，1992年时下降到1100万份；全国性晨报的发行量从1957年的1671万份下降到1994年的1358万份。① 地区性报纸的下降更加明显。发行量从1957年的1603万份下滑到1994年的740万份。

报业竞争加剧，倒闭、兼并不断。走中间路线的全国性报纸倒闭得最多。20世纪60年代，仅存的支持自由党的《新闻记事》一夜倒闭，随后又有《星期日画报》等5家报纸停刊。读者群体的变化是重要的原因。1948年，舰队街的发行量的60％属于中层读者；到1965年，这个比例下降到47％；而1982年，比例下降到百分之15％，只有《每日邮报》还留在这种中间市场的阵地上。

地区性报纸的倒闭也较为严重。1945年，英国有29家晨报，到1992年只剩下18家。1948年至1961年，格拉斯哥、诺丁汉、布莱顿曼彻斯特和伯明翰的5家重要的省内报纸倒闭。

1977年，英国“皇家报刊委员会”报告显示全国性大众报纸和全国性高质量报纸1960年广告收入、分别为报纸总收入的43％和73％。它们1975年的广告收入分别减少为占报纸总收入的27％和58％。报纸纸张价格上涨了好几倍，纸张成本占总开支的1/3，而英国的报纸纸张75％靠进口（加拿大和瑞典等国）。

20世纪80年代，在舰队街或其附近的18家主要报纸中，有10家在亏本经营。一度自诩为“全世界销路最大的晚报”——《新闻晚报》，于1980年正式停刊，并入伦敦仅存的一家晚报《旗帜晚报》。属于不同报业集团的《每日邮报》和《每日快报》合并。舰队街里险象环生，特别是报业的设备更新

① ［英］凯文·威廉姆斯．一天给我一桩谋杀案——英国大众传播史［M］．上海：人民出版社，2008：293．

与工人就业之间的矛盾日趋尖锐。报纸的发行量大幅下降，报纸的种类减少，报业更加集中在几个报业集团中。报纸亏损加剧，兼并和买卖不断。报业的竞争加剧，报纸都在为挽回数量不断下降的读者而挣扎。

一场技术革命势在必行。

沃平革命始于一场兰开夏郡的争夺。43 岁的企业家埃迪 · 沙阿（Eddie Shah）雄心勃勃地向舰队街进军，凭着 2000 万英镑的资本，配备了当时世界上最先进的技术设备，雇用一批保证不罢工的员工。这位英国—阿拉伯混血儿建立了英国第一家非工会印刷厂，工厂位于曼彻斯特附近的瓦令顿。沙阿之所以能够取得这样划时代的胜利，是因为撒切尔政府在 1980 年和 1982 年对工会进行改革，明确禁止非罢工工人因为同情罢工工人而采取声援行动。当暴徒们去骚扰那些与沙阿有关系的其他印刷厂或他的广告客户时，印刷工会被罚款 50 万英磅，这是有史以来罢工者第一次因为罢工受到损失。沙阿接着在伦敦开设了报馆，创办了报纸《今日》，这也是英国第一家彩色的全国性日报。那年晚些时候，镜报集团利用工会的失败，成功地进行了一次谈判，裁减了 6500 名工人，占全部工人的四分之一。这被称为“埃迪 · 沙阿的挑战”，也被称为舰队街“技术革命的催化剂”，它猛然间加快了舰队街技术面貌的转变。

接下来就轮到默多克了。

默多克对工会的强硬态度也引起了冲突，伦敦的印刷工会因为默多克不同意大规模裁员的要求，决定举行罢工，他们认为，只要几天不印报纸，刚愎自用的澳大利亚人就得俯首听命。但是这次不行了。1986 年 1 月 25 日、26 日两天时间，默多克把《泰晤士报》、《星期日泰晤士报》、《太阳报》和《世界新闻报》四份报纸的印刷厂从古老的波弗利街和格雷旅馆街搬到了沃平。默多克仅雇用了几百名操纵电子印刷设备的工人，就完成了原来近 6000 人的工作量。数千名印刷业工会的职工到沃平新印刷厂外面示威，不准运报汽车通行，《泰晤士报》一度不能正常发行。默多克为了自己的利益，把编辑人员由舰队街迁到沃平上班，表示绝不向旧传统屈服。这场斗争持续了长达一年的时间，导致了工潮及暴力行动。英国舆论评论说，这标志着舰队街近 300 年历史的转折。英国报业不但正从维多利亚技术时代跨进电子时代，而且将撤离舰队街。

默多克将报纸全部迁入沃平后，成本的降低给报业带来了更大的发展空间，催生了很多新的报纸和杂志，并扩展出新的集团。1986 年至 1988 年底，有 9 家新的全国性报纸在伦敦问世或宣布即将问世，其中有《独立报》、《今日报》、《星期天今日报》、《星期天体育报》、《伦敦每日新闻》、《新闻晚报》、《星期天新闻报》和《伦敦人报》。

这是诺斯克里夫革命之后，英国报业的首次空前增长。

舰队街死了，一个新的报业时代开始了。

1986 年，加拿大人康拉德·布莱克以 6700 万加元买下了《每日电讯报》时，他的对手感到很惊讶。两年后，报社的赢利就达到了这个数字。在四年之内，《每日电讯报》就成为世界上读者最多、赢利最大的报纸。

1985 年的《每日电讯报》每天平均发行 122 万份，比《卫报》、《泰晤士报》和《金融时报》加在一起还要多。但表面的繁荣掩盖不住内部的危机，《每日电讯报》还是成为跨国新闻集团的一部分。为了减少人工成本，布莱克使用了极端手段，工人们被要求工作 5 天而不是 4 天，每天的工资却从 125 英镑降为 80 英镑。不仅如此，他还大批裁员，1986 年初，《每日电讯报》有工作人员 3900 人，到 1993 年减少到 1000 人，差不多裁减了 3/4，其中印刷系统减少了整整 1500 人。同时布莱克制订的新的报纸编辑方针是："冷静而详尽地报道英国最肮脏的新闻。" 1987 年，镜报集团的老总马克斯韦尔讽刺布莱克说："他用有史以来最小的钩，钓到有史以来最大的一条鱼。" 默多克在 1990 年说，《每日电讯报》如果出售，价值 10 亿英镑。1994 年，当《每日电讯报》在伦敦股票交易所上市时，其资本总额确实接近那个数字。

这一时期又是英国报业新一轮的黄金时期。

默多克的《太阳报》、《世界新闻报》凭借黄色新闻和娱乐路线迅速崛起，成为小报文化的典型代表。《太阳报》的销量从 1965 年的 127 万增长到 1982 年的 362 万。[①] 它们在市场上占据了统治地位，并逐渐改变了英国"通俗"新闻的本质。小报的兴起加剧了报纸的分野。

与此同时，一种新型报纸——免费报纸也对传统报业构成了挑战。20 世纪 60 年代，免费报纸开始出现，而且呈现出更多类似于地方报纸的特征。但

① 张隆栋. 略论英国报业衰退的由来与其前景［J］. 国际新闻界，1984（1）.

是免费报纸发展极快，报纸的种类从1975年的185种增加到1990年的1156种，发行量为4350万份。免费报纸的出现冲击了地方付费报纸，由此造成地方报纸更加困难。

免费报纸和小报的兴起深刻地改变了报业的格局。

革命也带来了裁员风暴。默多克在舰队街的迁厂裁员风中，一次宣布开除5000多名职工，在英国报业史上创了一个新纪录。当主要的大报纷纷搬出舰队街时，各报人员被大量裁减。《快报》公司裁员4600人（它的员工总数才6800人），《镜报》集团裁员4600人，《观察家报》裁去500名兼职员工，《金融时报》裁员400人，联合报团至少裁员700人。在裁员浪潮中，报业从业人员的总数由3万人降至1.54万人。

## 三、报业的重构

英国报业在沃平革命之后似乎得到了重生，奠定了如今英国报业的基本格局。在英国报业市场上，传统大报是《泰晤士报》、《每日电讯报》、《卫报》、《独立报》、《金融时报》等，主要刊登英国国内和国际上的重大新闻，给予深入的评论和分析，这些报纸也被视为“上层市场的报纸”，读者一般是受教育程度比较高的“白领阶层”的人。小报主要是《太阳报》、《每日镜报》、《每日快报》等。还有一种报纸虽然是小报，但是仍然走中间路线，主要是《每日邮报》。小报的读者对象，则主要是收入相对低下的“蓝领阶层”的人。报纸的这种分化是英国报业的几个基本特征，也是报业市场充分竞争，报业发达的表现。

沃平革命和一批新报纸的创立挽救了报业的颓势，随之而来的是愈演愈烈的垄断化、多元化、国际化的趋势。1955年，5家大公司占据了日报68%的发行量。到1970年，这一比率上升到71%。至80年代初，5家最大的公司已控制了全国性日报和星期刊的90%以上。60年代以来，报纸的所有权结构开始发生变化，由家族控制向大公司控制转化。到80年代末期，在伦敦出版的13家全国性日报和8家星期刊中的大部，以及地方报纸中的一部，或为具有多种利益的大型工业集团所占有，或为在产业基础上经营的专门化的报业公司所控制。

报业的多元化发展也很明显。“二战”以前，多数的新闻帝国只对报纸和印刷公司感兴趣，然而“二战”结束后，报业集团开始了多元化经营的道路，进入了其他媒体和非传媒领域。报业集团开始涉足电视领域，对新成立的电视公司控股，同时又兼并了许多重要的出版社。例如，1966 年购买《泰晤士报》的汤姆森报业集团。在接管该报之初，汤姆森除在加拿大拥有一些报纸和电台外，还在英国有《苏格兰人报》、苏格兰电视和凯姆斯利报系。而到 1976 年他去世时，他的企业已发展成为一个包括北海石油、旅行社、房地产、书籍出版、广播电视、电信系统、北美的报纸和加拿大的百货公司的跨国公司了。默多克的新闻集团开始只不过拥有澳大利亚阿德莱德的两家报纸，到 1983 年，该公司收入已达 14 亿美元，1986 年上升到 27 亿美元，已发展成为世界上最大的传媒集团之一。默多克在英、美、澳拥有 150 多种报刊、电台、电视台、电影制片厂和其他多种企业。而且，汤姆森和默多克都是外国人，所以他们的到来给英国的传媒业产生了更多的冲击，带来了更多的国际化元素。英国的报业也越来越明显地感受到自己成为大型国际商业帝国的外延。

进入 90 年代，新媒体浪潮凶猛而来，各报业集团开始纷纷与数字和网络技术结缘。数字和网络技术对传统报业提出严峻挑战，同时也给报业发展提供了新的机遇。

进入 21 世纪后，报业受到的冲击愈发明显，发行量不断下降，损失日益严重。在 2000 ~ 2010 年的十年中，英国有 70 家地方中小型报纸死亡，发行量超过 20 万份的 9 份全国性报纸，也无一例外地面临发行量下降的尴尬局面。《太阳报》的发行量，从 2000 年的 360 万份下降到 2011 年的 300 万份；《泰晤士报》从 2000 年的 70 万份下降到 2011 年的 40 万份；《快报》和《卫报》的发行量，也分别从 2000 年的 100 万份和 40 万份下降到 2011 年的 60 万份和 30 万份。

在新媒体浪潮的冲击下，一些传统的报业集团纷纷转型，成为多媒体集团，而且这种趋势正在向更深、更广的方向发展。报业中最为传统的卫报集团，不仅拥有《卫报》、《观察家报》（*the Observer*）和《曼彻斯特晚报》（*Manchester Evening News*）等 44 家地区报纸，还购买了 5 家商业电台，运营着英国最大的汽车交易网，旗下的电视台、印刷、出版、咨询等很多业务都已经在为卫报集团贡献利润。①

网络发展提高了英国报纸的影响力和竞争力。联合报业集团旗下的《每日邮报》网站流量在2011年超过了《纽约时报》，跃居世界第一。在网络上称雄英语世界之后，《每日邮报》于2011年4月进军美国纽约，设立了自己的采编部，有媒体预测《每日邮报》将在美国市场上发行自己的报纸。老牌报纸像《金融时报》、《泰晤士报》的核心竞争力在网络时代有所加强，扩大了影响。它们坚持自身的高品质，推行在线收费，它们的订户相当高端并分散在全球各地。②

然而，不是所有的尝试都能成功。2011年4月，新闻集团推出了基于iPad的全电子化报纸《The Daily》。默多克再次成为第一个吃螃蟹的人，他试图开创报业的新时代。不到两年时间，*The Daily*即遭遇滑铁卢，于12月15日停止发行。默多克将该项业务的技术和其他资产，包括员工，转移到新闻集团旗下的《纽约邮报》部门。默多克曾相信*The Daily*是在数字时代使新闻采集业务生存下去的模式，但是他还是错了。

在新媒体领域，默多克已经不止失败了一次。2005年，默多克击败竞争对手购得社交网络MySpace，共花了5.8亿美元。当时人们赞扬他的胆略和远见，认为新闻集团将借此进入互联网时代。6年过去，新闻集团忍痛以3500万美元价格将Myspace卖给一家广告公司。曾经的“远见卓识”变成了“耻辱”，其中也蕴含着传统媒体做新媒体的一些根深蒂固的困难和问题。日益增加的人力成本（The Daily一开始就请了100多号人）、日益兴起社交媒体（Facebook）、不断变化的用户群体，使得传统媒体在新媒体时代的重构也是障碍重重。

但是，不管怎样，英国的报刊业仍然非常发达，是传媒帝国的重要组成部分。英国只有24万平方公里和不到7000万的人口，相当于中国的一个省。但是英国现在共有12家全国性的报纸，其总发行量达到1400万。

在英国，有80％的成人至少读一种全国性的报纸，而有的报纸的阅读率

---

① 袁世杰．英国报业的产业化运作模式［J］．记者摇篮，2007（2）．

② 刘晓博．报纸的“哈姆雷特之问”——以英国报业为例［J］．青年记者，2011（8）．

是75%。最大发行量的《太阳报》、《镜报》和《每日邮报》紧随其后。

各类期刊也影响巨大。如《秘密的眼睛》(*Private Eye*)、《经济学家》(*Economist*)、《自然》(*Nature*)等都是非常成功的出版物。《秘密的眼睛》经常调查和揭示许多与生活相关的政治和商业丑闻;《经济学家》,正如它的名字所揭示的,提供国内和国际经济情况的背景和分析;《自然》是国际一流的学术刊物,有着很高的地位和影响力。大部分的英国期刊市场定位精确,锁定专门的读者消费群体,在世界上都有很大影响力。目前,英国就有3000多种的杂志在发行。

从报纸广告收入来看,2004年英国整个报业的市场规模是78亿英镑左右。英国报纸产业,无论规模、品质、数量还是种类,都是举世公认的一流水平。英国报业之所以能形成今天这样一个产业规模,离不开一个成熟稳定的产业化运作模式的有效支撑。

## 四、窃听风暴

2011年7月4日,就在默多克的传媒帝国如日中天的时候,英国《卫报》在头版报道了《世界新闻报》曾于2002年窃听一名被绑架的失踪少女米莉·道勒及其家人电话的丑闻,从而引发了一场撼动英国媒体、政界、警方的窃听风暴。

《卫报》的记者戴维斯早在2005年开始就关注《世界新闻报》的窃听行为。2005年《世界新闻报》刊登了威廉王子受膝伤的消息。王室职员认定,默多克旗下这家小报只有窃听威廉王子才可能知道伤情,要求警方调查。调查结果导致两名为这家报社工作的人员——记者克莱夫·古德曼和私家侦探格伦·马凯尔——2007年入狱。两人入狱原因是窃听留在王室职员手机内的信息,其中一些来自威廉王子和哈里王子。《世界新闻报》时任主编安迪·库尔森声称对两人行为一无所知,却依然宣布辞职。不久,库尔森投入时任反对党领袖戴维·卡梅伦麾下,出任新闻主管,直到后者成为首相。这一事件的影响渐渐淡去,但戴维斯依然跟进调查报社窃听事件。他怀疑,窃听电话的技术手段应用绝非个案。他动用自己在《卫报》工作30年构筑的人脉,经历警方怠慢和同行奚落。终于,在6年后,戴维斯得到了确切的证据,在《卫报》刊发了窃听丑闻，《世界新闻报》的窃听行径不仅干扰了警方破案，同时也给受害人家庭造成了难以弥补的精神创伤。消息一出，随即引发各方密切关注和社会的一致谴责。随后，出版160多年的《世界新闻报》宣告停刊，新闻集团多名高层辞职，接受司法调查。默多克父子等人在伦敦就窃听事件接受英国议会问询，市民则在议会外抗议窃听丑闻。

虽然在庭审当日邓文迪英勇护夫的行为让这个“虎妻”名噪一时，但是窃听丑闻给新闻集团的打击已经不可估量。

《世界新闻报》是一份什么样的报纸？为什么带来的影响会如此之大？

作为一份英国老牌的星期日报，《世界新闻报》在默多克1969年接手后的每周销量一度达到800万份，而当时英国人口不过5500万左右。虽然进入网络时代，《世界新闻报》的销量在近些年已经下滑到每周280万份左右，但在全球同行当中依旧遥遥领先。窃听行为已经不是一天两天的事情，其受害人可能达到4000人。在媒体日益商业化、集团化的今日，个人的隐私保护和公平正义反而是最容易被忽略的问题。

在《世界新闻报》窃听丑闻被揭出的当日，新闻集团市值一天之内蒸发掉17亿美元；而在接下来的4个交易日里，集团市值更是剧烈萎缩70亿美元；尽管默多克推出了50亿美元的股票回购计划，但依然没有稳定住投资者信心。

墙倒众人推。国际评级机构标准普尔日前已将新闻集团的信用评级观察调至负面，随后新闻集团的许多美国股东发起质疑。默多克收购英国天空电视股权计划夭折。对默多克而言，全资控制天空电视具有着特殊的意义。由于新闻集团已占有英国40%的传媒市场，若再拔一城，不仅将大幅拓展其在英传媒市场的份额，而且还将以天空电视为依托，在欧洲卫星电视市场高歌猛进。因此，放弃并购天空电视可以看成是默多克商业生涯中最大的失败。

“窃听门”事件对默多克在英国的另外几份纸媒——《泰晤士报》、《星期日泰晤士报》和《太阳报》也产生极大负面影响，影响到了这几份刊物在民众中的公信力。

树欲静而风不止。除了承受沉重的经济代价与民众非议外，默多克和他的新闻集团还要接受更多的改变。

窃听丑闻是英国报业文化的一个缩影，其不仅引发了英国社会关于道德、法律、新闻自由的忧虑和讨论，还引发了全世界关于媒体精神与新闻操守的大思考。

英国的反省也已经上升到了政府层面，英国首相卡梅伦承认，英国政客同一些小报的关系过于密切，他还呼吁建立新的媒体监管体系。政客和媒体之间的关系也面临着新的审视。

在最后一期《世界新闻报》的尾版引用了非常推崇该报的英国作家奥威尔的话："把脚放在沙发上，在鼻子上架上眼镜，然后打开《世界新闻报》。"而在奥威尔那段话的旁边，就是一位名叫杰尼·霍本森的人写的道别词，听起来颇像是墓志铭。"我不能想象没有你的周日。"他说，"我永远会记住《世界新闻报》，悲伤地和我的周日最爱说再见。"而在最后的社论中说："我们迷失了方向。"不知道读者记住了哪一句，但是在曾"不惜一切代价找到新闻"的价值理念下，折射的是西方民主体制下过度的新闻自由。

马克思有言："需要不神圣的手段的目的，就不是神圣的目的。"新闻媒体道德坠落，社会的良知就会塌陷；媒体人滥用"自由"这把双刃剑，最终害人害己。《世界新闻报》是市场新闻业的一个缩影，它突破了新闻伦理和法律的界限，对新闻自由、民主制度、新闻独立精神和监督机制均造成了极大的破坏力，也使我们重新思考新闻传媒的边界以及新闻业的使命所在。

然而，反观 1972 年的水门事件和 2013 年的"棱镜门"，让我们对媒体的独立和自由有更深刻的认识。在窃听和揭露之间，永远要把握好那个度。

## 第二节　"巴格达广播公司"

### 一、电视兴起

2012 年 11 月 10 日晚间，英国广播公司（BBC）总裁乔治·恩特威斯尔（George Entwistle）宣布辞职，新闻严重失实和已故主持人萨维尔（Jimmy Savile）的性丑闻事件使 BBC 在近几年的公信力遭到空前质疑。

但是不管怎样，BBC 的电视节目和新闻制作水平都是世界一流的，曾在英国历史上发挥了重要作用的 BBC，在“二战”后又经历了哪些波折？它又是如何逐渐成为世界上最著名的电视广播机构的呢？

这还要从 BBC 开始办电视说起。

1936 年 11 月 2 日，英国广播公司 BBC 在伦敦郊外的亚历山大宫，播出了一场颇具规模的歌舞节目，并首次开办每天 2 小时的电视广播。英国成为世界上最早开播电视的国家。当时全伦敦只有 200 多台收视电视机，但它标志着世界电视事业开始登上历史舞台。

在对当年柏林奥林匹克运动会进行报道后，价格相当昂贵的电视在英国中上层家庭开始有所普及。1937 年，该公司播映英王乔治五世的加冕大典时，英国已有 5 万观众在观看电视。1939 年，第二次世界大战爆发时，英国约有 2 万家庭拥有了电视机。相比同时期的美国、德国、法国、意大利等国，英国的电视产业起步早，覆盖面较广。

虽然国际新闻话语权在战后逐渐转移到了美国，但是在电视兴起时，英美媒体几乎是站在同一起跑线上。

1939 年 4 月 30 日，美国无线电公司通过帝国大厦屋顶的发射机，传送了罗斯福总统在世界博览会上致开幕词和纽约市市长带领群众游行的电视节目，极大促进了电视的增长。但是“二战”期间，广播还是最重要的媒体，罗斯福的炉边谈话和丘吉尔的声音一样使其成为美国历史上最伟大的总统之一。

“二战”结束时，美国还只有大约 7000 台电视机，但是战后美国的电视事业发展迅速发展，超过英国。从 1949 年到 1951 年，电视机数目从 100 万台跃升为 1000 多万台，1960 年全美电视台高达 780 个，电视机近 3000 万台，约有 87％的家庭拥有至少一台电视机。同时期英国只有 190 万台电视机，法国 3 万台，加拿大 2 万台，日本 4000 台。

虽然英国的电视发展较早，但是在早期并没有得到重视。一直到 1948 年，电视新闻都只有声音。早期的英国电视业由于制作成本昂贵、电视机价格高和技术条件有限发展缓慢。BBC 把大多数精力还是放在了为它赢得声誉的广播上。直到 1954 年，英国政府通过《电视法》，改变了由英国广播公司独家经营电视的政策，成立了独立电视公司（ITC），电视才开始大发展。1955 年，

BBC开始发展新技术，并且进行了大规模的调频，同时建立了大功率电视发射台。1967~1968年，英国开始了用PAL制的彩色电视节目的播放。

20世纪60年代，英国电视发展进入了BBC和ITC的双头垄断时代，也进入了“黄金时代”。电视对社会的影响迅速超过了广播和报纸。英国广播公司发展电视也和广播一样，是非营利性机构，很少播出广告，经费以政府征收的广播电视接收机执照费为主，每年由议会拨给。它的理事会为最高决策、管理机构，决定公司的一切重大问题，直接向议会负责。

这种公营体制为世界树立了榜样，BBC的节目质量享誉全球。

BBC产生了一系列影响深远的节目和栏目。如晚间谈话节目《深夜连线》（*Late Night Line Up*）、科学节目《地平线》（*Horizon*）、《文明》（*Civilization*）。《文明》被形容为是“电视史上的一座里程碑”，确立了新的电视类型。① BBC在恢复品位与挑战英国的社会、性别和道德规范方面发挥了重要的作用。

1964年，BBC决定开办电视二台，开始播放商业广告和电视节目。1972年，英国政府决定把独立电视公司发展成为独立广播局即IBA，同时管理商业电视和广播。1973年，第一家私人商业电视台和公司成立并进行了试播，于是，由BBC长期独家垄断电视和广播的局面被打破。

BBC和ITC两家控制英国广播电视市场，并保持较为稳定的广播电视环境。ITC对电视广告收入（广告收入逐年稳步上升）垄断地位非常稳固，而BBC的电视执照费也得到绝对保障并同样逐年稳步上升。作为交换条件，广播电视机构接受了确保节目内容高水准的严格法规。BBC与ITV（由16个独立广播公司组成的联邦式电视网）均实行一体化垂直管理，以创造优秀电视文化而不是效率与效益为主要目标。②

所以，正是因为这样的体制，在六七十年代英国经济衰退的情况下，电视业依然获得了较大的发展，节目制作水平全球领先。

到20世纪80年代中后期，随着卫星技术和第三次科技革命浪潮的来临，英国广播电视市场的竞争日益加剧。为了适应新的形势，英国发展广播电视事

---

① ［英］凯文·威廉姆斯. 一天给我一桩谋杀案——英国大众传播史［M］. 上海：人民出版社，2008：233.

② Kim Gordon. 英国广播电视管理模式变革及其分析［J］. 钟新译. 电视研究，2001（4）.

业的指导方针也随之发生重大的变化，由主张垄断转变成为倡导向消费者至上的市场机制迈进。1989 年，默多克的新闻集团成立了天空卫视（SKY）。紧接着的 14 个月后，英国卫星广播（BSB）成立。随后，在 SKY 和 BSB 这两个不可调和的系统之间发生了一场昂贵的用户争夺战，结果是导致双方损失了 12.5 亿英镑。于是在 1990 年的 10 月，两个卫星网络合并组成新的 BSKYB，50％股份由新闻集团持有，16％归个人持有。①

1990 年的新广播电视法对商业广播电视进行了一系列的改革，设立了独立电视委员会和无线广播局分别管理商业电视（包括有线电视与卫星电视）和商业广播。独立电视委员会（简称 ITC）及广播管理局（简称 RA）这两个部门，被形容为专管“橡皮图章”的单位。前者负责为商业电视，包括有线电视和卫星电视公司颁发经营许可证，并制定有关规章制度；后者负责为商业广播电台，包括有线和卫星广播电台颁发经营许可证，并制定有关规章制度。②

至此，英国的电视产业结构得到了确立。从英国电视的发展过程来看，电视随着经济和政治形势的变化在不断改革进步，而这种改革和英国历史一样，是渐进式的、富有成效的改革。英国的电视媒介产业的状态与英国的老式建筑一样，有着相对稳定的架构，许多节目都有很多年的历史，从创办至今都维持着高收视率和固定的收视群体。

## 二、BBC 的叛逆

独立的运营、公营的性质、高质量的水准，使 BBC 也成为独一无二的文化品牌，而且往往成为令政府和其他国家头疼的叛逆者。

1991 年 11 月，BBC 进入国际电视新闻市场，建立了一个与天空新闻和 CNN 竞争的、面向全球观众提供服务的“全球卫星电视服务”——世界服务电视新闻（WSTN）。1997 年 11 月，BBC 新闻 24 小时频道开始播放，到 2002 年 7 月，BBC 国际频道的用户遍及两百多个国家和地区，超过 2 亿 2000 万个家庭可以收看。BBC 不但通过“世界服务”制作电视节目，而且也制作广播

---

① 冷淞．英国传媒地图［J］．传媒，2004（5）．

② 冷淞．感受英国的广播电视［J］．新闻战线，2009（5）．

节目，拥有了全球1.2亿的受众。BBC在全世界200多个国家和地区都拥有特派记者，甚至在2001~2009年穆加贝总统禁止BBC在津巴布韦境内采访期间，BBC驻南非等周边国家记者还会偷偷潜入该国，一连几天调查同一超市的物价通胀的严重程度。[①] BBC国际频道和CNN国际频道一起，很快成为全球国际新闻领域的霸主，在国际事务中发挥着重要作用。

BBC的国际新闻频道之所以很快获得成功，根源在于其一贯的叛逆和不偏不倚的报道态度。虽然是公营电视台，是半官方机构，但是BBC在报道新闻时经常和政府发生矛盾。1956年，苏伊士危机期间，因为BBC的报道，时任英首相的罗伯特·安东尼·艾登曾一度准备冻结BBC的海外服务权。20世纪70年代，BBC展开北爱尔兰各派冲突的系列报道。当时，英国工党首相威尔逊甚至威胁将对BBC当时的报道提出法律限制。1982年，在关系英国国运的英阿马岛战争中，随英军采访的BBC记者报道了当时的战况和英军伤亡数字，英国政府对此强烈不满。外交大臣皮姆指责说，BBC过分相信阿根廷政府的言论，而对英国的努力却未表示适当的支持。首相撒切尔夫人也亲自站出来指责BBC记者的“背叛行为”。时任BBC董事长的阿利斯特岩·米尔恩还被传唤至议会并遭数落。[②] BBC的国际新闻报道为其赢得了巨大的声誉，受到世界范围的尊敬。

20世纪60年代末，BBC记者马尔科姆·木格里奇报道了特里莎修女的故事，把她的事迹拍摄成纪录片《上帝的一些美丽》。这使特里莎修女得到全世界广泛关注，并立即成为国际名人，随后她在1979年被授予诺贝尔和平奖。BBC的国际化眼光和其主动发掘新闻的能力成就了特里莎修女，也成就了自身的名誉。

1986年，美国支持英国发动福克兰群岛战争，英国支持美国袭击利比亚。同年4月15日，美国出动大批飞机对利比亚首都的黎波里和第二大城市班加西进行空袭，导致上百名平民伤亡，卡扎菲的住宅被炸。当天，BBC在晚间电视目里指出：“全世界在谴责美国空袭利比亚，儿童死伤累累，其中三人是

① 肖沌. 从BBC看国际一流电视媒体的建设策略 [J]. 对外传播，2010 (1).
② 邓芳芳. BBC的改革对中国广播电视产业的可借鉴性研究 [D]. 江苏：南京师范大学，2007.

卡扎菲的子女"；"撒切尔夫人在下议院受到抨击，她坚持让美国利用英国的基地"。当时执政的保守党对上述报道极为不满。保守党主席诺曼·特比特抱怨说，BBC 不应该站在利比亚和在野党一边，而应当反映政府的立场："我并不是想欺负或者故意贬低 BBC，我是想提醒它，在需要讲原则的时候坚持原则。"这一批评在 BBC 和整个新闻界又引起了一场风波。报纸、广播、电视广泛报道了这件事，并且发表了各种不同观点的评论，一时间给 BBC 造成了不小的压力。BBC 通过各种渠道申述自己的看法，但诺曼·特比特坚持自己的批评。

30 年后，当美国又发起利比亚战争，卡扎菲已经成为众矢之的。风水轮流转，在这场媒体大战中，英国广播公司 BBC 虽然没能像 30 年前那样锋芒毕露，但是从一些媒体的报道中能看出端倪。

在 2011 年 8 月 23 日，英国《每日邮报》发表了一位电视观众文章，强烈批评英国广播公司（BBC）报道利比亚战事的前线记者，同时赞扬了英国天空电视台等媒体的前线记者。文章中说 BBC 未能实现决战 24 小时的直播并非唯一败笔，更大败笔是"它负责中东地区事务报道的总编辑杰里米，他太想成为卡扎菲政权的发言人了"。这个观众说，英国广播公司的报道不合格，花 145.5 英镑年费看它的频道"不值得"。①

BBC 的国际报道就是这样。

20 世纪 90 年代以后，英国努力在国际战事中重树国威。从海湾战争、科索沃战争到伊拉克战争一路走来，每次战争英国都是积极的参与者。尽管 BBC 一直与工党关系相对和善，但对执政工党的海外战争作为却丝毫不留情面。

在 1991 年的海湾战争中，BBC 再次被指偏袒伊拉克，还被人称为"巴格达广播公司"（与 BBC 缩写相同）。战争中，BBC 对伊拉克平民苦难报道的比重增加，被指责为"替伊拉克宣传"。战后，当萨达姆的反对派库尔德人不断遭受镇压时，BBC 不断批评政治家们劝诱了伊拉克人民反对萨达姆，因而使他们遭受了苦难。②

在 1999 年的科索沃战争中，BBC 又被指称偏袒前南斯拉夫，BBC 驻前南

① "综合新华社、中国日报报道"战争打了大半年，北约到底图个啥？[N]．都市快报，2011-08-24.

② 杨伟芬．渗透与互动——广播电视与国际关系［M］．北京：北京广播学院出版社，2000：1.

首都贝尔格莱德国际新闻资深编辑约翰·辛普森则被政府指责在“为塞尔维亚人说话”。恰好BBC缩写又与“贝尔格莱德广播公司”缩写相同，故又被戏称为“贝尔格莱德广播公司”。[①]

BBC的很多报道对时事政治特别是英国政局产生了重大影响。1985年初，BBC摄制了一部人物专题节目，原定在8月7日晚间播出，其内容是介绍两位爱尔兰极端主义的领导人。撒切尔夫人对此非常不满，通过内政大臣利昂·布里顿给BBC董事长斯图亚特·扬写了一封信，措辞颇为强硬，认为是“为恐怖主义者提供论坛”，要求取消这个节目。BBC负责编辑工作的管理委员会一致决定要顶住政府的压力。但7月30日斯图亚特·扬召开了董事会全体会议，经过7小时的讨论，决定停播这个节目。理由是——在当时的情况下播出这一节目不合适。电视新闻部的记者不想屈从政府的压力，决定在8月7日举行24小时罢工。这一行动迅速得到整个BBC的2000名记者的响应，以致BBC在8月7日一整天都没有新闻报道，这成为当天英国最大的新闻。[②]

由于受体制的束缚，政府对BBC无权采取强制性措施，只要报道事实准确无误，大多数冲突都不了了之。

2003年5月29日，BBC记者吉利根援引一名英国情报官员的话报道说，布莱尔政府为了配合美国发动对伊拉克的战争，曾授意在2002年9月公布的伊拉克大规模杀伤性武器报告中添加了“萨达姆有能力在45分钟内发动生化武器袭击”的情报。报道播出后在英国和世界引起轩然大波。

1月29日，英国国内媒体全都铺天盖地地报道赫顿报告的公布及其影响，多数报纸指责赫顿为英国首相布莱尔进行“粉饰”。《独立报》在头版几乎罕见地开天窗，大幅版面全是空白，仅在中心印上“赫顿报告粉饰”几个字，并称赫顿的结论是“离奇地不平衡”；《卫报》说吉利根的报道“对的多，错的少”。[③]然而，英国政府完全否认该项指控，英国议会决定任命独立检察官对事件进行调查。事件导致BBC与英国政府的关系恶化。在原先怀疑是BBC情报来源的英国国防部专家大卫·凯利博士自杀后，事件继续恶化，BBC和英

---

① 姚朔. BBC与英国政府：独立与控制之争［J］. 中国记者，2004（3）.

② 杨伟芬. 渗透与互动——广播电视与国际关系［M］. 北京：北京广播学院出版社，2000：1.

③ 张昆，杨林. 从“凯利事件”看BBC的公信力体系［J］. 国际新闻界，2004（5）.

国政府都被指责应对凯利之死负责。在独立检察官最后发表的《赫顿报告》中，吉利根和BBC高层都被指责对新闻处理不当。事件导致吉利根本人、BBC总裁和BBC理事会主席的辞职。

据英国《每日电讯报》1月30日的报道，由YouGov公司为其所作的一次民意测验结果表明，大多数英国民众认为："赫顿有关导致凯利博士死亡的一系列事件的调查报告'掩盖了真相'，被访者中有56%的人认为赫顿法官作为英国领导集团的一员，过于热衷于支持政府。与此同时，对布莱尔及其政府的批评声不绝于耳，许多反对党人士和反战民众纷纷要求布莱尔下台。在BBC遭受这次有史以来最大打击之后，人们仍然更信任这家公司而不是政府。"① 当然，在2003年的伊拉克战争中，BBC还接连报道了英国士兵虐待战俘、驻伊英军性丑闻等对英国军队十分不利的消息。

尽管BBC陷入了新一轮的信任危机，但是BBC的国际报道仍然使其成为国际一流媒体，它的创新精神和优质的产品仍为人所津津乐道。

## 三、新媒体来袭

早在1991年，BBC就在互联网上注册了BBC的域名www.bbc.co.uk。1994年，BBC开始筹建其网站，但一直都处在试用阶段。1997年，BBC网站"BBC在线"获得英国政府批准正式对外发布并开始运行。1998年底一项关于英国人使用网络情况的调查表明，英国广播公司（BBC）的网站排行英国人访问次数第二位，居于第一位是雅虎！BBC在线履行的是BBC一贯的公共服务的宗旨，十多年过去，公共服务原则在因特网上仍然具有广泛的号召力。

2005年，英国广播公司10个不同部门的成员联合开展了一项为期一年的受众研究。该研究的主要内容有：2012年的世界传播格局、受众的需要以及BBC该如何满足受众的需求。根据研究小组的建议，2006年BBC推出了它未来6年的发展蓝图——"创造性的未来计划"。"创造性的未来计划"包含五大主题、三大理念。这一计划是BBC历史上规模最大的一次改革，它同时也被视为BBC进军web 2.0的宣言书。BBC的广播台、电视台以及BBC在线之

---

① 邓芳芳. BBC的改革对中国广播电视产业的可借鉴性研究［D］. 南京：南京师范大学，2007.

间都建立了跨平台的节目制作和共享机制。现在，BBC 在线和大多数 BBC 电视的记者，包括政治、商业方面等都建立了联系。2006 年 3 月 14 日，英国政府公布了一份有关英国广播公司（BBC）未来发展方向的白皮书。英国政府建议 BBC 以“信息传播、教育和娱乐”为主要任务，反映英国民众多元化的生活以及英国在国际上的影响力。白皮书首次肯定这个历史悠久、一向以新闻事实节目著称的公共广播电视公司，未来发展的关键在于“娱乐性”。在未来 10 年内，BBC 应进一步增强可信度，吸引新一代观众和听众群。①

2007 年 12 月 25 日，BBC 发布了 iplayer 播放器。利用 iplayer 播放器，英国的用户不但能够在线实时收听、收看 BBC 的广播电视节目，能通过播放器直接检索自己需要的 BBC 的节目，同时还能在节目首播一周之后直接下载 BBC 广播台、电视台、网站上的所有音频、视频，然后使用收音机、电视机、电脑、手机或者其他移动终端观看。自此，BBC 第一次从技术上融合了各个不同的媒介，实现了广播、电视、网站、移动终端等传播渠道的大融合。②

2010 财年（从 2009 年 4 月 1 日到 2010 年 3 月 31 日），BBC 数字媒体领域的收入为 3000 万英镑，比上一年同期增长了 9%，其中国际网站吸引了来自欧洲、亚洲和北美洲的很多广告投资商，年收入达到了 1450 万英镑，比上个财政年提高了 41.7%。而来自网站和手机方面的收入已经占到环球公司年收入的 5.5%（上一年为 4.6%），到 2012 年来自数字媒介市场的收入将会达到 10%。③

BBC 的新媒体策略不是独立、割裂的，它与整个英国的经济、政治、文化有着紧密的联系，与它在英国传媒、文化领域中的地位息息相关。英国的数字化工程从 20 世纪末以来被看作唯一能够拯救英国经济的重大战略，而 BBC 当仁不让地被推到“推进英国数字化进程的急先锋”这个位置上。BBC 的种种举措不仅仅是借助互联网为传统广播电视业务拓展新的疆界，而是一次平台的战略转移。它把媒体、运营、电信等业务勾连起来，使曾经的业内竞争对手

① 付晓燕. BBC 的“创造性的未来计划”[J]. 新闻战线，2008（4）.

② 高铁军. 从 BBC 的新媒体发展看中央电台的新媒体战略——兼论国家网络电台的创建及意义 [J]. 中国广播，2010（9）.

③ 唐萃. BBC 的新媒体战略 [J]. 视听界，2011（2）.

变成合作伙伴，让不同疆界的产业发生了密切联系，从而形成一个多维的良性生存空间。①

除了BBC以外，英国其他电视频道也开始了新媒体转型，例如，英国四频道Channel 4的转型就相当成功。英国家喻户晓的电视节目Big Brother、电视剧Doctor Who等均由其出品。英国Chalinel 4网站Channel 4. com充分发挥了Channel 4既有品牌和资源优势，紧跟互联网变革的潮流，自创了许多互联网视频、音频节目，并迅速在新旧媒体的转型中脱颖而出，在互联网领域独树一帜，在英国传媒业产生了非常大的影响。英国Channel 4在台网融合上取得的成功，给台网融合的实践提供了很好的范例。在融合的大环境下，Channel 4. com形成了一个全方位的、以宽带网络信息服务为核心的、整合各种传播媒介的跨媒体平台，实现了互联网、手机和电视的三位一体，在世界著名传媒品牌中，特别是英国境内，都可以算是在引领潮流。②

## 四、老大哥在看着你

英语里有一个专有名词——BIG BROTHER，直译为汉语便是“老大哥”，典出乔治·奥威尔的名著《1984》。《1984》是一部幻想小说，出版于1949年，描述的是“未来的”1984年的社会现状。当历史真的发展到1984年的时候，为了纪念乔治·奥威尔，美国的电脑品牌制造商苹果公司出资百万美元制作了一个只播放1分钟的电视广告片，主题是：1984年的世界不是《1984》那样。

也许很多人没有看过乔布斯的理想主义短片，但是大多都知道电视真人秀节目的鼻祖，英国的一档电视娱乐节目——*BIG BROTHER*。

节目环节设计灵感均来自书中的情节，甚至主要人物的性格特征也取材于书中的主人公。一群陌生人将住进一间布满了摄像机及麦克风的屋子，他们一周7天，一天24小时，所有的举动都将被记录下来放到银幕上。选手们在比赛时间内将互相投票，决定对方的去留。最终留下来的人将赢得大奖。

节目中的那句名言“老大哥在看着你”，更是直接对原文的引用。该电视

---

① 唐萃．BBC的新媒体战略［J］．视听界，2011（2）．

② 高山冰．从英国Channel 4的网络实践看“台网融合”之道［J］．中国电视，2010（12）．

节目利用小说的影响力，很快打开局面并在欧美市场全面开花，节目版权被卖到多个国家，并产生了很大的影响力。这种直接对社会文化热点的嫁接，以全社会作为节目故事背景的做法，目前是英国节目创新的重要维度。

也许，除了美国，世界上的电视大国和最大的电视节目出口国家之一就是英国了。英国不仅向发达国家和发展中国家提供数量可观的影视节目，而且，在极少外国节目的美国电视屏幕上，英国节目也占有一席之地。

2011 年，当英国独立电视台的《唐顿庄园》横扫英国荧屏的时候，*Masterpiece*（PBS）更以双倍于 *Masterpiecein*（同时也是该电视台的转播史上的收视最高剧集）普通收视的战绩在美国打响了头炮。当 2012 年和 2013 年的艾美奖和金球奖揭晓的时候，《唐顿庄园》也是狂揽众多奖项，更荣膺《吉尼斯世界纪录大全》的当年“全球最受好评电视剧”，是首部获此殊荣的英国电视剧。

恐怕没有哪个国家能够像英国这样，将本国的文学名著向世界各地推销。人人都知道《哈姆雷特》和《罗密欧与朱丽叶》，每个女人都爱看《傲慢与偏见》。侦探小说的爱好者大概不可能逃避柯南道尔和阿加莎 ·克里斯蒂。《哈利 · 波特》更是创造了新的文学奇迹。改编自古典名著的传承电影（或“遗产电影”，British Heritage Film）已成为 当今英国电影电视的重要代表。BBC 拍摄的古典剧、迷你剧、纪录片更是全球畅销，获取了巨大声誉。1995 年，“BBC 世界电视”向 80 多个国家售出超过 14500 小时的节目，成为欧洲最大的节目出口商。BBC 在长达 40 余年的名著改编历程中，集合了一批富有特点的主创，尤其这 20 年来，成绩优异的改编作者不断出现，改编风格也日趋统一。1995 年剧集《傲慢与偏见》是 BBC 名著改编剧最突出的一部代表作。虽然这是 BBC 对简 ·奥斯汀小说《傲慢与偏见》的第六次改编，但这次改编远远胜过此前的版本。①

与美国实行的商业化的媒介制度不同，英国电视节目制作和播出体制有自己的特色。在英国，长期占主导地位的是公共服务性广播电视，能进入美国的英国电视节目也主要是公共广播电视节目，正如制作《唐顿庄园》的独立电视台——ITV。ITV 是英国改编剧的重要发行单位 ，旗下 ITV Production 制作

① 王琼. 完美的风情再现——谈 BBC 名著改编剧的改编思路［J］. 贵州大学学报，2011（4）.

过简·奥斯汀电视季（Jane Austen Season）。

近年，我国电视屏幕上很多热播的电视节目，如央视的《开心词典》、湖南卫视的《超级女声》、江苏卫视的《非诚勿扰》等，其节目形态和原始创意均来自英国。英国的电视节目畅销全球，节目创意也成为众多国家争相模仿的对象。

而且，英国的电视节目不单在我国广受欢迎，在世界电视广播节目市场上也是主力军。2003 年的数据显示，英国出口的节目形态占据世界电视节目形式市场份额的 45％，在节目收视排名首位的节目形式中占据 49％。而且，这种态势还不断得到延续，在英国伦敦有着 800 多家独立电视制作公司，它们集结在那里已经发展成类似美国硅谷的世界级电视节目创意制作基地。

出色的节目创意让英国文化产业成为经济支柱。制播分离的电视节目供求机制，适度竞争的市场设计，使得英国的电视从业人员能最大限度地释放创意、追求创新，去创造赢得市场的机会。[①] 在英国看电视不仅仅是娱乐，更是同一个社会的精英及其文化在交流。

由于英语在当今国际交流中的主导地位以及英国在国际社会中的独特角色，英国的新闻产品和英文节目，跨越和占据了世界传媒版图上的大部分角落，并享有着不可撼动的地位。

## 第三节　改旗易帜

当路透社的办公室在 2005 年最后一个搬离伦敦舰队街的时候，谁也想不到，仅仅三年后，路透社就不是一家英国的通讯社了，而和《泰晤士报》一样成为跨国媒体集团的一个部分。2008 年 4 月 17 日，汤森集团以价值 160 多亿美元的现金和股票收购了路透集团，新公司股票在伦敦、多伦多和纽约上市交易。新公司总部设在纽约而不是伦敦，新公司拥有 125 亿美元的年收入，在 155 个国家分布着 5 万名雇员和 4 万多客户。

① 鲍立纲．故事性原则在英国电视节目创新中的作用［J］．电视时代，2010（7）．

路透社彻底改旗易帜了。

其实，路透社早已不是单纯的英国国家通讯社了，而它在一定程度上还代表着英国的软实力。

## 一、国际新闻巨头

1956年2月14日，当赫鲁晓夫作出了举世震惊的反对斯大林的秘密报告后不久，路透社驻苏联的记者约翰·里蒂率先将这条消息发给了世界各国的媒体。时隔多年，他仍然怀疑是赫鲁晓夫亲自泄露了这些消息，希望能够通过路透社将这个消息传播到世界各地，引起国际关系格局的大震动。赫鲁晓夫的秘密报告的发布不仅让苏联震惊，也给社会主义阵营乃至整个国际社会带来了难以估量的影响。

在20世纪五六十年代，主宰国际新闻领域的三大通讯社是路透社、美联社和法新社。40年后的今天，西方三大国际通讯社均号称受众大于10亿，仍然是大多数国家媒体国际新闻的主要来源。

虽然在战后路透社日渐独立，和英国政府的关系远没有战前和战时那样紧密，但是在对国际的影响力方面路透社的力量还在逐渐加强。

1956年，第二次中东战争（又称苏伊士运河战争）爆发，英法两国为夺得苏伊士运河的控制权，与以色列联合，对埃及发动军事行动。英、法、以三国的行动遭到国际社会的普遍指责。苏伊士运河危机期间，路透社设置在埃及总统纳赛尔的办公室和家里的电传打字机成为“新闻的力量”的又一个证据。作为对路透社如实报道英国内部对在中东地区采取军事行动存在分歧的感谢，英国与埃及断绝外交关系并没有中断路透社记者从开罗发回报道。①

1961年8月13日清晨，路透社26岁的驻柏林记者龙（Adam Kellett Long）开车行驶在当时由共产党所属东柏林的一条废弃的主要道路上。当驶近高耸的布兰登堡城墙通往苏维埃及西柏林的道路时，看见边境警卫身穿制服，手里拿着红色的火把。他寻问发生了什么事，一个警卫告诉他不可以再往前行进了，

---

① Donald Read. The Power of News：The History of Reuters［M］. New York：Oxford University Press，1992：269-271.

“边境封锁了”。敏锐的判断力使龙意识到这也许是在战后欧洲历史上最举足轻重的一句话。他立刻返回办公室，迅速报道了这件事。事实证明，龙的判断是准确的，这句话确实是对欧洲乃至世界人民都造成了重大影响，因为它宣告了冷战时代的到来。①

1962 年古巴导弹危机期间，是路透社的打字机接收了赫鲁晓夫提出的协议概要并将它呈递给肯尼迪总统，从而使两个超级大国之间的一场紧迫的军事危机烟消云散。

从 20 世纪 70 年代开始，各大新闻通讯社纷纷实现了从常规传播向电脑传播的转轨，它们的传输手段完全电脑化，依靠电子计算机和卫星通信线路（以及更加完善的地面线路），随时把发生在地球任何角落的新闻在分秒之间传向地球的其他角落。路透社就是其中的先锋力量。在电视兴起之后，路透社和美联社几乎垄断了全球 50％的视频新闻资料的流动。而从文字数量上来看，美联社的文字处理量最多，为 2000 万字；路透社为 800 万字左右；其他则都在 100 万字以下。② 这也从侧面反映了美国的软实力的进一步增强。

路透社的网络业务在三大世界性通讯社中起步最早、规模最大，而且其发展模式也极具特色。早在 1964 年，当路透社开始采取“股票大师”电脑化桌面终端机来传递股票及其他市场行情时，就标志着路透社进入了用电脑采集、加工和传输信息的新时期。70 年代电子信息开始成为路透社的重点，在 1975 年的年度报告中，路透社已经不再称自己是通讯社，而改称为“世界上主要的新闻与信息机构”、“占领先地位的电子信息提供者”了。到 1982 年，路透集团已开始经营世界上最大的专用通信网络。它拥有规模庞大的设备和传输系统，能确保所有用户通过同一种卫星信号迅速获得市场数据、文字新闻和新闻图片，这可不断提高其盈利能力。据路透提供的数据显示，其每年 7.7 亿英镑的销售量能使所有者们获得 1.52 亿英镑的收益。③ 90 年代初，路透社又开始改进信息服务，在 1993 年，路透社就将“路透新闻”出售给每一个愿意接受它的网站。1994 年，该社组建了路透新媒体公司，负责全社的网络业务。

---

① 刘琛．成功的源泉在哪里——解读路透社的素质培养［J］．国际新闻界，2003（3）．

② 詹正茂，苏楠．七大世界级通讯社业务新趋向［J］．新闻与写作，2006（1）．

③ 百年路透［J］．文化月刊，2001（10）．

1997年，当大多数网络公司的账面上还是一片红时，路透新媒体公司就已开始赢利。1998年，路透社在美国的供稿收入有55%来自向网络媒体的供稿，超过了已有100多年历史的传统媒体供稿业务的收入。

1999年5月17日，路透社与美国道琼斯公司组建了道琼斯—路透交互式商业公司。[①] 路透新媒体公司成为美国最主要的网络新闻供应商，其在美国的网络用户达到225家。在美国市场上取得了稳定的市场份额后，路透社又把目光投向了更广阔的领域。

1999年7月29日，路透控股集团又组建了一家名为新媒体国际的新公司，进一步在欧洲、亚洲以及拉美拓展其网络业务。到1999年底，路透社在全球的网络用户超过了900家，向网站出售新闻的收入达1500万英镑（合2400万美元），比上年增长226%。

2000年2月8日，路透社在公布2000年预算时宣布，在此后4年内将投资5亿英镑（约合8亿美元）发展网络业务。[②]

路透社的起家就是利用了新技术，正是利用了当时刚刚出现的电报技术，路透社才建立了它的全球传播网络。在当代，路透社又是最早抓住网络技术的通讯社。路透社的预见力和创新力进一步巩固了其在新媒体时代中国际新闻信息领域的霸主地位。

21世纪之初，有关2002年的巴厘岛爆炸事件、2003年伊拉克战争中巴格达陷落以及萨达姆被捕等消息都是路透社抢先发布的。

“到处乱哄哄的，爆炸声、枪击声、撞门声。我从床上跳起来，打开阳台门，看见防空夜光弹照亮了巴格达的市中心区。我立刻把广角镜头装上照相机，慌乱中连衣服都没有穿。美国空军正在轰炸巴格达。同屋记者等了我几分钟，催我快去躲防空洞。但我还需要一些时间，多拍几张照片，我需要更多的火焰、更多弹光、更多时间。之后我的机会来了，仅一秒钟时间一颗炸弹击中百米以外的通讯中心，理想的照片拍到了。”[③] 这是路透社勇敢的摄影记者诺蒙（Patrickde Noirmont）在因这张照片而得奖时的感言。这张照片现在被收藏

---

① 刘笑盈．世界财经信息专家：路透社［J］．对外传播，2009（6）．

② 唐润华．西方三大通讯社如何应对互联网带来的挑战与机遇［J］．国际新闻界，2001（6）．

③ William Paley，Big Names in the Reuters Ⅱ［M］．Word-sworth，1996，118．

在路透社的纪念馆里，以彰显诺蒙的贡献。①

多年来，路透社在采集、编辑新闻稿件时已形成了及时、准确、客观而充分的新闻报道风格，② 在世界享有很高的声誉。

近年来，世界性通讯社都面临着新媒体的冲击，遭遇了业务量减少等一系列的问题，但是路透社仍然希望紧紧抓住国际新闻服务，并不断探索新的领域。

2005 年 11 月 21 日，路透社首次开通与微软 MSN 和美国在线连通的网络即时信息通讯服务，成为世界上第一家与两大公共信息服务网连通、提供专业即时信息通讯服务的新闻媒体。

2008 年 1 月 31 日，路透社发布了其 Calais 网络服务的开放式应用编程接口（API），用户可以在 OpenCalais. com 网站上查询相关内容。开放式 API 为商业和非商业用户免费提供最先进的语义标签能力，以提升应用程序和内容的价值。这是为了迎合“伴随谷歌长大”的客户的需求。

过去几年中，路透社的媒体业务正试图重新打造这一拥有 160 年历史的媒体品牌，使其更具现代感。为此，路透招聘了多名顶级记者，并将业务领域拓展至博客、互联网电视和杂志。他们的策略是加强财经新闻和信息服务对普通读者的吸引力，同时发展成为面向未来的跨平台媒体。不过与其他媒体相比，路透社的网站已经是“侏罗纪的恐龙”。③

2013 年 9 月 19 日，路透社宣布关闭雄心勃勃的 Reuters Next 网站，以便节省开支。该网站上线已有两年多时间，路透社原本想通过该计划重建网络架构。Reuters Next 的许多人员来自《赫芬顿邮报》、Abrams Media 和《纽约观察家》等媒体。而该业务的垂直行业编辑则包括 Mediagazer 创始编辑梅根·麦卡锡（Megan McCarthy）《赫芬顿邮报》国际新闻编辑克莱尔·理查德森（Clare Rachardson）。随着 Next 项目的关闭，路透社可能启动新一轮裁员。④

如今的路透社在近 80 个国家和地区设有约 120 个分社，共有采编人员约

① 刘琛. 成功的源泉在哪里——解读路透社的素质培养［J］. 国际新闻界，2003（3）.
② 李瑛. 路透社：不断发展的世界性通讯社［J］. 新闻界，2005（4）.
③ 新浪科技. 路透社关闭 Reuters Next 项目 团队核心离职［OL］，2013 年 9 月 22 日.
④ 新浪科技. 路透社关闭 Reuters Next 项目 团队核心离职［OL］，2013 年 9 月 22 日.

1200人。它向世界上近1000家报纸、700家电台、130家通讯社和40家图片社提供新闻、新闻照片和新闻图表。该社拥有的路透电视公司（原维斯纽斯电视新闻社）向80多个国家的500多家电视机构、上千个电视频道提供电视新闻。路透社的电视新闻业务每天提供7500份视频报道或相关素材。路透社是互联网新闻的主要提供商，为逾1400家网站提供新闻和内容。路透社全球的190家记者站平均每月发布100万篇消息。路透社有2300多名新闻编译人员，在197所分社为130个国家提供新闻资讯。近年来随着电脑和手机的普遍使用及功能的不断提升，路透社又开始研发针对个人用户的“个人信息服务”了。路透经济新闻（Reuters Economic Services）在世界上享有一定地位。在它的总收入中，85％来自出售的经济信息。虽然新闻报道和媒体产品只占公司业务的5％，但每年要耗掉集团15％的收入。20世纪60年代，路透集团在财政上变得相当艰难，尽管路透集团的新闻产业继续亏损，但是路透社依然坚持发展新闻业务，没有减少采集量。路透社在调整的过程中，不仅没有放弃而且还在加强收入不高但是投入巨大的媒体新闻服务，因为这不仅是吸引财经客户的手段，也是保持品牌的关键。

在变成汤森路透集团以后，路透已发展为一个集新闻资讯、财经服务、投资管理于一身的集团公司。虽然新闻业务也早已不是路透社的主营部分，但是日渐成为其灵魂。

## 二、金融信息三巨头

提起全球顶级的金融信息业务提供商，会有三个名字浮现在脑海，那就是路透集团、道琼斯公司和彭博通讯社，这三家公司都是以创始人的名字命名的，三家公司的财经报道都做得有声有色，而且这三家公司的总部现在都在美国。

为什么要提起金融信息服务呢?

因为这是国家软实力的重要体现之一。正如经济和军事反映了国家的硬实力，那么经济服务的媒体机构就在一定程度上影响着世界经济的发展。

“二战”后，澳大利亚报联社和新西兰报联社也先后参股路透社（1948年，印度报业托拉斯也购买了一部分股票，但后来又卖出了），使得路透社开始发展成为一个跨国的国际性通讯社。改组后的路透社还成立了托管会，声明在任何时候，路透社都不能为任何一个单一的利益集团或派别所控制，这也使得路透社能保持其“公正、独立和自由”精神，不具有太多的官方色彩。

1984 年，路透成为控股有限公司，并先后在英国伦敦证券交易所和美国纳斯达克证券交易所上市，面向全世界售出了 1 亿多份普通股票，从而使路透社成为一家公众控股公司，遍布世界的股东达到 2 万多人。由此，路透社的所有权具有了全球化的性质。①

从 1999 年开始，路透社为多达 94 万种的股票、债券和其他金融产品以及 4 万家公司提供数据，在一定程度上成为企业与市场之间的“输血管道”。截至 2000 年 12 月 31 日，路透集团的年营业额已达到 35.9 亿英镑，利润已达 6.57 亿英镑。在伦敦股票交易所，路透是市值最高的前 20 家公司之一。

从 1984 年到 1991 年，路透社的收入从 3.19 亿英镑增加到 14.67 亿英镑，到了 2001 年为 38.95 亿英镑。

路透社的员工人数也在不断增加，从 1984 年的 4000 人到 1991 年的近万人和 2001 年的近 2 万人，表明了路透社规模和影响在不断扩大。

尽管路透社发展一直比较顺利，但是 2001 年因为全球股市下跌，在收入增长的同时出现在利润滑坡。2000 年的税后利润还有 5 亿英镑，2001 年只有不到 1 亿英镑了。2002 年，路透社的业绩进一步下滑，历史上第一次出现了高达 4.93 亿英镑的亏损。体制复杂、机构庞大、成本上升是路透社亏损的主要原因。

自 2003 年，路透社开始制订重整计划。其主要内容包括：制度调整，裁减人员，重视新技术和经营多元化等方面。在人员方面，经过不断的调整，路透社的人员从 2002 年近 2 万人减少到了 2004 年的 1.5 万人左右。经过一系列的调整，到 2004 年底，公司开始扭亏为盈。②

在 2008 年经历了最关键的整合之后，世界最大的金融和专业信息内容服务商汤森路透也更加明确地指出了信息新的消费方向。③ 而在此前不久，默多

---

① 李瑛. 路透社：不断发展的世界性通讯社 [J]. 新闻界，2005 (4).

② 刘笑盈. 世界财经信息专家：路透社 [J]. 对外传播，2009 (6).

③ 张晶. 汤森路透利用互联网新技术谋划向用户收费 [N]. 第一财经日报-CBN 周刊，2010-04-23.

克经过长达3个月的漫长谈判，用50亿美元拿下了道琼斯。

合并后的汤森路透集团更加专注金融信息领域，占有34%的市场份额，略领先于彭博社（33%）和道琼斯。合并后汤森路透的核心业务定位为：提供全球新闻，为金融专业人士提供数据产品和技术，以及服务于法律、科技、会计和医疗行业的产品组合。

2008年全球金融危机过后，大型银行经历了整合，中型客户处境艰难，而小客户数量却在增长。为了迎合这部分大幅增长的需求，汤森路透推出了在线培训和客户支持，比如企业客户平台 Elektrou 等。针对大型银行员工培训的"路透"学院也发展良好。

而路透社的两大终端仍然赚钱。3000Xtra 信息终端是结合跨市场数据分析、绘制图表、新闻提供等功能，面向交易员、分析师、投资经理和经济学家提供一体化的信息服务。Reuters Dealing 3000 能让交易商进入最大的交易指令传送网络系统，享受更及时的信息服务。

另外，企业数据和信息和基金管理等业务也为路透的金融服务增色不少。目前，中国内地的银行都在使用汤森路透的企业信息服务作为其准确披露总资产和市场敞口的依据。2006年，路透推出了中国第一个年金指数。为多数中国基金管理公司提供数据和技术支持。①

成立于1981年的彭博通讯社在金融信息领域是一个小字辈，但就是这个成立仅26年的企业走上了金融信息提供商的塔尖。其背后还是靠着美国的国家实力。2001年，老牌金融信息商路透社的销售额还是彭博资讯的两倍；而到了2004年，仅22岁的彭博集团在金融数据市场销售收入首次超过具有150年历史的、世界上最大的资讯公司——路透集团。

彭博社在金融危机过后的2009年增聘950名员工，其中有100名记者，扩张幅度接近10%。彭博资讯拥有包括142家新闻分社和1650名记者的彭博新闻社，还拥有全球唯一每天24小时以7种语言播放的财经频道彭博电视台，以及在全球范围内在 XM、Sirius 及 WorldSpace 卫星电台和纽约 WBBR 1130AM 提供即时新闻的彭博电台。除了媒体服务，这家金融新闻和数据公司的业务核心是

---

① 张晶．汤森路透利用互联网新技术谋划向用户收费［N］．第一财经日报-CBN 周刊，2010-04-23．

Bloomberg Professional（彭博专业服务），它将 Bloomberg Professional 和其媒体服务整合在彭博终端平台上，为全球各地的交易员、新闻机构等专业人士提供实时行情、交易信息、投资组合分析等。彭博社在 2009 年收购了《商业周刊》，成为又一个媒体并购大案。如果说路透社是一家综合性的企业，那么彭博社更像是一家金融信息专业企业。彭博资讯每天采集和发布的大量股票、债券行情及汇率、原料价格、专家评论等都依靠其在美国的地缘优势，彭博电子档案里储存的几十万家公司的信息资料、美国各公司首席执行官的个人资料和美国证券交易委员会近 10 年内的有关文件都是其独家的制敌法宝。

"彭博"（Bloomberg）这个名字就是具有影响力的。他曾为英国《金融时报》评选出 22 位最伟大的管理典范——最卓越的商业领袖之一。他还是前纽约市长，一个饱受争议和富有魅力的人物。

如果说彭博社像一个暴发户，那么路透社有点像一个没落的英国绅士。两个集团之间的竞争被人所津津乐道，而其中的对决更像是英美两国文化的交锋。

从彭博社取代路透成为最大的金融信息提供商的角度来看，也是对美国取得国际话语权的一种印证。

而拥有 100 多年历史的老牌集团道琼斯，也是土生土长的美国企业。道琼斯公司总部在美国纽约。道琼斯公司旗下拥有报纸、杂志、通讯社、电台、电视台和互联网服务，在全球拥有近 1700 名新闻从业人员。公司将业务划分为消费者媒体集团、企业媒体集团和社区媒体集团等三大媒体集团。消费者媒体集团主要包括《华尔街日报》全球报系和华尔街日报网络版，企业媒体集团包括道琼斯通讯社、道琼斯指数和道琼斯路透商业资讯等，社区媒体集团主要是奥特维报系的地方报刊。道琼斯编发的股票价格指数更是家喻户晓。现在，道琼斯编制发布 4000 多种指数，其中包括道琼斯工业股票平均价格指数（即闻名于世的道琼斯指数）、道琼斯全球股票指数、道琼斯互联网股票指数以及专门为中国市场编制的道中、道中 88、道沪及道深指数。针对财经专业人士的需求，道琼斯通讯社（Dow Jones Newswires）提供全天候信息服务，包括财经报道和市场评论，800 名编辑和记者遍布全球，服务领域覆盖证券、资本、外汇、商品和能源市场，订户超过 31 万。此外，道琼斯通讯社还推出了道琼斯中文资讯服务，通过这一实时的中文财经新闻和信息服务，提供最新消息的报道、每个交易日中股票、外汇、债券和商品市场的评论和分析、主要经济指标、推动市场的相关信息以及关于亚洲、欧洲和美国宏观经济的深度报道。三大媒体集团中，贡献最大的企业媒体集团，这也是新闻集团在2009年裁减了《华尔街日报》的职位，却在道琼斯（Dow Jones）通讯社增聘人手的原因。①

三家公司的业务和股市关联密切，三家公司的总部都在纽约，这也从侧面反映了美国的软实力和在金融信息领域的国际话语权。如果说英国还在其中有一席之地，那就是英式色彩浓重的路透社了。

## 三、英国的路透

日本学者在《路透其人》中写道："日本是世界上仅次于美国的第二大经济体，但它现在还不是一个强国，更不是一个政治上、文化上有影响力的强国。因为日本缺少像路透社这样具有世界影响力的传播媒介，如果日本不发展这方面的实力和能力，它永远是一个跛脚的巨人。"② 这从一个侧面说明路透社对于英国的重要性。

虽然现在的路透集团已经不再是一家英国公司，也不再单纯是一家通讯社，但是它还是一定程度上代表英国。在人们谈论新闻时依然说的是"来自路透社的消息"。人们一直对"媒介外交"议论纷纷，电视新闻在"媒介外交"中的作用尤为引人注目。然而，路透社用实践证明了无论使用哪种媒介，"媒介外交"都在发挥着作用。像其他与之竞争的通讯社一样，路透社经常为实现这一目标而不懈努力。在历史上，报道涉及英国利益的战争时，路透社几乎总是把英国军队称作"我们的军队"并且使尽一切办法为英国政府说话。实际上路透社还是在一定程度上与英国政府保持密切关系，在一定程度上作为英国的官方喉舌而发挥作用，它的新闻报道在服务英国经济的同时，也配合了英国政府的外交活动。国际间的新闻传播竞争日益激烈，在全球化背景下，国

① 张晶. 汤森路透利用互联网新技术谋划向用户收费［N］. 第一财经日报-CBN周刊，2010-04-23.
② 喻国明. 从北京奥运看传播"软实力"［N］. 新京报，2008-09-13.

家之间的角力不断。很多国家把拥有大型通讯社作为该国传媒产业具有竞争力的重要标志。英国也不例外，在很多重大的国际事件中，英国仍然将路透社视为自己的通讯社，在其他媒体眼中，路透社的消息还是代表着英国。

所以，今天强大的路透社依然代表着英国的软实力，并继续发挥着重要的影响。

## 第四节　骄傲的王室

### 一、帝国象征

世界上可能没有哪个国家的王室像英国王室这样吸引着全球的眼球。从2011 年 4 月的英国威廉王子大婚到 2013 年凯特王妃生下小王子，英国的媒体和世界的媒体一起，为王室的一举一动牵动着神经。

媒体为王室带来了声誉和关注力，也给王室带来了麻烦和痛苦。在聚光灯下生活的英国王室，注定成为这个时代的文化传奇。

从都铎王朝开始，英国王室就利用媒体进行宣传，利用小册子进行宗教改革。前文提到的亨利八世和伊丽莎白一世都是这方面的大师级人物。

光荣革命之后，王室渐渐淡出了权力的中心，而逐渐成为文化象征和英国的精神象征。

经历了斯图亚特王朝的喧嚣，汉诺威王朝的过渡，到了维多利亚女王时代，英国在政治、经济、军事、文化上都达到了历史上的鼎盛时期。英国的殖民地达到了前所未有的规模，而女王在这时更是成为维系英帝国存在的象征。维多利亚女王在位 60 多年，“这个女人就是大不列颠帝国”。

维多利亚女王的多产让其成为欧洲的祖母。到晚年时，她已是四世同堂的老祖母，共有 37 个孙子、近 80 个重孙。而这些儿孙们日后都成了德国、挪威、瑞典、西班牙、希腊、罗马尼亚、南斯拉夫等国的国王或王后。可以说现在的欧洲王室都与英国的维多利亚女王有着千丝万缕的联系。

维多利亚女王的时期，也是《泰晤士报》、路透社等一流媒体崛起和发展的时代，这些媒体随着国家的兴盛把英国的文化、语言、制度带到了世界各地，产生了深远的影响。

可以说，正是维多利亚女王的非凡成就，奠定了如今英国王室巨大的文化影响力。

值得一提的是，维多利亚女王的长女嫁到德国皇室成为皇后，她的儿子也就是女王的外孙德皇威廉二世，后来却在第一次世界大战中与英国开战。正是英国王室的德国血统，引起了民众的非议。1917 年，也就是一战进行到第三年时，乔治五世决定英国王室将以“温莎”作为家庭的新姓氏，同时立即取消使用那些“德国式”的头衔。在英王乔治五世登上王位的第八年，一个新命名的温莎王朝就这样诞生了。

温莎王朝一直延续至今，它的每一位君主都是影视作品的最爱，因为他们的故事实在都太精彩。

爱德华八世不爱江山爱美人的传奇经历一直被媒体反复炒作，改编成各种电影、电视剧、小说。他在位时间虽短（共执政 325 天），却成为英国历史上最著名的国王之一。

乔治六世因为“二战”时期的广播演讲成为英国民众心中的好国王。2012 年横扫奥斯卡的《国王的演讲》，正是讲述的这位口吃国王的经历。

现在在位的女王伊丽莎白二世，是温莎王朝的第四任君主，也是在位时间最长的君主之一，已经在位 62 年。2012 年 2 月 7 日，伊丽莎白二世低调迎来登基 60 周年纪念日，她明确表示没有退位的念头，有望超过维多利亚女王成为英国在位时间最长的君主。

60 年来，她迎来送走 12 位英国首相，出访 116 个国家和地区，英国政府可以更迭，但最“正统”的王室只有一个，极具稳定性与延续性。

英国王室尽管经历了许多王朝，但实际上前后王朝之间都有或近或远的血缘关系，王室血统一直没有中断过。它是世界上最古老的王室之一，也是统治地域最广阔，获得成就最大的王室。

经过十几个世纪的洗礼，英国王室沉淀下来的是道德的自律、绅士的优雅和贵族的责任。英国王室是“日不落帝国”的民族象征，是英国的精神和传统文化延续的象征，是全国精神凝聚的力量。王室的一举一动都影响着整个社会，他们不仅影响和代表着英国人追求的贵族绅士般的生活方式，甚至包括时尚和潮流乃至一些产业。

回首英国历史，在英国经济遭遇困境，国际地位处于低迷之际时，英国王室是联系英联邦国家的纽带，英国王室是抚慰民众情绪，振奋精神的一剂良药。

1947 年 11 月 20 日，英国还在“二战”的创伤中没有恢复，全国满目疮痍，整个民族都在致力于战后重建。伊丽莎白公主和菲利普亲王的大婚为英国社会带来久违的欢庆气氛。

1952 年，伊丽莎白女王登基。英国作家威廉·肖克罗斯在为 BBC 纪录片《女王与她的国家》撰写脚本时这样描述：“这是一种激动人心的感觉和对女王的拥戴——仿佛在战争中蒙受的巨大痛苦和牺牲在这样一位年轻貌美的女王的加冕礼上得到了补偿。人们希望它象征着期待已久的国家重建和新生，因此，许多人将其称为‘新伊丽莎白时代’。”

“王室在那时不仅仅是被人们所接纳，而且是被一种势不可挡的爱戴所包围。王室成为爱戴和效忠的焦点，甚至被看成国家团结和外界联系的中心，甚至那些并不相信王室的权力是上帝赋予的人，也承认王冠是大不列颠生活和社会的象征。”肖克罗斯如此写道。

30 多年过去，到了 1981 年，英国经济在经历了战后的增长后，又开始处于严重的滞胀时期，物价上涨、失业率攀升、工人罢工，整个国家处于水深火热中，这时查尔斯王子与“贵族平民”戴安娜的婚礼为英国经济带来了勃勃生机。这场婚礼在电视媒体崛起的时代吸引了更多的关注，BBC 用 33 种语言向世界转播，吸引了 7.5 亿电视观众观看，有 60 万人涌上伦敦街头观看婚礼的盛况。这是媒体给王室带来的第一次举世瞩目的盛典，也是英王室软实力的极好体现。

以这次婚礼为契机，时任英国首相的撒切尔夫人用 3 年时间将英国从经济问题中解脱出来。查尔斯和戴安娜的联姻也使得古老的英国皇室焕发了新的活力。

戴安娜王妃也由此走进了普通英国民众的心中。在媒体的塑造下，戴安娜成为“人民的王妃”，在赢得了英联邦国家内民众的广泛赞誉之外，还在世界范围内大幅提升了英国王室的声望。

但是戴安娜王妃不幸的婚姻生活和离婚事件也给王室带来了无尽的烦恼。1997 年 8 月，戴安娜为了躲避狗仔队而出车祸身亡，悲痛欲绝的民众对以伊丽莎白女王为首的英国王室表现出来的冷漠和回避态度十分不满，一时间群情激愤，反王室的情绪高涨不下，英国王室陷入前所未有的信任危机中。

为了赢得民心，伊丽莎白女王作出了一系列的改革措施，如削减开支、废除特权等，最重要的是将肯辛顿宫改为戴安娜纪念馆，并命名为“人民宫”。

努力重塑在成为对英国人来讲，在欧盟日益一体化的过程中，王室的存在，对于保持英国独立的“民族身份”将更加不可或缺。

2011 年 4 月 29 日威廉和凯特的大婚，展现了英国王室开放、亲民、现代化的新形象，拉近了王室与平民的距离。威廉迎娶凯特这位“平民新娘”，本身已打破英国王室 300 多年传统。

同样，婚礼对英国国内低迷的经济起了提振作用，也让整个国家更加团结，更有凝聚力。

就在威廉王子大婚两三天前，剑桥大学和一个民意机构曾经做过一个民意调查，他们发现支持君主立宪制的人比十年前增加了不少，达到 70%，有 76% 的人都认为威廉王子将来会成为一位“杰出的国王”。皇家婚礼已经、正在、也将继续在王室形象的塑造中发挥着举足轻重的作用。

王室文化极大地提升了英国的软实力。人们对英国王室未来的兴趣仍是一个广受关注的现象，英国看起来仍被其王室所定义。在全球各地，人们通过王室来了解英国。由于人们对王室的兴趣，英国的文学、文化、历史、商业、政治获得了全球的关注。在全球舞台上，英国王室是一个资产，也是英国重要的“符号”。对于王室与英国影响力的关系，《时代》周刊刊登了英国历史学家特里斯特拉姆·亨特就威廉王子婚礼所写的一篇评论文章。亨特称，王室应利用其影响力来进一步加强英国的“软实力”，威廉必须向外界表明他如何使用这种“软实力”。王室现在的部分功能是向海外推销英国。与英国广播公司、英联邦、英语、外交官团队一样，现代王室已成为使英国对全球影响力最大化的工具。正如在阿富汗和利比亚不堪重负的军事力量痛苦地证明英国的硬实力已大不如前，所以软实力就显得至关重要。2008 年金融危机至今，英国经济一直处于低迷状态，始终无法走出衰退的漩涡。无论是布朗，还是卡梅伦，都找不到振兴经济的方法。从这方面来看，这场婚礼绝不仅仅是一场简单的仪式，相反它被赋予了更多的期望。通过威廉王子大婚我们也清楚地看到，世界上没有一个王室有类似英王室的全球影响力。

## 二、爱恨交织

在英国，有关王室丑闻的“小道消息”就是最有卖点的新闻。狗仔队的照片不光是英国媒体想要，在全世界也有市场。

英国媒体在打造王室影响力方面的作用不可忽视，英国王室之所以备受关注，与英国媒体的软实力强大也密不可分。

媒体与王室关系像足了一对老夫妻——爱恨交织，谁也舍不得离开谁。

根据英国学者的考证，许多在常人眼中辉煌典雅的王室典礼，其实不过是近百年甚至近十年来的新“发明”，而且在这一“发明”过程中大众传媒居功至伟。①

早期的报纸由于发行等条件的限制，往往影响局限于一地，因此在对王室的报道上并没有相对一致的态度。而当廉价报纸出现之后，为了在全国范围内争夺读者，特别是文化程度较低的读者，王室成了所谓黄色报纸如《每日邮报》、《镜报》在报道全国性事务时的首选。而在它们的笔下，王室的盛大场面，往往与国家的荣耀联系在一起。“到 19 世纪末，盛大的王室礼仪被一种饱含感情、充满赞美的方式描绘了出来，完成的速度快前所未有且惟妙惟肖，这吸引了比过去更广泛的公众。”②

而广播和电视的兴起更是强化了这种塑造。从 1923 年约克公爵的婚礼开始，BBC 就利用广播直播王室的庆典。广播的普及使得每个人都可参与到王室的活动之中。乔治六世正是因为面对广播作出了有历史意义的演讲而名垂青史。英国每一次王室的重大庆典，也伴随着一次次重大媒体技术的运用，被写

---

① 章戈浩. 大众传媒与王室大婚的传统发明［J］. 青年记者，2011（6）上.

② E·霍布斯鲍姆，T·兰格. 传统的发明. 南京：译林出版社，2004.

进了传播学史。①

成也媒体，败也媒体。

早在在广播时代，时任约克公爵的乔治六世结婚时，电视尚未诞生，由于当时主教的大力反对，而未能广播直播。当时主教提出的理由是，如果对如此庄严的仪式进行直播，倘若听众们坐在酒吧里喝着小酒听着广播高谈阔论，甚至酩酊大醉，成何体统？

在过去20年，英国王室经历一连串的悲剧和丑闻，地位和尊严摇摇欲坠，加上时代的变迁、经济的不景气，令废除王室制度的呼声渐涨，都对英国王室的生存构成威胁。

英女王四个子女中的安妮公主和安德鲁王子相继离婚，查尔斯与戴安娜的婚姻更是以各自有婚外情的丑闻狼狈收场，令一向高贵、端庄、严谨的英国王室形象几近荡然无存。1997年戴安娜遇车祸身亡的悲剧，更是顷刻令英王室深陷于风雨飘摇的危机之中。女王迫于舆论压力，不得不打破惯例，罕见地发表电视讲话悼念戴妃。

就算在支持率颇高的威廉和凯特的婚礼中，也存在很多反对的声音。在脸谱网站（Facebook）上，有人建立了一个“抵制王室婚礼”的群，对王室婚礼包括英国王室进行嘲讽和攻击，也受到了4000多名粉丝的欢迎；而在普通民众心中，很多反君主制的人也认为王室婚礼劳民伤财，没有意义。

也许，王室与媒体这对冤家今后还会在不断的斗争和妥协中互相获益，或者更有可能的是，王室作为一个文化符号或者是消费符号，还会存在下去并会随着媒体的传播而获得更大的全球影响力。

## 三、消费符号

新的平民王妃凯特一开始就成为时尚的宠儿，她穿过的裙子立刻会被抢购一空。当凯特怀孕时，各大品牌的设计师都千方百计地为她设计孕妇裙，希望凯特能穿着自己设计的裙子展现给大众。如果要随口说出在时尚界能够呼风唤雨的人物，英国王妃凯特绝对能算一个。

---

① 章戈浩. 大众传媒与王室大婚的传统发明［J］. 青年记者，2011（6）上.

在威廉和凯特的童话婚礼过后，英国王室的活力、影响力又开始被世界重新审视，其对英国软实力的提升又进入了一个新的阶段。

英国每年都要搞一次有关王室王制的民意测验。1997 年的时候只有不到 20％的英国人相信它可能再存活一个世纪；不到 50％的人相信它还能存活半个世纪，比 90 年代初减少 20％。但是英国最近的一项民意调查显示，仍有 80％的英国人赞成君主立宪制，认同王室的存在。这是威廉大婚之后带来的新变化。

纽约州立大学奥尔巴尼分校历史学教授罗恩·伯格（Ron Berger）2011 年 4 月在该校官网刊登的文章《英国君主制》（*British Monarchy*）中表示，英国保留君主制的意义在于君主制像一层烟幕一样，真正的政治精英阶层藏于幕后。王室结婚、生子等新闻则是英国政治阶层通过一种娱乐大众的方式，展现亲民的一面。①

英国王室如今已经不仅仅是英国民族精神的象征，而更多地成为一个消费符号。君主制已成为英国商业和旅游的代名词。以王室为主题的婴儿产品将收获近 2. 5 亿英磅的销售额，全球至少 4. 8 亿人会对这一数字有所贡献。王室每年为英国带来 5 亿英镑旅游收入。每年有成千上万的游客去伦敦塔、温莎城堡、白金汉宫等著名景点参观，2010 年赴英旅游的 3000 万游客中，就有 580 万参观了温莎城堡。此外，王室的各项庆典活动也刺激了英国旅游业的经济收入。据 BBC 统计，共有来自全球数百家媒体的 8500 名记者报道威廉王子大婚，都快赶上奥运会时的影响力，而估计全世界共有 20 亿观众收看了婚礼的现场直播。

英国王室的品牌影响力不仅作用于英国，还波及英联邦国家乃至全球。

威廉王子和凯特王妃尚在蜜月之中时，他们的祖母伊丽莎白女王已经踏上了一个重要的行程 ：2011 年 5 月 17 日，英国女王访问爱尔兰，这是一个世纪以来英国君主首次访问爱尔兰，也被视为一次破冰之旅。

凯特王妃从怀孕到生子，每一次出场、每一点变化都举世瞩目，可以说是一次媒体消费的狂欢盛宴。2013 年 7 月 22 日，英国肯辛顿宫发出凯特王妃临

① 杨绿，张尼. 英国王室已成符号性消费品牌［N］. 中国社会科学报，2013-08-2，A03.

产进入英国伦敦圣玛丽医院的消息后，250 多家媒体的长枪短炮就对准了医院大门，英美各大电视台直播报道，诸多网站头条新闻实时更新，推特上每分钟更新超过 2200 条信息，收到确定消息后，《太阳报》和《每日电讯报》立刻在网站上对医院现场视频实时直播，连严肃的英国《卫报》也不能免俗，视频之外还更新图文信息。有两个媒体的记者因为三周的漫长等待都恋爱结婚了。

王室宝宝的到来对英国经济又打了一剂强心针，全球各国媒体人士纷纷飞往英国，购买了昂贵的机票，预订了价格不菲的酒店，国内外游客也赶在这个黄金旅游季节前往伦敦。英国母婴产品品牌 Mothercare 股价高开高走，盘中涨幅一度突破 3%。截至收盘，该公司在伦敦证交所交易的股票上涨 2. 04%。英国博彩公司关于王室宝宝性别、姓名和具体出生时间的赌注总额度已超过 153 万英镑（235 万美元），这意味着公司已经稳入 15. 3 万英镑（23. 5 万美元）利润。2013 年底，英国经济复苏迹象日益明显，金融服务业产出和出口实现较快增长，股市和楼市保持活跃状态，消费者信心指数达过去数年新高，整体而言实体经济出现内生增长趋势。2011 年举行英国王室婚礼，2012 年举办伦敦奥运会，2013 年迎来王室宝宝。这不仅在很大程度上提升了国内消费者的信心，也有效提高了英国国际曝光度和旅游吸引力。

回顾二战后的英国历史和传媒发展，我们可以用衰落的大国和传媒帝国这两个词来形容。

衰落的大国是 20 世纪 50 年代的苏伊士运河危机以来的一系列事件和变化，让英国大国地位一落千丈。随着国际形势的变化，英国放弃了大国全球外交，实行重点面向欧洲的转变。欧洲一体化加快了法德等欧共体国家经济发展的步伐，到 20 世纪 60 年代中期，英国的国民生产总值已由战后初期的资本主义世界的第二位下降到第五位，随着前殖民地一个接一个赢得独立，大英帝国最终土崩瓦解，日不落帝国已日薄西山。20 世纪 70 年代开始的第三次科技革命冲击着战后的世界格局，英国经济长期低靡不振，又陷入了 70 年代滞涨的泥潭里难以自拔。20 世纪 90 年代，冷战的结束进一步削弱了英国发挥特殊作用的各种条件。

面对日益协调统一的欧洲、领导世界愿望强烈的美国和处于深刻变革中的世界政治，英国进一步失去了发挥传统平衡作用的空间。冷战结束后，英国在大西洋两岸乃至世界的地位随着欧洲和世界局势的迅速演变而发生了十分深刻的变化。逐步回归欧洲可视为英国一种无奈而理性的选择，但是与此同时，英国又不可能放弃发挥国际作用充当“国际角色”的各种机会。经过上世纪80年代以来的一系列政策调整，英国的大国地位又开始恢复，自上世纪90年代至今英国经济已成为欧洲经济增长的楷模，GNP自1999年超越法国后，人均GNP也超过了德国。

进入新世纪，一系列重大国际事件9·11事件、伊拉克战争等等。英国重新发挥了作用。英国布莱尔政府在9·11事件之后的种种外交活动，在国际舞台上，国的声音响亮了许多，伦敦也成为世界各国政府首脑聚集或关注的地方。英国政治家和外交家相信，实现世界领导者的外交战略目标已经指日可待。正如布莱尔所声称的，“英国虽然失去了大英帝国，但却重新找到了自己的位置”，“在相互依存的全球化世界当中，英国的作用在不断加强。我们已经没有了帝国，我们也不再是超级大国。但英国可以通过与其他国家合作，扮演重要的枢纽角色。”① 在伊拉克战争中，英国与美国共进退，但随着战争硝烟的散去，英国又开始与法德俄等国频频接触以修补一度紧张的关系。英国却只有借助于此才能尽可能维持其外交的特殊性，继续发挥某种超出其自身硬实力所及的国际影响，尽管未来这种影响很可能将继续受到削弱。

英国的国际地位在不断变化的同时，媒体的发展也在日新月异。新媒体来势凶猛，极大地冲击了媒体的格局。英国在新媒体浪潮中转型及时，报业纷纷向新媒体、全媒体集团转型。电视和广播也开始了新媒体革命。出版业特别是图书的出口和国际交易全球第一。英国的传媒帝国地位在新世纪似乎还有所加强。我们通过新世纪后媒体变化的考察，也可以看到这一时期英国的软实力是如何和硬实力相关发展，以及对我们发展软实力的借鉴作用。

随着传媒技术的发展，传媒不但为大众提供了新闻信息和休闲娱乐，而且成为一种创造财富的重要手段，是GDP的一个重要组成部分。有数据称，英国传媒业的产值占GDP的5％，雇佣了100万劳动力，每年创造财富将近330

① 张晓．布莱尔欲打造“枢纽”国家［N］．光明日报，2002-01-18．

亿美元。

虽然，大英帝国不复存在，英国的国力日渐衰落，但是传媒业的发展却越来越好。大部分社会精英由经济、军事、政治界流向文化界，而文化领城里又以电视行业人才荟萃。近年来年发生的几个媒介事件如《世界新闻报》窃听丑闻，威廉王子大婚等等让我们看到了英国的文化影响力，伦敦奥运会更是为英国提升文化软实力提供了绝佳的契机。

英国人曾自豪地说："虽然日本人近几十年经济腾飞，在电子技术方面发展神速，但那至多只能占领文化的'硬件'市场；而'软件'市场，当然是英国、美国称霸，图书出版、唱片发行、信息传播等方面，是英语的天下。"有人曾这么评价："美国电视好看，英国电视耐看。"英国虽经济衰退、政治不振，但在文化上，谁不会承认英国的 BBC 播送的广播电视节目是世界第一流的？

英国也许不再是一个殖民帝国，但却是一个传媒帝国，英国强大的传媒实力和文化产业支撑起了帝国的半边天。英国的文化继续吸引着世界的目光。

# 第八章　下一个是谁?

## 第一节　奥运谜题

2012 年 7 月 27 日至 8 月 12 日，第 30 届奥运会在英国首都伦敦召开，这是伦敦第三次主办夏季奥运会。伦敦也是迄今为止举办夏季奥运会次数最多的城市。英国皇室的威廉王子与凯特王妃以及亨利王子出任 2012 年伦敦奥运会的官方大使。奥运会和王室一起，成为展示英国国家形象的绝佳契机。

对一个都市来说，这不只是一场体育盛事，更是一个差异文化会聚一堂的机遇。正如奥运会极大地提升了中国的形象，给中国带来国际声誉一样，伦敦奥运会也是一次绝好地展示了英国文化实力的机遇。

自从申奥成功，伦敦的创意产业发展迅速，新增的工作几乎每五个就有一个是有关创意产业的。伦敦是多元文化交汇之地，拥有丰富的文化艺术资源，伦敦奥运会会催生一系列的文化活动，从公园的音乐会到街头的戏剧，2012 年伦敦奥运会为伦敦这座主办城市提供了展示多元文化的舞台。

从北爱尔兰的巨人堤到设德兰群岛最边，从苏格兰拉普洛克庄园到英格兰最北端的哈德良长城，从史前巨石阵到温德米尔湖畔，从北威尔士森林到首都市中心，最高质量和具有最广覆盖面的英国文化艺术庆祝活动遍及英国全国。艺术节中有英国有史以来规模最大的诗歌节——Poetry Parnassus，从 204 个奥运参赛国中各邀请一名诗人参与阅读、工作坊和讨论活动。还有爱丁堡艺术节的大型装置艺术“光速”，上千名业余跑步选手用特别的灯光组合“点亮”爱丁堡的地标亚瑟宝座山。另外还有莎士比亚戏剧节来自乌帕塔舞蹈剧场的

“世界城市2012”格拉斯哥交通博物馆，用建筑制造美妙音乐伦敦白教堂画廊，哈利·波特摄影棚等，展示一个文化的奥运，文化的英国。

伦敦奥运开幕式让世界记住了英国的影响力——因特网的发明、国家公费医疗系统（NHS）的成就等。一曲 *Hey jude* 引发“伦敦碗”8万人大合唱的情景还历历在目。当来自世界各国的观众满怀激情地唱出它，当电视机前的摇滚歌迷为它感动得热泪盈眶，这生动地回答了一个问题：一首歌的能量有多大。正如闭幕式艺术总导演加文所说：“音乐是英国近50年来最强大的文化输出。”闭幕式更成为一台大型音乐会，集中展示了古典音乐家埃尔加、摇滚乐队 The Kinks、披头士乐队、电台司令乐队、谁人乐队以及“重组”亮相的辣妹组合等的30多首经典曲目，交响乐、乡村、摇滚等各类风格俱全。

这是一次形式简单又震撼人心的“软实力”展示，我们强烈地感受到，英国人正试图告诉世界：伦敦音乐影响了并将继续影响着世界，重铸了米字旗的骄傲。

毋庸置疑，创造了44项新的世界纪录、打破了117项奥运会纪录的伦敦奥运会，很好地诠释了“更高更快更强”的奥林匹克精神，与此同时，人类精神的光辉与人文关怀也再次成为举世瞩目的焦点。

有学者指出，伦敦奥运会开幕式通过大量的视觉景观，一是传播了英国的历史传统和文化符号，唤醒了英国人的国家意识和爱国精神；二是各国媒体对英国王室、英国乡村、英国建筑的报道，使全球观众欣赏到保守主义精神给英国留下的丰厚的历史遗产；三是媒体大量报道英国人“节俭办奥运”的理念，赞誉伦敦政府不搞面子工程、盆景工程，帮助英国人在国际舞台上显示了他们的自信和从容；四是伦敦奥运会的开幕式、闭幕式不追求盛大的、豪华的场面，英国人通过营造祥和、幸福的生活场景，诠释了人文精神在英国社会中的重要意义；五是在奥运会是的开幕式中，英国人能够包容不同的价值观，能够进行自我批判和嘲讽，充分展示了英国的大国心态和精神气质。研究伦敦奥运会包含的英国文化内涵，能够帮助我们以更加多元的视角看待国家软实力，也能够帮助我们以更加自信和从容的心态开展公共外交。①

① 骆正林. 伦敦奥运“景观”呈现的英国文化内涵［J］. 体育与科学，2013（4）.

在2012年11月18日，英国新锐城市杂志《单镜片》（*Monocle*）发布了本年度世界上软实力国家排行榜，称英国终于挤下美国，被评为2012年世界上最具“软实力”的国家。“成功的奥运，耀眼的女王钻禧庆，大噪的新邦德电影……2012年的英国非常耀眼。”

《单镜片》杂志并没有从金融和军队实力的老角度去评判，而是从一个国家的政治、外交、商务、文化、体育和教育6个方面评估了各国的软实力。这六方面包含了50个评估元素，从文化使命、奥运金牌，到国际学生数量，国家烹饪、建筑等。其间提供了各种证据，英国本次荣登榜首的因素十分多，比如伦敦奥运的顺利举办，新邦德电影《天降杀机》（Skyfall）的大获成功，女王钻禧庆祝的广泛影响，全球媒体对英国的不断追捧等，都成为评估全球“最具软实力”国家的有利依据。另外，一些细小的现实也功不可没。比如今年共有22张英国艺人专辑荣登国外音乐排行榜榜首；2900万游客到访英国；奥运会上英国斩获突破历史的65枚奖牌；英国演员开始出演大型美剧等，这些全都给英国的“软实力”加分。《单镜片》杂志的主编、世界上知名的杂志人泰勒·布鲁尔（Tyler Brulé）说：“英国今年势头十分强劲。从国际宣传角度看，奥运的力量不可否认，以至大家对米字旗都有好感了。大洋彼岸的美国太专注于国内事务，尤其今年的总统选举。”新的邦德影片也功不可没，这被誉为邦德系列电影中最好的一部。

来自皇家国际事务研究所（Chatham House）的高级研究员赞尼亚·多曼迪（Xenia Dormandy）对英国《独立报》（*The Independent*）说：“伦敦奥运带来更多的是国际影响，加上美国今年太专注于国内的总统大选，这个排名结果是正确的。英国今年多次在国际舞台露脸，是历史上最佳的一年。”她认为美国低估了软实力的重要性，越来越倾向专注于打造硬实力。

报道里还列举了其他国家的排名，德国、法国、瑞典位列第3、第4、第5名，流行音乐、时装业、零售业和饮食上的影响力让日本由去年的第7名上升至第6名。丹麦、瑞士、澳大利亚、加拿大位列第7、第8、第9、第10名，“韩”潮更是推动了韩国的排名，由去年的第14名变成第11名。现在的韩国不仅仅以三星等电子产品闻名，而且以鸟叔朴载相（Psy）为代表的韩国流行音乐更一炮打响全球市场。南美的巴西则以热情好客的民众、上升的经济以及即将举办的世界杯和奥运会的名声跻身跃进前20排名，名列17。遗憾的是，中国去年排在第20名，而今年则跌出前20。[①]

当然，此排名也引来了一些争议，比如有人认为“既然如此，英国的经济赶紧复苏”，这从一个侧面表明英国的硬实力还不如软实力。

也许这只是英国杂志对自己国家的自吹自擂，但是也不能否认，近几年，英国软实力的影响比以往任何时候都要大。

有趣的是，还有一个软实力排名也在2012伦敦奥运会后被媒体热议，那就是奥运会奖牌榜排名。据新华社的报道称，伦敦奥运会奖牌榜上前10位的国家也全部跻身世行GDP排名前15名。而这种神奇的吻合并不是偶然。

2008年的北京奥运会时，金牌榜排名前十位的国家也全部位列世界银行GDP排名前15名。而登上奖牌榜的87个国家和地区中，有73个位列世行GDP排名前100位。

一个国家的体育实力在一定程度上反映了其软实力，而这种软实力又与它的经济活力之间有着相当密切的“关联度”。研究表明，当一个国家解决了温饱问题，人均GDP达到2500美元以上的时候，体育需求将明显走进人们的生活中，从而为体育普及、体育产业发展和竞技体育水平的提升奠定基础。一个国家或地区只有在具备了雄厚的经济基础这个“硬实力”之后，才有“闲钱”和“闲力”来打造体育这个“软实力”。

因此，这个榜单，为我们解答“下一个是谁”这个问题提供了一定的线索。

在伦敦奥运会榜单中，排名前5位是美国、中国、俄罗斯、英国、德国，而其后是日本、澳大利亚、法国、韩国、意大利。在北京奥运会榜单中，前5位中国、美国、俄罗斯、英国、德国，其后是澳大利亚、韩国、日本、意大利、法国。时隔4年，跨越8年，这个前十名榜单的国家除了排名略有不同外，没有变化。

那么，这10个国家就是当今世界软实力最强的国家了吗？

可能是，也可能不是。

---

① 陈薇. 英杂志调查：英国软实力超越美国 荣登世界第一［OL］. 环球网，2012年11月19日.

下一届的夏季奥运会在巴西举办，这是奥运会首次进入南美洲，巴西是否能代表新兴国家进入前十名？我想，这是很有可能的。

那么，谁又是新时代话语权最强，软实力最强的国家呢？

我们先来看看英国。

## 第二节　衰落的大国

大国力量的形成、扩展、转型、没落和消失，都完整体现文明生长的脉络，体现力量平衡和制衡之间历史游戏的多变和不确定性。

英国就是这样一个典型的例子。

1688 年光荣革命之后，英国确立了君主立宪制，加速了资本主义的发展，英国成为欧洲启蒙运动的发祥地，英国的媒体由此也开始领先世界潮流。

从出版自由的确立到市场化的报业体系的形成，从报纸、广播到电视再到新媒体，英国在媒体的变革和传统中不断前进。

媒体影响着英国的硬实力，也作为民主的助推器、民众表达的工具，不断促进英国走向鼎盛。这种在改革与传统的冲突中，走相互融合的道路形成了独具特色的英国历史文化模式，这也正是英国历史文化的令人着迷之处。

本书通过阐释英国媒体的发展，更深刻地揭示了媒体与软实力之间的紧密关系。

通过对英国媒体发展历史的考察，我们发现媒体与软实力之间是相辅相成的关系。媒体为软实力的发展构筑了思想，建设了渠道，提供了支撑。

英国媒体构建软实力，影响软实力，决定软实力。

媒体构建软实力包括两个方面。

一是媒体的硬实力，是传媒的资本、技术、人才等外显的、可测度的、可衡量的实力，如资金投入、技术水平、设施设备、节目时间、收视率、发行量、名牌主持人、员工学历等因素。[①] 英国媒体发展早，影响力强，规模大，

① 兰馨．提升国家文化软实力的媒体策略研究［J］．新闻界，2010（6）．

随着资本主义工商业的迅速发展，媒体已经成为经济产业的一个重要组成部分。根据英国贸工部最近的数据显示，英国传媒业的产值占英国国民生产总值的5%，每年创造财富接近300亿英镑。除此之外，英国传媒业的发达直接带动了就业市场，全国传媒就业人数超过600万，每10个英国人当中就有一个是媒体工作者。这让英国政府不得不重视传媒产业的发展，尽管政府内阁机构不断重组增减，文化传媒部却始终屹立不倒。传媒领域的电视、广播、报纸、图书、期刊、音像等不同的媒体产品在细分的市场下合理定位，在稳固的消费群体和完善的组织形式下发展成了一个支柱产业，成为世界的信息、传媒强国。本书也在各个历史阶段对英国媒体的经济实力作出了一定的阐述。从前文的阐述中，我们可以看到这种硬实力是不断走强的。

二是媒体的软实力，指传媒的传播理念、传媒公信力、传媒自身文化、传媒影响力等潜在的、无法用量化指标来衡量和表示的实力。[①] 如BBC的客观公正、路透社的快速迅捷的信息服务等，都是其享誉全世界的品牌文化。如今，无论走到地球的哪一个角落，来自英国顶级的新闻广播员、节目主持人和报纸的专栏作家都在向人们展示影星般的魅力和政治家般的影响力。尤其是英国新闻服务的质量不仅是媒体单位自我评判的标准，也成为世界观众消费选择的标准。[②]

虽然一些英国媒体如今有很多已经不归属英国，成为跨国传媒集团的一个部分，但是从管理层到执行层仍然处处体现着英国人的思维和文化。英语在当今国际交流中的主导地位以及英国在国际社会中的独特角色，让英国的新闻产品和英文节目跨越和占据了世界传媒版图上的重要位置，充分发挥了“议程设置”的政治影响力。

美国学者伯纳德·科恩在他的著作《媒体与外交政策》一书中写道：“在外交政策的意义上，信息是一种力量，而它与媒体之间存在着一种共生的关系。”英国媒体正是借助信息提供，让英国释放着令全球无法忽视的国家力量。英国广播公司向全世界每周定期直播“首相议会答辩”，每月直播“首相

① 兰馨. 提升国家文化软实力的媒体策略研究［J］. 新闻界，2010（6）.

② 曹劼. 英国媒体撑起国家半边天［J］. 新闻战线，2010（9）.

府新闻发布会”以及每年定期直播“英国女王年度议会讲话”和“首相年度金融城阐述外交政策”等新闻事件，把原本仅仅被这个岛国上的人们所关心的问题，推广到了全世界的议事日程当中。①

传媒软实力是一种内隐的精神力量，能对同行、受众产生持续不断、潜移默化的影响，其他媒体很难效仿和复制。一旦依靠传媒软实力取得竞争优势，会产生很强的传媒影响力、市场占有率和品牌忠诚度，而且这种地位很难被撼动。

文化软实力是一个国家软实力的核心，而传媒不但是文化传播的介质和载体，它本身还是文化软实力的核心组成部分。英国媒体虽然只是构建软实力的一个部分或者说是一个方面，但是确实是关键的一环。现实的文化总是以传媒符号作为直观存在方式。

美国著名人类学家莱斯利·怀特在《文化科学》一书中指出：全部文化（文明）依赖于符号。文字、图像、声音等大众传媒产品符号是负载、传送信息和文化的最重要的代码，斯图亚特·霍尔据此把传播活动看作透过媒介的符号产品显现的意义的编码和译码的过程。在当今传媒化社会，文化的生命力、凝聚力、创造力、影响力在很大程度上取决于传媒的实力。李良荣教授认为，传媒是文化软实力的核心力量，具有广泛的社会影响力；而在信息时代，现代大众传媒不但是文化的引领者，更成为推动社会经济发展的软实力的核心。在约瑟夫·奈的叙事框架中，大众传媒本身就被看作文化软实力。②

媒体影响软实力主要是媒体对软实力的兴起和发展起到的助推作用。软实力是指与诸如文化、意识形态和制度等抽象资源相关的、决定他人偏好的“软性同化权力”。文化软实力一般是指一国的文化、价值观念、社会制度、发展模式的国际影响力与感召力。③

从各个历史时期英国传媒业的表现我们发现，媒体在构建公共领域，传播思想文化，促进社会进步，完善政治制度等多个方面对软实力产生着影响。软实力的四个方面的影响力，即文化影响力、意识形态影响力、制度安排上的影

---

① 曹劼．英国媒体撑起国家半边天［J］．新闻战线，2010（9）．

② 兰馨．提升国家文化软实力的媒体策略研究［J］．新闻界，2010（6）．

③ 罗建波．中国发展的对外文化战略——一种软权力的视角［J］．中共中央党校学报，2006（3）．

响力和外交事务中的影响力，均通过传媒体现出来，而且这种影响力在历史的进程中是不断加强的。英国在当今社会可能不能算是一个经济或军事大国，但是绝对是一个传媒大国、文化大国。所以说，媒体与软实力相辅相成，媒体的兴衰也决定了软实力的兴衰。

媒体决定软实力主要是指媒体在软实力的兴起过程中的决定性作用，特别是在国家兴衰中体现出来的规律。软实力和硬实力一起，作为衡量一个国家实力的参考标杆。那么，媒体在国家崛起的互动过程中体现出来的规律是什么呢？本书认为，软实力是思想力（传播内容）与传播力（渠道）的平衡，媒体是载体和表现形式。在国家兴起的过程中，传媒的作用就是扩大认同，从国家认同到世界认同，一旦这种认同不能跟上国家兴起与扩张的步骤，国家的衰落就开始了。

在 19 世纪中期英国国力如日中天的时候，英国的媒体的影响力也逐渐达到了鼎盛。但是在 19 世纪和 20 世纪之交，美国媒体追赶了上来，在国际事务报道领域与英国媒体展开了激烈的竞争。与此同时，英国的殖民扩张到了 20 世纪初已经成为帝国的负担。从美国独立开始，英国殖民地的新兴民族文化开始兴起，媒体逐渐本土化。而英国本土媒体在各个领域停滞不前，从 20 世纪舰队街的变迁我们就可以清楚地看到，技术的落后、报道观念的保守和经济的下降等因素，英国媒体的文化影响力在世界范围内逐渐减弱。而文化软实力是基于价值观内容的文化的认同力，是一个国家或民族的文化所具有的凝聚力和传播力以及由此产生的吸引力、感召力和影响力。所以英国媒体对产生国家认同感的作用不断降低，这种情况也与帝国的衰落和解体相伴随行。这就是媒体在国家兴衰的互动过程中体现出来的规律。当然，我们也不能过于夸大媒体在国家兴衰中产生的作用。通过英国发展的例子，这种规律性认识能为我们重视媒体发展、重视软实力的构建有一定的借鉴意义。

英国的软实力和硬实力只是经过了一个相对兴衰的过程，软实力和硬实力之间并不是相辅相成的关系，软实力和硬实力的发展并不平衡。

通过对英国硬实力发展历史的考察，英国经历了一个由弱到强，由盛转衰的过程。英国是在 19 世纪之前经历的是一个经济和军事实力增长的过程，在 19 中叶完成工业革命，并建立其强大的殖民帝国后，英国达到了硬实力的顶峰。在这之后，英国开始衰落，但是从经济和军事总量上看仍然比 19 世纪之前强大，而且衰落的过程要缓慢一些。所以如果我们将这一兴衰过程用曲线来表示，如图 8-1 所示。

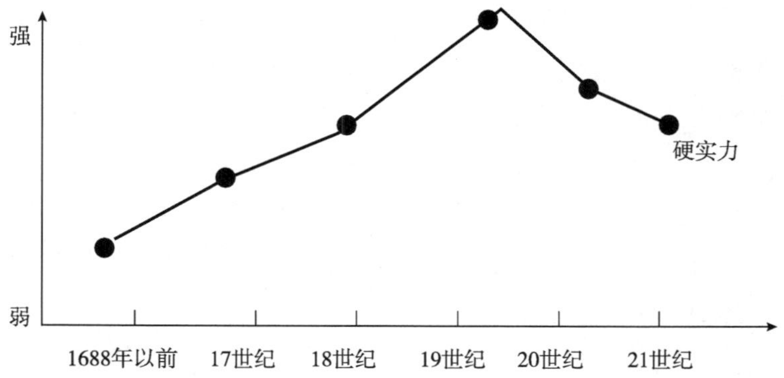


**图 8-1　英国硬实力发展历史**

而对软实力的评量就更复杂一些，我们之所以用媒体来看软实力的变迁，正是因为媒体是现实世界的反映，媒体实力和软实力之间有着密不可分的关系。通过对英国媒体的发展、规模、影响的变化，我们也可以看到软实力的变化。如果说硬实力有一个兴衰的过程，那么在软实力方面，情况又略有不同。

19 世纪之前，英国的软实力随着硬实力的提升是在不断提升的。英国的硬实力的发展是超越于软实力的。英国作为偏安在欧洲一隅的小国，虽然已经在欧洲崭露头角，逐渐在海上取得霸权，但是在欧洲大陆，法国依旧是思想文化的中心，是软实力最强的国家。这种影响一直持续到 20 世纪初，才让位于后起霸主美国。

在 19 世纪中叶英国硬实力达到顶峰之后，其软实力也随之达到了顶峰。19 世纪中叶，英国完成了工业革命，成为世界实力最强的国家。而英国在此时的思想文化发展也接近高峰。根据本书第四章的论述，英国最有影响的报纸和通讯社大概是在 19 世纪中期之后才对世界产生了重大影响。从文中的论述来看，软实力大概是在 19 世纪末达到了顶点，当时英国建立了日不落帝国的庞大殖民体系，在制度、文化、科学、媒体等方面全球领先，拥有高度的话语霸权。从 20 世纪开始，英国的硬实力下降，英国的软实力也随之下降。话语霸权被美国取代。在 20 世纪上半叶总体上是一个衰落的过程。但是，从 20 世纪下半叶开始，特别是 21 世纪以来，软实力的发展曲线又有一个提升的过程。虽然英国的软实力在很大程度上受到了硬实力的影响，如报纸的发行量下降，传媒业被外国资本控制和收购等，但是英国媒体的影响力依然强大，在新世纪以来特别是新媒体浪潮来临后，英国的软实力还在某种程度上得到了加强。《每日邮报》访问量第一和 BBC 网站的影响力就是证明。

总体来看，目前英国文化对世界的影响力还是保持在一个较高的水平，但是要略逊于 19 世纪末的影响力。如果我们也给英国软实力的变迁画一幅图，如图 8–2 所示。

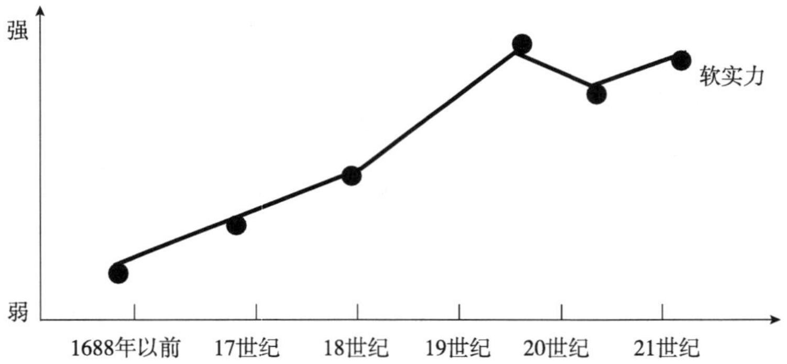


**图 8–2　英国软实力发展历史**

通过对硬实力发展和软实力发展规律的阐述，如果我们把硬实力和软实力这两幅图结合在一起来看，如图 8–3 所示。

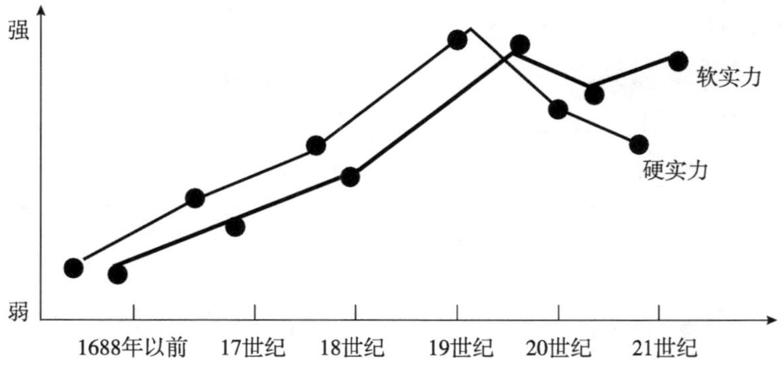


**图 8–3　英国软硬实力发展历史**

从这幅图中，我们可以看到，英国的软实力发展先是滞后于硬实力，然后又超过了硬实力。两者之间的关系并不是完全平衡的，有一个“时间滞差”。

肯尼迪在《大国的兴衰》中也描述过时间滞差的问题。他认为一个国家经济力量和军事力量的增减不会同步进行。在一个国家的经济力量升降曲线与军事影响升降曲线之间，有一个引人注目的“时间滞差”。一个经济正在迅速发展的国家（如 19 世纪 60 年代的英国、90 年代的美国和今天的日本）总希望自己越来越富，而不希望将巨资用于军备。

那么在软实力和硬实力发展中存在这样的时间滞差也就不难理解了。因为一个国家的发展首先要考虑的是经济和军事的发展，其次才会考虑到文化、制度对其他国家的影响力，所以这种时间滞差在 19 世纪末 20 世纪初之前看起来非常明显。

《唐顿庄园》第 4 季的圣诞特辑中有一个情节让人印象非常深刻，来自美国的玛莎·莱文森夫人“拒绝”了英国落魄贵族的求婚，其理由是“我对未来无所畏惧，因为我正在走上坡路，而你却在走下坡路。”电影《泰坦尼克号》也深刻诠释了这种交替，来自英国的落魄贵族小姐要赴美国嫁给暴发的美国佬，却遭遇爱情悲剧。20 世纪初的美国是希望之国，是自由之国。

一战后，美国的硬实力逐渐超过了英国，成为世界经济军事霸主。所以在 20 世纪美国取得世界霸权之后，英国的硬实力就衰落了。

但是英国的软实力没有相应地衰落，反而在不断上升，但是相比起顶峰时期，总体是有所下降的。

所以，我们探讨英国软实力的兴衰这个命题，要一分为二地看。

一方面，英国的软实力是随着历史的进程在不断加强的，这是英国软实力的“兴”。

另一方面，英国的软实力随着硬实力的变化而变化，有一个从顶峰下降的过程，这是软实力的“衰”。

但是，相对于硬实力来看，软实力的衰落并不明显，或者说并没有硬实力那样衰落的程度强。

对于硬实力和软实力之间的关系，也要一分为二地看。

一方面，软实力随着硬实力的变化而变化，硬实力强，软实力也强；硬实力弱，软实力相对来说也较弱。

另一方面，软实力并不是随着硬实力的衰落而衰落，两者不是完全的相辅相成的关系，而是存在一个时间滞差。

在 19 世纪末和 20 世纪末，英国的软实力在一定程度上也促进了硬实力的提升。两种实力中虽然存在一种平衡，但是这种平衡关系并不稳定。这就是软实力和硬实力最大的不同之处。在世界大国的兴衰中，英国表现得尤为明显。

那么，如何评价“二战”后英国软实力和硬实力的关系呢？当英国走向衰落时，它仍以帝国和大国自居，尤其是在“二战”后初期表现明显。“这种世界大国地位的信念，使实力日益下降的英国，同它的帝国遗产所遗留下来的全球广泛利益，形成越来越尖锐的矛盾。”英国在英联邦和英帝国问题上花费了太多精力，“妨碍了它以积极的欧洲政策去适应变化了的经济和政治环境”，以致在与欧共体关系问题上始终不那么和谐，很难较好地融入欧洲。[①]

但是，英联邦也为英国的软实力传播扩展了渠道，英联邦的国家在独立后仍然深受英国的影响。比如澳大利亚人乐于称澳洲为“幸运之邦”，甚至喜欢以此贬低英国，但在社会风尚和习惯意识中，“Mother England”的概念却刻骨铭心，人们崇尚和模仿英国人的风度和派头，为覆盖着地球表面积 1/6 并控制着世界总人口 1/5 的英帝国而自豪。直到 20 世纪中期，许多澳大利亚人仍习

① 马瑞映. 疏离与合作———英国与欧共体关系研究［M］. 北京：中国社会科学出版社，2007：40.

惯或坚持使用“英帝国”一词，心目中的澳大利亚仍是“英帝国不可分割的一部分”。在小学教学的世界地图上，包括澳大利亚在内的英帝国版图被标以醒目的红色。[①] 这一切显示出澳大利亚民族意识牢固而明确。在澳大利亚民族形成的过程中，存在着一种人们共有并认同的意识，即对英帝国持自豪感，以种族亲情为纽带，维系着与英国的各种关系。在英帝国及后来的英联邦里，母国情结在澳大利亚表现得最浓厚，保存得最完整。就情感意识而论，19 世纪是澳大利亚民族形成与发展的时期，也是英国在历史上最为辉煌的时代，英吉利民族显示出无与伦比的“种族优越”，而与其有着血缘与种族关系的澳大利亚人同样为之感到荣耀。直到第二次世界大战前，“澳大利亚的民族精英集团仍倾向于认为澳大利亚作为大英帝国的一部分，是西方文明和成就的象征”。[②] 英联邦国家在 1931 年签署的《威斯敏斯特法案》意味着自治领完全独立，而作为签字国的澳大利亚则反应冷淡，将其束之高阁，直到 1942 年，联邦议会才予以批准生效。[③]

英国在战后一直是联合国常任理事国之一，在国际事务中有广泛的影响力。但是战后的“英国病”一直困扰着英国，英国经济出现的滞胀状态持续了近 30 年，直到撒切尔夫人执政时期才有所好转。英国经济发展相对缓慢，英国在世界列强中的实力地位下降。冷战结束后，英国经济趁着第三次科技革命的东风有所回升，在布莱尔—布朗时期，英国再次经历一次经济繁荣。当时就有媒体评论说：“英国似乎扭转了历史潮流，一个中等强国找回了自信和地位感。”但是好景不长，2008 年以来的全球金融危机打碎了“轻松创造繁荣”的梦想。如今，在 2008 年金融危机、2010 年欧债危机的双重打击之下，英国正面临巨额的财政预算赤字危机，2011 年英国还有高达 4％的通胀率威胁着经济复苏。在军事方面，英国在战后广泛参与国际事务，跟随美国参与了多场局域战争，比如近期的阿富汗战争、伊拉克战争、利比亚内战等，都有英军的身影。通过这些战争，英军也有着较强的实际作战能力，由于拥有核武器和较高

---

① J. 贝克尔. 为了女王，还是为了国家？(J. Baker, For Queen or Country?) [M]. 墨尔本大学出版社，1974：41.

② 王宇博. 剖析 19 世纪澳大利亚民族认同 [J]. 世界历史，2007 (6).

③ 王宇博. 剖析 19 世纪澳大利亚民族认同 [J]. 世界历史，2007 (6).

的科技水平，所以英国的综合军事能力在世界是排名靠前的。

由此来看，在冷战结束后，由于超级大国苏联的瓦解，英国凭借特殊的英美关系，在一超多强的国际格局中的地位有所提高，相对于“二战”后的经济困难和国际影响力的下降，英国的硬实力在衰落中还是有所提升。

所以，从总体来说，英国的硬实力一直在增长，但是相对于世界各国从硬实力来看，英国还是一定程度的衰落。

国际话语权的转移也是本书的一个核心问题。从英国的媒体发展历史来看，值得注意的是，从法国到英国的转移并不如转移到美国这么明显，因为法国是依靠启蒙思想获得欧洲的思想和文化霸权，而那时的英国已经开始了工业革命和启蒙思想的传播。法国的沙龙和英国的咖啡馆都是公共领域的代表，在某些程度上来看，英国的实力和文化在当时的欧洲只是处于相对弱势的状态。而美国和英国的大国权力的交接则是在国际传播开始之后，在世界范围内的霸权转移，而且这种转移在媒体方面表现得尤为明显。

美国和英国同根同种，这种转移在一定程度上来看有一种民族文化认同在发挥着作用，所以是一种安全的转移。英美都是文化大国、文化强国，虽然美国现在是掌握着话语霸权，但是英国凭借着语言、制度、文化等方面的优势依然在国际话语体系中占有关键的位置。

保罗·肯尼迪认为，1945 年以后美国的对外扩张与 19 世纪英国最明显的不同之处是：“英国能避免与其他主权国家过多地建立固定和含混的联盟关系，而美国现在则承担这种义务。”① “英国一直不停地变换同盟，并且唯有在面临最后选择否则均势有失衡之虞，才会与欧陆国家结盟。英国联盟战略的目的是维持均势即欧陆大国的力量平衡，而美国的目的则是遏制与牵制。相反，美国在‘二战’后称霸之初就开始构筑它的联盟体系，而且直至今日还在不知疲倦地巩固着它的庞大联盟体系。从外交政策这方面来看，英国的联盟战略的运用是远不及美国的。20 世纪的国际话语权从英国转移到美国，和美国成熟的联盟战略也有直接的关系。

我们评价 21 世纪以来的英国软实力和硬实力的关系，应该说是软实力的

① 保罗·肯尼迪. 大国的兴衰［M］. 北京：求实出版社，1988：441.

发展超过了硬实力，英国凭借其软实力在世界上仍占有大国的一席，在世界话语体系中仍拥有一定的国际话语权。纵观英国这几十年的发展，虽然英国的经济和军事已经不能称为大国，但是其传媒大国和文化大国地位仅次于美国，并没有完全的衰落。英国底蕴深厚的外交传统、英联邦的遗产、遍布世界各地十分成熟老到的金融资本和发达的传媒产业至今仍在影响着世界，在英国的文化在各个方面还有着超出人们想象的渗透力、影响力。

那么，世界的霸主还将是美国吗？

## 第三节　终极猜想

在探讨了软实力与媒体、软实力与硬实力的兴衰之后，我们可以得出一个普遍的结论，那就是软实力和硬实力之间并没有完全必然的因果联系。

那么，在美国硬实力不断下降的今天，美国的软实力地位如何呢？美国还掌握着国际话语权吗？

当保罗·肯尼迪在20世纪90年代唱衰美国的时候，约瑟夫·奈却提出了软实力的概念。

本书的内容和脉络也是在这两位学术泰斗的思想面前不断去映证，不断去反思。通过英国的案例，似乎能找到一个相似的答案。

近年来，国际上的反美情绪不断高涨，出现了美国软实力衰落论。就连软实力概念的提出者约瑟夫·奈都在2004年的《外交》杂志上发表了《美国软实力的衰落》一文，提出了美国的价值观对其他国家产生的吸引力正在下降的评论。2008年国际金融危机以来，对于美国衰落的评论更是引起了世人越来越多的关注。

但是国内也有很多研究美国的学者指出，美国的各个方面的软实力，比如科技、教育、人口方面的竞争力，以及在思想、制度、规范安排等方面的影响力，均未衰落。①

---

① 孔祥永，梅仁毅. 如何看待美国的软实力［J］. 美国研究，2012（2）.

如果从媒体角度来看，美国的报纸、广播、电视、网络、出版、电影等方面的实力还在不断加强，好莱坞是世界电影的工厂，全世界的跨国传媒集团大部分总部在美国，而默多克为了占领美国市场还加入了美国国籍。美国的媒体不断向世界输出美国的文化和价值观，媒体对软实力的构建和影响作用更为明显。和英国一样，美国的媒体构建了美国的软实力、影响了美国的软实力、决定着美国的软实力。

正如英国一样，美国的软实力并没有随着硬实力的衰落而衰落，而且在某些方面还有所增强。

自从小布什政府推行单边主义和全球反恐行动以来，美国的国际形象不断恶化。奥巴马总统2009年上台以来，不断缓和国际关系，改善国家形象。但是美国国内兴起的茶党运动又对奥巴马政府产生了巨大影响，经济的低迷、失业率的居高不下、民众的不满失望情绪都对奥巴马政府的第二届任期提出了巨大的挑战。

著名美国问题学者王缉思认为，“美国未来的兴衰主要是一个政治命题，不容易成为一个学术命题”。王缉思认为，虽然2012年以来的对美国的唱衰的呼声比以往的美国衰落论还更高一些，但一段时间之内美国超级大国的地位难以动摇，中国等新兴国家的崛起会对美国带来牵制，但远不具备取代美国重塑世界秩序的实力和条件。整体来看西方也许在衰落，但是“西方”的范畴其实也在扩大，比如日本、韩国、印度等都基本认同西方的政治价值观，而西方的对立面并没有完全站起来。美国已经走上了顶峰，但是这个顶峰是一个平顶山，未来美国将在这个平顶山上高位波动，有起有伏，直到将平顶山走到尽头。①

也许在全球化不断深化的时代，文化和一个民族的核心价值观才是真正的权力。21世纪以来，随着中国国力的不断增强，中国作为大国崛起将是21世纪的主题。国际话语格局也有所松动。

那么，国际话语权会从美国转移到中国吗？

下一个是谁？

---

① 王缉思. 未来10年的中国与美国［OL］. 财经网，2012年05月11日.

近年来，中国的经济总量已经仅次于美国位居世界第二，并一直保持高速增长。在奥运会的奖牌榜上，中国也是仅次于美国位居第二。所以从硬实力和软实力来看，中国未来的崛起是一个必然的趋势。

近年来中国的公共外交的开始发力，孔子学院的遍地开花、媒体的国际传播能力不断增强等，都是国际话语格局松动的表现。

但是国际话语权的转移是一个漫长的过程。英法的交接大概经过了一个世纪的时间，英美的交接也经历了半个多世纪。这种交接也要经历一定的剧变，例如，法国大革命和工业革命是英法话语权交替的契机。两次世界大战和全球经济大萧条是英美交接的契机。21 世纪以来，虽然恐怖主义和局部战争此起彼伏，但是再次发生世界性大战的可能性不大，和平和发展依旧是 21 世纪的主题。所以，在这样的历史环境下，再次发生那种明显的交接显然不太可能。

面对 21 世纪世界实力的新变化，我们也不能以 19 世纪和 20 世纪的世界为参照体系，国家“软实力”和媒体的发展，以及媒体在文化输出方面起到的越发重要的作用都是不可忽视的因素。

从媒体的角度来说，中国的媒体国际传播力与英美相比确实还太弱。

所以，从历史规律来看，如果美国确实进入了衰落过程中，那么这一过程也注定是漫长的。它的法治传统和法治精神、它的社会价值观和凝聚力、它的技术创新和超强的自我纠错能力、它的发达的媒体和对国际事务议程的设置能力，都将延缓美国衰落的过程。

2007 年 5 月，耶鲁大学出版了卡内基国际和平基金会中国项目学者约书亚·库兰茨克的《魅力攻势——中国的软实力如何改变世界》一书，这是美国甚至西方第一本研究中国软实力的专著，在美国学界和政界引起很大关注。

中国的软实力究竟如何？它经历了一个怎样的兴衰呢？

如果说中国的硬实力经过了一个明显的兴衰过程，那么软实力也随之经历了一个兴衰的过程。它的最低点应该是 19 世纪末至 20 世纪中叶，也就是清政府到民国时期，在新中国成立后开始慢慢回升。它的最高点应是在唐宋元明时期，也就是 8 ~ 13 世纪。在硬实力和软实力的兴衰中，也存在一个时间滞差。例如，在唐宋元明时期，中国的文化软实力达到了顶峰，马可波罗等外国人无不羡慕中国的科技、文化和经济的繁荣。而到了鸦片战争以后，中国就在不断走下坡路。但是文明一直没有中断，在新中国成立后，软实力随着硬实力开始慢慢提升，到了21世纪之后的提升尤为明显。但是如今硬实力和软实力的发展还不相称。如果硬实力中国可以排名世界第二，那么在软实力方面，可能很难排在英美之前。我们的软实力发展还有很大的提升空间。中国的国家形象虽然在近几年里有所提高，但是还与中国的大国身份远远不符。虽然，近些年中国国民的自信心不断增强。但是这种自信心主要体现在经济发展方面，在文化上的自信还没有完全体现出来。

但是我们也不应该妄自菲薄。

在人类发展史上，曾经出现过北非尼罗河流域的古埃及文明；南亚印度河流域文明；西亚两河流域的巴比伦文明；地中海北岸的古希腊、罗马文明；黄河、长江流域的中华文明等。但是，时过境迁，曾经拥有这些文明的古代国家，有的衰落了，有的消亡了，只有中华文明是世界上唯一没有中断的古老文明。正如季羡林先生所讲："中国之所以不间断地保持了自己的文化传统，不外乎内外两个原因。内因是中国文化具有极大的包容性；外因是不断有充满生机和活力的外来文化与之交流。"

如果我们用一幅图来描述中国硬实力和软实力的兴衰，如图8-4所示。

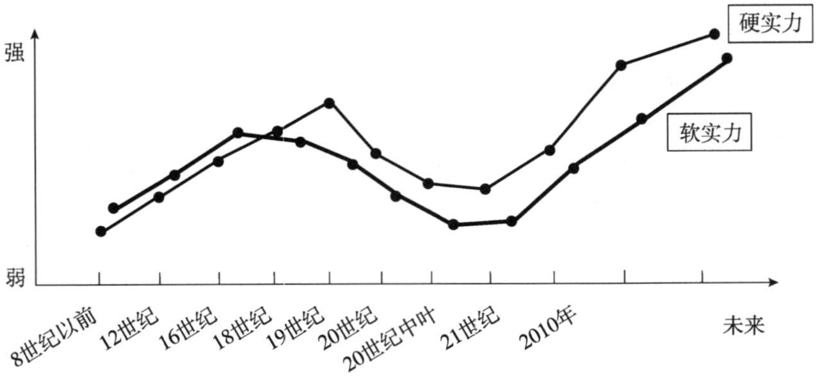


**图8-4　中国硬实力和软实力的兴衰**

确实，中国文化源远流长，自古以来就对周边国家和世界都有着深刻影响。在全球化背景下的今天，传承历史、发扬文明具有越来越重要的意义。这种软实力发展与硬实力短暂的不匹配是可以慢慢弥补的。

英国在17世纪、18世纪的宗教改革和建立君主立宪制后，通过战争不断谋求欧洲霸权和海上霸权，硬实力有了很大的提升。但是英国的贵族仍然向往的欧洲大陆国家的文化，英国的贵族子弟大都在欧洲游学，英国人还是以拥有法国和意大利的艺术品为荣。这和中国眼下的情况相似。中国时下流行的不也是出国留学、出国旅游、拥有西方国家的奢侈品和艺术品吗？

从英国软实力的兴衰过程中，我们也可以看到，软实力的积累是需要时间的，媒体和文化的影响力的发达不是一朝一夕就能造就的。软实力一旦获得，就很难失去，它会随着时间的推移日益增强。中华文化已经有5000年的历史，在历史上也是称霸全球的大国，所以中国文化的实力是强大的。尽管20世纪英国不断在衰落，其作为大国的形象却并没有消失，英国人的大国心态仍在。英国不放弃任何一个展示国家形象和文化魅力的机会。英国的实践表明，强大的宣传力量、传媒实力和有效的沟通能力是构建和塑造国际形象的必要保障。①

从世界历史来看，19世纪是比生产力，20世纪是比制度，21世纪比的是文化，未来的发展是以文化论输赢的。李光耀说："只有在其他国家羡慕并期望模仿一国文化之时，其软实力才得以实现。"

所以中国的"软实力"怎么提升，怎样被国际社会所认可、接受，还需要全体国民中将大国意识变为普遍的社会认同。

正因为媒体与软实力的相依相存的关系，媒体应该在建立中国自信方面扮演更积极的角色。如果中国有机会在21世纪成为最后的大国，那就不仅仅是一种"崛起"，而且是一种"复兴"。中国与英国和美国不同，它是一个历史悠久的国家，曾经有过多次的沉沦与复兴。中国最近的一次沉沦不过是19世纪的事。中国最近一轮的复兴，也不是21世纪才提上议事日程，而是过去一个世纪艰苦卓绝努力的延续。②

中国的儒家文化曾经在周边国家广为传播，并对这些国家产生了深远的影响。从现代意义上，文化的传播不仅可以让外界了解本国的文化思想，更重要

---

① ［美］尼古拉斯·奥鲁夫. 构建中的国际关系［M］. 肖锋译. 北京：北京大学出版社，2006：68.

② ［美］保罗·肯尼迪. 大国的兴衰［M］. 北京：国际文化出版公司，2006：出版说明.

的是，一旦文化成为其他国家和国际社会所认同的价值准则，就能大大增强这个国家的影响力、吸引力，从而也就使这个国家获得了更大的文化软实力。“一国的文化越是具有全球普及性（普世性），它就越能够为主宰国际行为规范而建立起有利于自己的准则和制度。[①] 如美国等西方国家在世界其他国家和地区传播本国的文化价值观念和生活方式，其目的除了巨大的商业利益外，更重要是使这些国家和地区的人们崇尚西方文化、削弱对本民族文化的认同，从而达到其政治目的。”

在信息传播全球化的背景下，传媒作为扩大文化影响力的重要手段，在“软实力”的角逐中唱起了主角，借助现代传媒，中华文化得以有效传播，既可以构建起自身强有力的文化认同，又可以在国际社会树立起一个良好的大国形象。从媒体与软实力的关系中，我们也可以得出，运用媒体传播提升国家文化软实力，因为媒体不仅能够为文化软实力的提升营造一个良好的舆论氛围，而且是对外传播中提升文化影响力、感召力和竞争力的重要平台。学习发达国家的经验，特别是要在一些西方主流媒体对中国的不实报道和思维定势中，打破偏见与误解，建立属于自己的国际传播体系。

纵观英国媒体的历史发展，渐进的改革和开放的心态是贯穿其中的一条主线。每一次媒体形态的变革，每一次先进技术的应用，英国的媒体都是主角。在英国的历史发展过程中，媒体渗透其间，时而如涓涓细流，时而如滔滔巨浪一般，伴随着国家的每一个历史前进步伐。所以，对于中国的和平崛起，我们更应该注重媒体的力量，借鉴大国的发展模式，在21世纪国际话语格局的洗牌中赢得主动，占得先机。中国以其幅员、人口、国家凝聚力、文化感召力注定要在国际体系中发挥大国的作用。

① 李智．文化外交：一种传播学的解读［M］．北京大学出版社，2006：55.

# 参考文献

## 一、英文参考文献


1. Martin Wiener. English Culture and the Decline of the Industrial Spirit, 1850 – 1980 [M], London: Penguin, 1981.
2. W. D. Rubinstein. Capitalism , Culture and Decline in Britain, 1750–1990 [M]. New York: Routledge, 1993.
3. John Feather. A History of British Publishing [M]. New York: Routledge. 1991.
4. Deutsch K. Nationalism and Social Communication [M]. Cambridge: MIT Press, 1966.
5. Anderson B. Imagined Communities–Reflections on the Origin and Spread of Nationalism [M]. London: Verso, 1991.
6. David Loades. Books and the English Reformation prior to 1558 [M]. Leicester Univ Pr; First Edition edition, 1992.
7. Jean–Francois Gilmont ed. The Reformation and the Books [M]. Aldershot: Ashgate Publishing Limited, 1998.
8. David Loades, Politics. Censorship and the English Reformation [M]. Leicester Univ Pr; First Edition edition , 1992.
9. G. R. Elton, Policy and Police. The Enforcement of The Reformation in the Age of homas Cromwell [M]. CUP Archive, 1985.
10. Raymond Williams. The Long Revolution [M]. Broadview Press, 2001.
11. Carole Rawcliffe. The Staffords Earls of Stafford and Dukes of Burkingdam, 1394–1521 [M]. Cambridge: Cambridge University Press, 1978.
12. Fred Seaton Siebert. Freedom of the press in England: the rise and decline of government controls, 1476–1776 [M]. University of Illinois Press, 1952.
13. Christopher Hill, Writing and revolution in 17th – century England [M]. Harvester

Press, 1985.

14. David Zaret. Origins of Democratic Culture [M]. Princeton University Press, 2000.

15. Hannah Barker. Newspapers, Politics and English Society. 1695 – 1855 [M]. Langman, 2000.

16. James Raven. "The Book Trade", Books and Their Renders in Eighteenth – Century England [M]. Leicester UniversityPress, 2001.

17. Jeremy Black. Newspaper and Politics in the 18th Century [J]. Hisrory Today. Oct86. Vol. 36. Issue10. 36.

18. Bob Harris. Politics and the Rise of the Press: Britain and France, 1620–1800 [M]. Routledge, 1996.

19. Neil Mckendrick, John Brewer, J. H. Plumb, The Birth of Consumer Society, the Commercialization ofEighteenth–Century England [M]. Europe, 1982.

20. Minto W. Daniel. Defoe [M]. London, 1902.

21. Harold Herd. The March of Journalism: The Story of the British Press from 1622 to the Present Day [M]. London: Allen & Unwin, 1952.

22. Brian Lake. British newspapers: a history and guide for collectors [M]. London : Sheppard Press, 1984.

23. Alexis Weedon. Victorian Publishing: The Economics of Book Production for a Mass Market, 1836–1916 [M]. Aldershot: Ashgate, 2003.

24. P. J. Marshall. The Cambridge Illustrated History of the British Empire [M]. Cambridge: Cambridge University Press, 1996: 215.

25. Donald Read. The Power of News: The History of Reuters [M]. New York: Oxford UniversityPress, 1992.

26. Eberhard Demm. Propaganda and Caricature in the First World War [J]. Journal of Contemporary History, 1993 (28): 163.

27. John Eldridge, Jenny Kitzinger, Kevin Williams. The Mass Media and Power in Middle Britain [M]. New York Oxford University Press, 1997.

28. Alexander Cadogan. The Diaries of Sir Alexander Cadogan, 1938 – 1945 [M]. David D, ed. , New York: Putnam, 1972.

29. Erik Barnoww. The Golden Web: a History of Broadcasting in the United States, 1933–1953 [M]. New York: Oxford University Press, 1968.

30. Susan Ann, Brewer. To Win the Peace: British Propaganda in the United States during

World War II [M]. Cornell University Press, 1997.

31. Rithchie 0rendale. The English – Speaking Alliance: Britainthe United States, the Dominions and the Cold War [M]. London, 1979.

32. Brian Brivati, Harriet Jones. From Reconstruction toIntegration: Britain and Europe since 1945 [M]. London, 1993.

33. Tunstall, Jeremy. The Mass Media in Britain [M]. London: Constable, 1983: 80.

34. Symour– Ure, Colin. The British Press and Broadcasting since 1945 [M]. London: Blackwell, 2ndedition, 1996.

35. Derwent May. Critical Times: The History of the Times LiterarySupplement [M]. Harper-Collins, 1986.

36. Peter Burke. Language and Communities in Early Modern Europe [M]. Cambridge: Cambridge University Press, 2004.

37. E. Armstrong. English purchases of printed books from the Continent [J]. The English Historical Review, Apr. 1979.

## 二、中文译著

1. [美] 保罗·肯尼迪. 大国的兴衰 [M]. 北京：国际文化出版公司，2006.

2. [美] 杰克·斯奈德，于铁军译. 帝国的迷思：国内政治与对外扩张. 北京：北京大学出版社，2007.

3. [美] 曼库尔·奥尔森. 国家兴衰探源 [M]. 北京：商务印书馆，1993.

4. [英] 凯文·威廉姆斯. 一天给我一桩谋杀案——英国大众传播史 [M]. 上海：人民出版社，2008：21.

5. [美] 约翰·霍恩伯格. 西方新闻界的竞争 [M]. 北京：新华出版社，1985.

6. [法] 费夫贺，马尔坦，李鸿志译. 印刷术的诞生 [M]. 桂林：广西师范大学出版社，2006.

7. [英] 西蒙·詹金斯. 英国报业大亨内幕 [M]. 北京：新华出版社，1982.

8. [美] 施拉姆，波特. 传播学概论 [M]. 北京：新华出版社，1984.

9. [美] 约瑟夫·奈著，门洪华译. 硬权力与软权力 [M]. 北京：北京大学出版社，2005.

10. [法] 弗雷德里克·巴比耶. 书籍的历史 [M]. 桂林：广西师范大学出版社，2005.

11. ［美］雅克·巴尔赞. 从黎明到衰落——西方文化生活五百年［M］. 林华译. 北京：世界知识出版社，2002.

12. ［英］G. R. 埃尔顿编. 新编剑桥世界近代史［M］. 中国社会科学院世界历史研究所组译. 北京：中国社会科学出版社，2003.

13. ［法］基佐. 1640年英国革命史［M］. 上海：三联书店，2011.

14. ［英］约翰·基恩. 媒体与民主［M］. 郤继红、刘士军译. 北京：社会科学文献出版社，2003.

15. ［英］约翰·密尔顿. 为英国人民声辩［M］. 何宁译. 商务印书馆，1978.

16. ［英］阿萨·勃里格斯. 英国社会史［M］. 陈叔平，等译. 北京：中国人民大学出版社，1989.

17. ［美］伊恩·P·瓦特. 小说的兴起［M］. 高原，等译. 三联出版社，2003.

18. ［英］詹姆士·哈林顿. 大洋国［M］. 何新译. 北京：商务印书馆，1963.

19. ［德］哈贝马斯. 公共领域的结构转型［M］. 曹卫东，等译. 北京：学林出版社，1999.

20. ［美］伯恩斯，拉尔夫. 世界文明史［M］. 商务印书馆，1987.

21. ［英］亨利·莱昂斯. 英国皇家学会史［M］. 陈先贵译. 云南省工程机械学会，年份不详.

22. 马克思恩格斯全集［M］. 第9卷. 人民出版社，1972.

23. ［美］埃德温·埃默里，迈克尔·埃默里. 美国新闻史［M］. 北京：新华出版社，1982.

24. ［英］弗拉斯卡·斯帕达，尼克·贾丁. 历史上的书籍与科学［M］. 苏贤贵译. 上海：上海科技教育出版社，2006.

25［英］达雅·屠苏. 国际传播：延续与变革［M］. 董关鹏，等译. 北京：新华出版社，2004.

26. ［法］阿芒·马特拉. 世界传播与文化霸权：思想与战略的历史［M］. 陈卫星译. 北京：中央编译出版社，2002.

27. ［美］拉迪斯拉斯·法拉戈. 斗智［M］. 何新译. 北京：群众出版社，1962.

28. ［日］池田德真. 宣传战史［M］. 北京：新华出版社，1984.

29. ［英］查尔斯·柯兰. 统理BBC［M］. 冯健三译. 台湾：远流出版公司，1992.

30. ［日］左腾卓己. 现代传媒史［M］. 诸葛蔚东译. 北京：北京大学出版社，2004.

31. ［美］罗伯特·福特纳. 国际传播——全球都市的历史、冲突及控制［M］. 北京：华夏出版社，2000.

32. ［美］拉迪斯拉斯·法拉戈. 斗智［M］. 何新译. 北京：群众出版社，1962.
33. ［美］威廉·曼彻斯特. 光荣与梦想［M］. 广州外国语学院美英问题研究室翻译组译. 北京：商务印书馆，1978.
34. ［英］梅德利科特（W. N. Medlicott）. 英国现代史：1914～1964［M］. 北京：商务印书馆，1990.
35. ［美］尼古拉斯·奥鲁夫. 构建中的国际关系［M］. 肖锋译. 北京：北京大学出版社，2006.
36. ［美］菲利普·李·拉尔夫，罗伯特·E·勒纳. 世界文明史上：［M］. 北京：商务印书馆，1998.
37. ［英］安东尼·阿巴拉斯特. 西方自由主义的兴衰［M］. 曹海军，等译. 吉林：吉林人民出版社，2004.
38. 马丁·沃克. 报纸的力量［M］. 北京：新华出版社，1987.
39. ［英］温斯顿·丘吉尔·英语国家史略：上卷［M］. 薛力敏，林林译. 北京：新华出版社，1985.
40. ［英］汤林森. 文化帝国主义［M］. 上海：上海人民出版社，2001.
41. ［美］罗伯特·麦克切斯尼. 全球传媒体系与新自由主义、文化帝国主义［M］. 桂林：广西师范大学出版社，2003.
42. ［美］斯塔夫里阿诺斯. 全球通史：1500年以后的世界［M］. 上海：上海社会科学出版社，1998.
43. ［美］本杰明·M. 康佩恩，道格拉斯·戈梅里. 谁拥有媒体：大众传媒业的竞争与集中［M］. 詹正茂，等译. 北京：中国人民大学出版社，2006.
44. ［英］约翰费瑟. 传递知识——21世纪的出版业［M］. 张志强，等译，苏州：苏州大学出版社，2007.

## 三、中文专著

1. 钱乘旦等著. 日落斜阳——20世纪英国［M］. 上海：华东师范大学出版社，1999.
2. 吴伟. 格拉布街——英国新闻业往事［M］. 北京：北京大学出版社，2010.
3. 郑超然，程曼丽，王泰玄. 外国新闻传播史［M］. 北京：中国人民大学出版社，2000.
4. 刘笑盈，何兰主编. 国际传播史［M］. 北京：中国传媒大学出版社，2011.
5. 李希光，周庆安. 软力量与全球传播［M］. 北京：清华大学出版社，2005.

6. 蒋孟引. 英国史［M］. 北京：中国社会科学出版社，1998.
7. 闫照祥. 英国史［M］. 北京：人民出版社，2003.
8. 钱乘旦，许洁明. 英国通史［M］. 上海：社会科学院出版社，2002.
9. 徐浩，侯建新. 当代西方史学流派［M］. 北京：中国人民大学出版社，1996.
10. 李彬. 全球新闻传播史［M］. 北京：清华大学出版社，2005.
11. 李瞻. 世界新闻史［M］. 台北：三民书局，1983.
12. 赵占元. 国防新闻卒业之统制［M］. 上海：汗血书店，1937.
13. 关世杰. 国际传播学［M］. 北京：北京大学出版社，2004.
14. 蔡骐，蔡雯. 美国传媒与大众文化——200 年美国文化传播现象透视［M］. 北京：新华出版社，1998.
15. 杨伟芬. 渗透与互动——广播电视与国际关系［M］. 北京：北京广播学院出版社，2000.
16. 李磊. 外国新闻史教程［M］. 北京：中国广播电视出版社，2001.
17. 吴浩.《自由与传统——20 世纪英国文化［M］. 北京：东方出版社，1999.
18. 刘鹏辉主编，田德文，靳雷等. 为什么偏偏是英国［M］. 北京：世界知识出版社，1995.
19. 唐亚明. 走进英国大报［M］. 广州：南方日报出版社，2004.
20. 陈力丹. 世界新闻传播史［M］. 上海：上海交通大学出版社，2002.
21. 张允若. 外国新闻事业史教程［M］. 北京：高等教育出版社，2003.

## 四、学术期刊

1. 张炜. 印刷媒介史研究新趋势：新材料、新视角、新观点［J］. 编辑之友，2009（4）.
2. 胡鞍钢，张晓群. 中国传媒迅速崛起的实证分析［J］. 战略与管理，2004（4）.
3. 蒋晓丽，李建华. 文化软实力与传媒软实力——对改革开放以来中国传媒发展的思考［J］. 湘潭大学学报（哲学社会科学版），2008（4）.
4. 梅琼林，连水兴. 媒介、民族国家和软实力的悖论［J］. 学习与探索，2010（1）.
5. 刘笑盈. 再论一流媒体与中国的话语权时代［J］. 现代传播，2010（2）.
6. 张炜，郭方. 语言、印刷媒介与近代早期英国民族国家的形成［J］. 杭州师范大学学报（社会科学版），2009（9），5.
7. 张奎勤. 18 世纪英国报纸业的发展与公共领域的形成［J］. 内蒙古农业大学学报

（社会科学版），2005（3）.
8. 展江. 哈贝马斯的“公共领域”理论与传媒［J］. 中国青年政治学院学报，2002（2）.
9. 李斌. 18 世纪英国民众阅读的兴起［J］. 历史教学，2004（7）：31.
10. 黄梅. 18 世纪英国小说和我们［N］. 中华读书报，2003-09-25.
11. 邓惟佳. 试析 19 世纪英国报纸发行量上升的原因［J］. 国际新闻界，2007（3）.
12. 赵慧红. 从英法美等国看十九世纪外国廉价报纸成功的原因［J］. 新闻天地（下半月刊），2010（11）.
13. 尹乐. 浅谈英国早期的廉价报纸［J］. 新闻大学，1989（3）.
14. 郑保卫. “路透”之路——简论路透社的历史与发展［J］. 中国新闻学院学报，1998（3-4）.
15. 杨杰. 英国工业革命的基础和环境［J］. 苏州大学学报，1997（9）.
16. 刘兵，侯强. 科学传播中的科学与常识［J］. 科学，2005（5）.
17. 展江. 第一次世界大战中的宣传战［J］. 国际新闻界，1996（3）.
18. 李书藏. 英国 BBC 与政府冲突的背后：解读英国政府与 BBC 反商业化传统的对峙［J］. 新闻与传播评论，2003（3）.
19. 张隆栋. 略论英国报业衰退的由来与其前景［J］. 国际新闻界，1984（1）.
20. 乐山.《泰晤士报》的停刊［J］. 新闻战线，1979（1）.
21. 冷淞. 英国传媒地图［J］. 传媒，2004（5）.
22. 冷淞. 感受英国的广播电视［J］. 新闻战线，2009（5）.
23. 肖沛. 从 BBC 看国际一流电视媒体的建设策略［J］. 对外传播，2010（1）.
24. 鲍立纲. 故事性原则在英国电视节目创新中的作用［J］. 电视时代，2010（7）.
25. 张晓. 布莱尔欲打造“枢纽”国家［N］. 光明日报，2002-01-18.
26. 袁世杰. 英国报业的产业化运作模式［J］. 记者摇篮，2007（2）.
27. 刘晓博. 报纸的“哈姆雷特之问”——以英国报业为例［J］. 青年记者，2011（8）.
28. 付晓燕. BBC 的“创造性的未来计划”［J］. 新闻战线，2008（4）.
29. 高铁军. 从 BBC 的新媒体发展看中央电台的新媒体战略——兼论国家网络电台的创建及意义［J］. 中国广播，2010（9）.
30. 唐荦. BBC 的新媒体战略［J］. 视听界，2011（2）.
31. 高山冰. 从英国 Channel 4 的网络实践看“台网融合”之道［J］. 中国电视，2010（12）.

32. 百年路透［J］. 文化月刊，2001（10）.

33. 刘笑盈. 世界财经信息专家：路透社［J］. 对外传播，2009（6）.

34. 曹劼. 英国媒体撑起国家半边天［J］. 新闻战线，2010（9）.

35. 刘成. 英国兴衰千年回溯［J］. 历史教学（上半月），2010（13）.

36. 张妤玟. 对英国报业史上废除知识税的重新解读——从激进主义报业的兴衰看知识税的废除［J］. 新闻大学，2006（1）.

37. 非亚. 英国：传媒帝国的豪华阵容［J］. 今传媒，2004.

38. 姚朔. BBC 与英国政府：独立与控制之争［J］. 中国记者，2004（3）.

39. 张昆，杨林. 从“凯利事件”看 BBC 的公信力体系［J］. 国际新闻界，2004（5）.

40. 兰馨. 提升国家文化软实力的媒体策略研究［J］. 新闻界，2010（6）.

41. 焦绪华. 英国早期报纸诞生的历史背景探析［J］. 山东理工大学学报（社会科学版），2008（1）.

42. 焦绪华. 析英国资产阶级革命期间的出版自由理念［J］. 山东理工大学学报（社会科学版），2007（4）.

43. 张唐彪. 英国资产阶级革命中的“小册子大战”［J］. 邢台学院学报，2007（1）.

44. 高宇轩. 近代早期英国报纸的发展变迁［J］. 传媒观察，2011（6）.

45. 王章辉. 论英国工业革命对人口再生产方式和分布的影响［J］. 史学月刊，1992（2）.

46. 武鸿钧，王小强. 浅析第一次世界大战后英国外交政策的变化［J］. 河西学院学报，2004（4 ）.

47. 姬国伟. 略论英国“三环外交”政策与欧洲新均势的形成［J］. 社科纵横，2006（6）.

48. Kim Gordon. 英国广播电视管理模式变革及其分析［J］. 钟新译. 电视研究，2001（4）.

49. 李瑛. 路透社：不断发展的世界性通讯社［J］. 新闻界，2005（4）.

50. 唐润华. 西方三大通讯社如何应对互联网带来的挑战与机遇［J］. 国际新闻界，2001（6）.

## 五、学位论文

1. 王娜. 格莱斯顿与1882 年英国占领埃及［D］. 北京：首都师范大学，2005.

2. 谌章明. 英国启蒙运动的思想特征及其影响［D］. 长沙：湘潭大学，2008.
3. 陶军. 18 世纪英国大陆游学及其原因和影响［D］. 武汉：武汉大学，2005.
4. 于文. 19 世纪英国图书出版业的市场化进程研究［D］. 北京：北京印刷学院，2007.
5. 郭蔷. 英语霸权的历史演变研究［D］. 长春：吉林大学，2009.
6. 钟美纷. “一战”时期美国的新闻宣传与战争动员［D］. 长沙：湖南师范大学，2009.
7. 张炜. 印刷媒介与15、16 世纪英国社会变迁［D］. 北京：中国社会科学院，2009.
8. 陈金锋. 近代早期英国书报审查制度［D］. 长春：东北师范大学，2008.
9. 黄怡华. 18 世纪英国出版业初探［D］. 上海：华东师范大学，2010.
10. 孙宝国. 18 世纪以前欧洲文字传媒与社会发展研究［D］. 长春：东北师范大学，2005.
11. 吴伟. 18 世纪英国新闻业探究——以格拉布街为中心［D］. 北京：北京师范大学，2006.
12. 王峰苓. 十八世纪英国城市公共性研究［D］. 上海：华东师范大学，2006.
13. 张宝梅. 近代欧洲民族主义的形成及其特点［D］. 湘潭大学，2008.
14. 张妤玟. BBC（英国广播协会）公共性的形成：政治、社会文化与理论认同的转换及分析［D］. 西安：西北大学，2006.
15. 张瑾. 对第二次世界大战初期英国对美国的宣传的历史考察［D］. 北京：首都师范大学，2007.
16. 邓芳芳. BBC 的改革对中国广播电视产业的可借鉴性研究［D］. 南京：南京师范大学，2007.
17. 孙亦舟. “二战”后英国的国际形象研究［D］. 西安：电子科技大学，2009.
18. 孙义飞. “发现”另一个17 世纪——17 世纪西方文明再审视［D］. 长春：东北师范大学，2008.

# 后　记

2009年，我开始在中国传媒大学攻读国际新闻专业的博士学位。是年，时任国家主席胡锦涛提出，要提高中国国际话语权，提高国际传播能力，打造国际一流媒体。在这样的时代背景下，作为一名国际新闻领域的研究者，就和国际话语权、国际一流媒体、提高国际传播能力、打造文化软实力这几个研究领域结下了不解之缘。

三年来，随着中国在世界经济地位的上升，中国的国际传播能力有了长足的进步。国家大力扶持中央级媒体走出去，与西方媒体积极争夺话语权。中国的影响已经开始超越经济而深入到政治、文化和全球性问题等诸多领域，文化软实力得到了显著提高。中国逐渐实现大国崛起，国际舆论格局的多元化正在出现。作为一名研究者，对置身于这样的历史机遇而感到欣喜不已，同时也面临着更大的挑战。如何打造国际一流媒体，如何争夺国际话语权，如何打造文化软实力，这样的问题也时刻萦绕在我的心头。

不可否认的是，在当今的国际世界，国际话语权分配仍然极不均衡，以欧美为主体的西方媒体占据着明显的主流和强势地位。从较早的伊拉克战争到近些年的利比亚内战，我们都可以清楚地看到西方媒体是如何主导着国际舆论，影响着国际政治格局在最近的马航MH370事件中，我们也看到了国内媒体和西方媒体在寻找一手信源、国际新闻整体报道能力上的差距。如今，美联社、路透社、法新社三大通讯社对国际主流媒体的覆盖率均在80％左右，国际新闻信息的流动仍然是从强国到弱国，国际传播新秩序还远未建立。在这样的国际新闻格局背景下，我们更需要用冷静的头脑、全新的视角、积极的态度去开拓国际新闻学的理论领域，用一种不同于西方视角的理性思考来研究国际新闻学科的新问题、新形势。

随着这几年研究的不断深入，我希望通过在更宏大的历史视野、时间跨度和地理范围内考察国际话语权的转移现象，考察一个国家媒体的信息传播对于一个国家所起到的历史作用，考察一个国家的硬实力和软实力的相互作用，考察大国软实力的兴衰与世界历史格局演变的关系……

所以，在这样的思路的指引下，基于我这几年对国际话语权、文化软实力以及国际一流媒体的理论研究基础，凭借对英国历史的了解和强烈兴趣以及对英国《泰晤士报》、路透社、BBC 等国际一流媒体的研究，我选择了“从英国媒体看英国软实力的兴衰”作为我的博士论文，本书也是在这篇论文的基础上产生的一部研究专著。

这本专著的写作，离不开我的博士生导师刘笑盈教授的指导和支持，在准备博士论文期间，刘先生对论文选题的拟订、框架结构的设定、主旨内容的提升都提出了很多宝贵的意见。

博士毕业后，我来到北京印刷学院成为一名教师，在新闻出版学院领导的鼓励和关怀下把博士论文出版。在此，我更要由衷地感谢学院的陈勤教授、陈丹院长和魏超书记，他们对我的书稿的修改和审定提出了宝贵的建议。

还要感谢我的家人，没有你们，我无法完成这部书稿的写作。

2013 年 5 月于北京